中国基本单位统计年鉴 2020

国家统计局普查中心 编

CHINA BASIC STATISTICAL UNITS YEARBOOK

中国统计出版社
China Statistics Press

图书在版编目（CIP）数据

中国基本单位统计年鉴. 2020 / 国家统计局普查中心编. -- 北京 : 中国统计出版社, 2020.12
ISBN 978-7-5037-9373-8

Ⅰ. ①中… Ⅱ. ①国… Ⅲ. ①统计资料－中国－2020－年鉴 Ⅳ. ①C832-54

中国版本图书馆 CIP 数据核字(2020)第 221026 号

中国基本单位统计年鉴—2020

作　　者/国家统计局普查中心
责任编辑/冯诗萌
封面设计/杨　超　李雪燕
出版发行/中国统计出版社
通信地址/北京市丰台区西三环南路甲 6 号　邮政编码/100073
电　　话/邮购（010）63376909　书店（010）68783171
网　　址/ http://www.zgtjcbs.com
印　　刷/河北鑫兆源印刷有限公司
经　　销/新华书店
开　　本/880×1230㎜　1/16
字　　数/568 千字
印　　张/17.75
版　　别/2020 年 12 月第 1 版
版　　次/2020 年 12 月第 1 次印刷
定　　价/220.00 元（附光盘）

本书附同版本 CD-ROM 一张，光盘内容以书面文字为准。
如有印装差错，由本社发行部调换。

《中国基本单位统计年鉴–2020》编辑委员会

编 者 说 明

一、《中国基本单位统计年鉴－2020》是一部反映中华人民共和国各类基本单位情况的资料性工具书。本书分为两部分：第一部分是全国各类法人单位按地区、国民经济行业等进行各种分组汇总而成的综合资料；第二部分是全国各类企业法人单位按地区、国民经济行业、登记注册类型等进行各种分组汇总而成的综合资料。

二、1996 年数据来源于第一次全国基本单位普查资料，2001 年数据来源于第二次全国基本单位普查资料，2004 年数据来源于第一次全国经济普查资料，2008 年数据来源于第二次全国经济普查资料，2013 年数据来源于第三次全国经济普查资料，2018 年数据来源于第四次全国经济普查资料，其他年份的数据来源于基本单位年度统计资料。

三、资料的汇总范围为我国境内从事经济社会活动的法人单位，未包括香港、澳门特别行政区和台湾省。

《中国基本单位统计年鉴－2020》内容系统、翔实，具有较强的实用性，可作为各级政府和经济管理部门进行宏观管理、制定政策的参考，也是企业生产经营及投资决策和科研机构、大专院校进行科研及教学活动的辅助资料。

恳请广大读者对本书提出宝贵意见。

目　　录

第一部分　全部法人单位综合资料

第二部分　企业法人单位综合资料

第一部分

全部法人单位综合资料

1-1　按行业(门类)分组的法人单位数

单位：个

行业门类	代码	法人单位数					
		1996年	1997年	1998年	1999年	2000年	2001年
总　　计	--	**4402276**	**4344278**	**4417508**	**4221995**	**4366141**	**5107015**
农、林、牧、渔业	A	148029	148269	147656	142055	142140	171526
采矿业	B	100362	99578	102265	91026	90484	71409
制造业	C	1256323	1221878	1290304	1192280	1243607	1220587
电力、热力、燃气及水生产和供应业	D	30543	29864	30299	30031	30841	36982
建筑业	E	126710	125476	125541	112973	118240	123187
批发和零售业	F	681853	678488	668847	654887	693108	807454
交通运输、仓储和邮政业	G	63808	62871	62941	57772	59711	82162
住宿和餐饮业	H	81444	71835	79270	78804	83014	100768
信息传输、软件和信息技术服务业	I	20381	18545	22141	22826	25425	57420
金融业	J	73824	74054	73941	69029	70228	63996
房地产业	K	39693	40903	44606	44051	48363	92417
租赁和商务服务业	L	96609	109537	100411	97410	107229	234265
科学研究和技术服务业	M	42048	41299	43264	42608	45003	75666
水利、环境和公共设施管理业	N	29508	28661	30273	29315	30189	51007
居民服务、修理和其他服务业	O	52677	45707	51786	48898	54366	94655
教育	P	215358	219281	215530	214042	218304	307817
卫生和社会工作	Q	112326	112810	112695	112375	114388	200360
文化、体育和娱乐业	R	41064	36522	41388	40094	41060	57410
公共管理、社会保障和社会组织	S	1185790	1174810	1170475	1137752	1146645	1254546
国际组织	T	3926	3890	3875	3767	3796	3381

注：2004年和2008年农、林、牧、渔业法人单位数为兼营第二、三产业的农、林、牧、渔业法人单位；2013年农、林、牧、渔业法人单位数为农、林、牧、渔服务业和兼营第二、三产业的农、林、牧、渔业法人单位；2013年法人单位数不包括金融业、铁路运输业和无分组标识的部分数据；2018年农、林、牧、渔业法人单位数为农、林、牧、渔专业及辅助性活动和兼营第二、三产业的农、林、牧、渔业法人单位；2018年法人单位数不包括无分组标识的数据。(下同)

1-1 续表 1

单位：个

行业门类	代码	2002年	2003年	2004年	2005年	2006年	2007年
总　计	--	**5170849**	**5214144**	**5168303**	**5647823**	**6068912**	**6495064**
农、林、牧、渔业	A	170953	156033	1835	68800	78205	98546
采矿业	B	70851	72538	82353	89430	93967	97678
制造业	C	1239549	1298870	1328964	1451556	1579406	1702455
电力、热力、燃气及水生产和供应业	D	37136	33570	39830	43148	45922	49052
建筑业	E	129062	132059	128193	149471	170180	190517
批发和零售业	F	829029	840241	883653	994953	1122489	1246042
交通运输、仓储和邮政业	G	83489	85991	80375	91565	104635	117228
住宿和餐饮业	H	102244	103537	92869	101853	109892	118173
信息传输、软件和信息技术服务业	I	59368	58307	72913	85499	100614	115101
金融业	J	64806	64802	23793	26828	29201	31815
房地产业	K	96795	98943	129197	148059	165865	187444
租赁和商务服务业	L	242109	219567	249192	291498	331904	368763
科学研究和技术服务业	M	78356	110685	136555	153076	166240	176677
水利、环境和公共设施管理业	N	51426	47847	44352	46847	48811	50953
居民服务、修理和其他服务业	O	96244	64391	83606	93947	102228	110525
教育	P	308320	304056	299418	305446	308760	312339
卫生和社会工作	Q	200761	198879	181877	183760	185014	187376
文化、体育和娱乐业	R	57891	77717	64741	69490	72873	76430
公共管理、社会保障和社会组织	S	1250166	1243967	1244587	1252597	1252706	1257950
国际组织	T	2294	2144	—	—	—	—

1-1　续表 2　　　　单位：个

行业门类	代码	2008年	2009年	2010年	2011年	2012年	2013年
总　　计	--	**7098765**	**8003868**	**8754588**	**9593729**	**10616530**	**10825611**
农、林、牧、渔业	A	2023	184764	242429	321086	440853	161824
采矿业	B	97315	103403	104065	105490	107596	89112
制造业	C	1818370	1959254	2098370	2240315	2380759	2252225
电力、热力、燃气及水生产和供应业	D	57923	62038	64151	66652	69947	70409
建筑业	E	226768	261694	302232	346026	391392	347519
批发和零售业	F	1403141	1670315	1965118	2276295	2630690	2810531
交通运输、仓储和邮政业	G	157589	175914	195829	219630	249832	262048
住宿和餐饮业	H	145297	154895	164762	172070	186837	199592
信息传输、软件和信息技术服务业	I	153290	176326	191182	208867	245669	226107
金融业	J	28668	36907	45512	55513	67554	—
房地产业	K	214391	244043	284726	323985	356717	343924
租赁和商务服务业	L	427001	511666	590478	687575	813851	915953
科学研究和技术服务业	M	201689	233221	256865	283777	324932	455778
水利、环境和公共设施管理业	N	57553	61740	64794	69186	75981	84803
居民服务、修理和其他服务业	O	120467	141936	158152	175813	196880	190692
教育	P	335065	342003	342408	346390	355072	413908
卫生和社会工作	Q	206480	209016	205778	205173	206885	249567
文化、体育和娱乐业	R	81878	90891	95633	102775	121126	230544
公共管理、社会保障和社会组织	S	1363857	1383842	1382104	1387111	1393957	1520075
国际组织	T	—	—	—	—	—	—

1-1 续表 3

单位：个

行业门类	代码	2014年	2015年	2016年	2017年	2018年	2019年
总　计	--	**13701440**	**15729199**	**18191382**	**22009092**	**21787273**	**25280211**
农、林、牧、渔业	A	951045	1204724	1481473	1926771	232818	1879887
采矿业	B	101673	103426	104074	108900	70191	70983
制造业	C	2616671	2801143	3019269	3483617	3269606	3463346
电力、热力、燃气及水生产和供应业	D	79679	87486	99469	120736	110714	113649
建筑业	E	464975	574128	754512	1045232	1218463	1458539
批发和零售业	F	3513338	4199026	5041698	6252424	6499161	7155907
交通运输、仓储和邮政业	G	323044	378705	443325	540994	577233	629631
住宿和餐饮业	H	235337	274283	317619	378974	431323	449277
信息传输、软件和信息技术服务业	I	289162	387842	507674	719150	919879	1047408
金融业	J	91583	109711	122516	135068	137934	131744
房地产业	K	419618	466100	533557	642893	744924	811663
租赁和商务服务业	L	1161947	1440572	1768005	2242096	2551306	2825375
科学研究和技术服务业	M	544309	661022	813251	1035170	1275579	1390741
水利、环境和公共设施管理业	N	97522	108069	122367	146295	148860	172856
居民服务、修理和其他服务业	O	242251	298958	359932	420667	497292	522903
教育	P	444038	461451	486026	517739	665883	698893
卫生和社会工作	Q	265537	271571	275554	286858	272504	279155
文化、体育和娱乐业	R	263384	297274	341182	414973	566593	585224
公共管理、社会保障和社会组织	S	1596327	1603708	1599879	1590535	1597010	1593030
国际组织	T	—	—	—	—	—	—

1-2 按三次产业、地区分组的法人单位数

（2019年）　　　　单位：个

地　区	法人单位数			
		第一产业	第二产业	第三产业
全　国	**25280211**	**1642773**	**5063303**	**18574135**
北　京	913369	6648	56711	850010
天　津	321740	11851	62330	247559
河　北	1318321	104011	334209	880101
山　西	633960	89111	88670	456179
内蒙古	381670	53421	58227	270022
辽　宁	621156	42302	128162	450692
吉　林	212073	23952	33891	154230
黑龙江	295952	46100	42623	207229
上　海	482353	5118	70022	407213
江　苏	2327217	39449	684277	1603491
浙　江	1905578	45729	527013	1332836
安　徽	946508	91691	193725	661092
福　建	941297	46383	187183	707731
江　西	570196	64092	113782	392322
山　东	2309367	100155	544613	1664599
河　南	1418818	122388	231246	1065184
湖　北	1006945	57579	182723	766643
湖　南	672298	56616	103722	511960
广　东	3349156	38120	747589	2563447
广　西	641503	75901	80676	484926
海　南	125542	11343	15579	98620
重　庆	591369	74990	78274	438105
四　川	867477	87763	126869	652845
贵　州	471151	102105	77164	291882
云　南	571421	85592	77360	408469
西　藏	49191	2498	12128	34565
陕　西	587005	48581	107214	431210
甘　肃	266600	53275	28921	184404
青　海	98516	18227	12473	67816
宁　夏	113259	17361	16403	79495
新　疆	269203	20421	39524	209258

1—3 按地区、成立时间

地区	法人单位数	1949年及以前	1950—1977年	1978—1991年	1992—1995年	1996年	1997年
全国	**25280211**	**70722**	**282944**	**577949**	**250585**	**77946**	**81034**
北京	913369	599	3206	12885	12042	3327	3697
天津	321740	688	1458	5698	4176	1183	1236
河北	1318321	14431	21053	37183	7830	3282	2894
山西	633960	3835	14157	24886	4255	1373	1515
内蒙古	381670	1492	8457	8682	1947	943	1284
辽宁	621156	1801	7968	18360	8921	2453	2669
吉林	212073	1492	7001	11445	2950	889	721
黑龙江	295952	1817	8658	12737	3564	1146	1073
上海	482353	442	1568	7557	13885	3652	3969
江苏	2327217	1750	7157	24088	16465	6548	6528
浙江	1905578	2990	6528	26963	21891	7503	7764
安徽	946508	1421	7092	12434	6676	2155	2272
福建	941297	2253	7470	23836	10508	3400	3831
江西	570196	2054	10172	21347	4762	1492	1450
山东	2309367	5690	13358	62975	15849	4717	4882
河南	1418818	5138	24699	47917	10526	3803	4458
湖北	1006945	1602	10389	23264	7469	3113	2589
湖南	672298	1980	11121	19678	8881	2419	2127
广东	3349156	3914	16182	37746	35277	9075	10258
广西	641503	2032	10771	16707	7217	2673	2335
海南	125542	282	2339	2361	2217	394	375
重庆	591369	955	3055	5205	4621	1306	1852
四川	867477	2447	25722	32305	14375	3256	3452
贵州	471151	1199	4938	7761	7238	800	899
云南	571421	1086	7918	13300	4438	1904	2102
西藏	49191	374	1704	4105	526	439	231
陕西	587005	2235	12048	17478	5339	2208	2283
甘肃	266600	2385	10408	17885	2646	927	833
青海	98516	666	3614	4731	690	189	240
宁夏	113259	280	1775	4040	833	462	314
新疆	269203	1392	10958	12390	2571	915	901

分组的法人单位数

单位：个

1998年	1999年	2000年	2001年	2002年	2003年	2004年	2005年
120518	**139239**	**190029**	**219774**	**260957**	**302359**	**312485**	**351388**
5710	6787	10695	13219	14621	17851	20334	21747
1703	1693	2802	3720	3491	4148	4282	4696
4158	4374	6727	8379	10874	10913	12395	13442
2849	2373	3704	4421	5950	5780	5943	6844
1433	1413	2301	2425	3371	3226	3423	4463
4448	5037	6726	7716	8713	10153	11007	11412
1220	1310	2034	2575	2734	2914	2874	4031
1810	1793	3205	4365	3722	4259	4278	4628
5212	5250	7290	9453	12366	14767	15613	16063
10714	19296	20042	27434	30491	35233	34609	35641
10631	12525	17928	22201	26560	29940	26608	27802
2984	2921	5514	5336	6979	8009	9337	10825
4463	5095	9107	6727	9158	11008	10828	11391
1956	1886	3823	4035	5512	6493	5284	6886
8204	8286	13222	15940	17778	22434	23122	30874
6210	5371	8022	8623	10383	13307	12698	20302
4243	3957	6315	7862	9493	10148	11627	13012
4042	2699	5221	5793	6425	7132	7576	9766
16521	27523	19291	23761	28758	36033	40623	43947
2279	2021	2625	3492	5971	5633	5145	6059
514	472	627	892	1026	1273	1362	1545
2594	1950	3260	4473	5299	5636	6256	5783
5290	4518	7238	9275	9285	12655	13248	14317
1428	1333	2061	2344	3116	3404	3327	3413
2651	2763	10081	4132	4747	5826	5720	5953
188	355	318	240	671	291	339	434
3187	2932	4724	4819	5769	5903	6213	7255
1434	1068	1605	2015	2495	2516	2639	2898
402	346	615	840	899	844	733	829
592	547	822	737	952	1373	1310	1239
1448	1345	2084	2530	3348	3257	3732	3891

1-3 续表

地 区	2006年	2007年	2008年	2009年	2010年	2011年	2012年
全 国	**394746**	**397260**	**465495**	**575193**	**730437**	**835463**	**977724**
北 京	22721	25768	30010	36594	42749	44797	45559
天 津	5590	5543	6605	7811	9322	11668	11551
河 北	16368	15401	19040	24978	30243	35464	41244
山 西	8030	10237	12809	14686	15955	19022	21320
内蒙古	5688	5300	6587	9196	11478	11889	13973
辽 宁	12033	12733	14980	18509	24588	25290	24481
吉 林	4387	4158	4851	6776	8221	8586	9897
黑龙江	5233	4920	6548	8341	10157	10281	12111
上 海	14467	13465	14664	18348	21868	22864	23711
江 苏	43120	42758	45690	54422	71970	75317	82788
浙 江	35887	34514	34278	44102	55366	59842	59493
安 徽	13393	14782	17715	19251	27200	29004	35095
福 建	13130	14842	14699	17596	24222	27858	30599
江 西	7661	6846	8532	11523	14995	14581	18871
山 东	30554	27912	34769	43894	55515	59266	64983
河 南	18905	16892	22958	27516	35870	39547	47823
湖 北	15870	13007	17125	22021	27474	31204	46673
湖 南	11292	9209	12008	14160	18760	21099	26040
广 东	51334	52761	60839	80593	100393	134280	167742
广 西	6070	7752	8851	12426	14475	20375	26378
海 南	1788	2017	2516	3022	4547	4769	4955
重 庆	6630	7851	10293	11089	20247	30607	33269
四 川	14706	15731	18598	20436	24694	27547	32510
贵 州	3709	4238	5277	5553	8286	10617	24927
云 南	7396	6769	9377	11965	14192	16950	19510
西 藏	489	580	686	694	1469	1487	2050
陕 西	8021	9487	11313	14782	17584	19762	21942
甘 肃	3179	4366	4030	4601	5992	6461	9275
青 海	1032	1086	1319	1516	2162	2634	3361
宁 夏	1523	1606	2102	2731	3256	3469	4541
新 疆	4540	4729	6426	6061	7187	8926	11052

单位　个

2013年	2014年	2015年	2016年	2017年	2018年	2019年
1230329	**1719243**	**2099347**	**2837180**	**3397421**	**3604215**	**2778229**
52289	80903	93893	103880	98144	85942	3400
14813	22323	30371	42970	49880	50237	12082
61610	90696	112248	172420	207745	222688	110241
25001	33872	41291	57492	72082	83548	130730
19769	30231	31434	39736	47267	39507	64755
27875	42873	48129	62321	73073	92993	33894
13248	15295	18079	22756	24408	19870	7351
17442	21725	23668	31069	35582	42407	9413
25326	34525	38897	44773	50057	40086	2215
99227	140291	169064	257554	296596	302216	370208
101237	118238	118930	164814	219508	225578	385957
44969	66271	82320	116318	142274	156539	97422
35996	56963	72133	88086	105382	116991	203725
24123	34993	45032	65151	85006	99854	55876
92077	137104	173509	229730	274202	294824	543697
70130	102154	128533	166419	205863	241538	113213
52224	64317	74242	101729	121590	135504	163882
33357	48409	64410	92145	111414	102441	12694
194309	261471	322905	426245	514185	577995	55195
30441	38961	50698	62566	81871	98170	107509
5978	8267	9802	13681	16013	18291	14217
37506	46954	58084	69126	68687	73619	65162
39448	55659	69642	100051	126158	115453	49461
25246	35072	43609	65936	82123	71532	41765
21839	39070	57573	72711	81650	82382	57416
2472	3357	4896	7362	6973	6382	79
24874	40600	51506	65728	96333	108776	13904
13401	16467	25752	38026	36954	39198	7144
4196	6944	8373	12188	13768	12656	11643
6075	8030	10293	13815	16457	10808	13277
13831	17208	20031	30382	36176	36190	15702

1-4 按地区、机构类型分组的法人单位数

(2019年)　　单位：个

地区	法人单位数	企业法人	事业法人	机关法人	社会团体	其他
全国	**25280211**	**21091270**	**816429**	**237156**	**308696**	**2826660**
北京	913369	870824	11207	1845	4988	24505
天津	321740	293307	6147	1573	1492	19221
河北	1318321	1108146	34708	11759	8879	154829
山西	633960	470657	28053	8338	7633	119279
内蒙古	381670	271654	19588	7632	8468	74328
辽宁	621156	514311	21171	8073	5546	72055
吉林	212073	142289	17758	4985	2575	44466
黑龙江	295952	193326	20018	8787	4358	69463
上海	482353	447643	7765	1363	3139	22443
江苏	2327217	2119006	40733	9354	30577	127547
浙江	1905578	1719850	28654	7848	20317	128909
安徽	946508	786202	23131	8625	12650	115900
福建	941297	819718	26728	7717	16480	70654
江西	570196	433517	29254	8469	8708	90248
山东	2309367	1982466	47378	12213	17384	249926
河南	1418818	1097816	71380	13960	10360	225302
湖北	1006945	804818	39815	9879	13291	139142
湖南	672298	477440	44128	10587	11941	128202
广东	3349156	3037617	46181	12937	25149	227272
广西	641503	497222	42799	8772	10864	81846
海南	125542	103994	4107	1583	1365	14493
重庆	591369	516287	17104	3797	6546	47635
四川	867477	628030	59585	16806	16396	146660
贵州	471151	361163	25550	7024	5772	71642
云南	571421	440778	27245	10239	13553	79606
西藏	49191	28257	2660	5166	432	12676
陕西	587005	444203	27984	8270	13693	92855
甘肃	266600	146197	18186	6761	15959	79497
青海	98516	65128	4779	2897	3850	21862
宁夏	113259	83411	3451	1708	2344	22345
新疆	269203	185993	19182	8189	3987	51852

1—5　按行业(大类)分组的法人单位数

(2019年)　　　　单位：个

行业大类	代码	法　人单位数	从事单一活动或位于一个地点的法人单位	从事多种活动或位于多个地点的法人单位
总　　计	——	**25280211**	**24747642**	**532569**
农、林、牧、渔业	A	**1879887**	**1875528**	**4359**
农业	01	939656	937954	1702
林业	02	117170	116674	496
畜牧业	03	487077	486120	957
渔业	04	98870	98650	220
农、林、牧、渔专业及辅助性活动	05	237114	236130	984
采矿业	B	**70983**	**68947**	**2036**
煤炭开采和洗选业	06	12335	11667	668
石油和天然气开采业	07	494	457	37
黑色金属矿采选业	08	9910	9554	356
有色金属矿采选业	09	6729	6480	249
非金属矿采选业	10	35043	34442	601
开采专业及辅助性活动	11	4276	4181	95
其他采矿业	12	2196	2166	30
制造业	C	**3463346**	**3420584**	**42762**
农副食品加工业	13	139813	136804	3009
食品制造业	14	75788	73747	2041
酒、饮料和精制茶制造业	15	62183	60584	1599
烟草制品业	16	280	239	41
纺织业	17	148900	147450	1450
纺织服装、服饰业	18	186569	184538	2031
皮革、毛皮、羽毛及其制品和制鞋业	19	84978	84285	693
木材加工和木、竹、藤、棕、草制品业	20	125310	124635	675
家具制造业	21	90433	89217	1216
造纸和纸制品业	22	79382	78907	475
印刷和记录媒介复制业	23	83733	82723	1010
文教、工美、体育和娱乐用品制造业	24	127202	125940	1262
石油、煤炭及其他燃料加工业	25	11954	11657	297
化学原料和化学制品制造业	26	117765	115411	2354
医药制造业	27	27881	27073	808
化学纤维制造业	28	7167	7081	86
橡胶和塑料制品业	29	205239	203654	1585
非金属矿物制品业	30	276007	272244	3763
黑色金属冶炼和压延加工业	31	22304	21941	363
有色金属冶炼和压延加工业	32	29452	29049	403
金属制品业	33	348604	345662	2942
通用设备制造业	34	353937	350183	3754
专用设备制造业	35	247793	245118	2675

1-5 续表 1 (2019年) 单位：个

行业大类	代码	法 人 单位数	从事单一活动或位于一个地点的法人单位	从事多种活动或位于多个地点的法人单位
汽车制造业	36	85403	84269	1134
铁路、船舶、航空航天和其他运输设备制造业	37	31920	31415	505
电气机械和器材制造业	38	202378	199457	2921
计算机、通信和其他电子设备制造业	39	142591	140844	1747
仪器仪表制造业	40	47548	46764	784
其他制造业	41	45526	45239	287
废弃资源综合利用业	42	16368	16145	223
金属制品、机械和设备修理业	43	38938	38309	629
电力、热力、燃气及水生产和供应业	**D**	**113649**	**109081**	**4568**
电力、热力生产和供应业	44	79253	77197	2056
燃气生产和供应业	45	8721	7402	1319
水的生产和供应业	46	25675	24482	1193
建筑业	**E**	**1458539**	**1416747**	**41792**
房屋建筑业	47	310916	293404	17512
土木工程建筑业	48	305640	294328	11312
建筑安装业	49	206573	201332	5241
建筑装饰、装修和其他建筑业	50	635410	627683	7727
批发和零售业	**F**	**7155907**	**7033070**	**122837**
批发业	51	3936043	3884690	51353
零售业	52	3219864	3148380	71484
交通运输、仓储和邮政业	**G**	**629631**	**607638**	**21993**
铁路运输业	53	1246	1157	89
道路运输业	54	400374	390563	9811
水上运输业	55	14771	14191	580
航空运输业	56	3094	2926	168
管道运输业	57	372	339	33
多式联运和运输代理业	58	110878	107049	3829
装卸搬运和仓储业	59	72421	70751	1670
邮政业	60	26475	20662	5813
住宿和餐饮业	**H**	**449277**	**429085**	**20192**
住宿业	61	131960	127225	4735
餐饮业	62	317317	301860	15457
信息传输、软件和信息技术服务业	**I**	**1047408**	**1032850**	**14558**
电信、广播电视和卫星传输服务	63	29017	26167	2850
互联网和相关服务	64	136357	134603	1754
软件和信息技术服务业	65	882034	872080	9954
金融业	**J**	**131744**	**115107**	**16637**
货币金融服务	66	38945	30477	8468
资本市场服务	67	59701	58900	801
保险业	68	17621	10752	6869
其他金融业	69	15477	14978	499

1-5 续表 2 (2019年) 单位：个

行业大类	代码	法人单位数	从事单一活动或位于一个地点的法人单位	从事多种活动或位于多个地点的法人单位
房地产业	**K**	**811663**	**772104**	**39559**
房地产业	70	811663	772104	39559
租赁和商务服务业	**L**	**2825375**	**2776861**	**48514**
租赁业	71	258454	255253	3201
商务服务业	72	2566921	2521608	45313
科学研究和技术服务业	**M**	**1390741**	**1364683**	**26058**
研究和试验发展	73	203416	201553	1863
专业技术服务业	74	603148	584597	18551
科技推广和应用服务业	75	584177	578533	5644
水利、环境和公共设施管理业	**N**	**172856**	**169129**	**3727**
水利管理业	76	22772	22062	710
生态保护和环境治理业	77	22470	21976	494
公共设施管理业	78	110046	107820	2226
土地管理业	79	17568	17271	297
居民服务、修理和其他服务业	**O**	**522903**	**511575**	**11328**
居民服务业	80	228927	222849	6078
机动车、电子产品和日用产品修理业	81	194083	190491	3592
其他服务业	82	99893	98235	1658
教育	**P**	**698893**	**673041**	**25852**
教育	83	698893	673041	25852
卫生和社会工作	**Q**	**279155**	**269878**	**9277**
卫生	84	190675	182033	8642
社会工作	85	88480	87845	635
文化、体育和娱乐业	**R**	**585224**	**576910**	**8314**
新闻和出版业	86	8873	8590	283
广播、电视、电影和录音制作业	87	72376	71077	1299
文化艺术业	88	170890	169402	1488
体育	89	59456	57321	2135
娱乐业	90	273629	270520	3109
公共管理、社会保障和社会组织	**S**	**1593030**	**1524824**	**68206**
中国共产党机关	91	36656	33338	3318
国家机构	92	462040	410378	51662
人民政协、民主党派	93	6401	6129	272
社会保障	94	10706	10589	117
群众团体、社会团体和其他成员组织	95	410171	409208	963
基层群众自治组织	96	667056	655182	11874

1-6 按行业(大类)、东中西部以及东北地区分组的法人单位数

(2019年) 单位：个

行业大类	代码	法人单位数	东部地区	中部地区	西部地区	东北地区
总 计	—	**25280211**	**13993940**	**5248725**	**4908365**	**1129181**
农、林、牧、渔业	A	**1879887**	**475310**	**581651**	**688767**	**134159**
农业	01	939656	256477	287284	319912	75983
林业	02	117170	36009	39515	37195	4451
畜牧业	03	487077	85433	123912	249539	28193
渔业	04	98870	30888	30766	33489	3727
农、林、牧、渔专业及辅助性活动	05	237114	66503	100174	48632	21805
采矿业	B	**70983**	**13233**	**19855**	**31852**	**6043**
煤炭开采和洗选业	06	12335	779	4821	5901	834
石油和天然气开采业	07	494	74	72	258	90
黑色金属矿采选业	08	9910	3685	2231	2810	1184
有色金属矿采选业	09	6729	944	1873	3205	707
非金属矿采选业	10	35043	6753	9890	15636	2764
开采专业及辅助性活动	11	4276	612	331	2973	360
其他采矿业	12	2196	386	637	1069	104
制造业	C	**3463346**	**2431199**	**528681**	**370277**	**133189**
农副食品加工业	13	139813	54041	36648	34684	14440
食品制造业	14	75788	37151	17221	16981	4435
酒、饮料和精制茶制造业	15	62183	19625	16324	22884	3350
烟草制品业	16	280	97	91	71	21
纺织业	17	148900	124596	15482	7085	1737
纺织服装、服饰业	18	186569	139445	30587	9619	6918
皮革、毛皮、羽毛及其制品和制鞋业	19	84978	70722	9735	3663	858
木材加工和木、竹、藤、棕、草制品业	20	125310	75327	24468	20129	5386
家具制造业	21	90433	59368	16141	12583	2341
造纸和纸制品业	22	79382	62468	8979	5997	1938
印刷和记录媒介复制业	23	83733	58872	12434	9402	3025
文教、工美、体育和娱乐用品制造业	24	127202	98796	13897	12486	2023
石油、煤炭及其他燃料加工业	25	11954	4896	2759	2583	1716

1-6　续表 1　　(2019年)　　单位：个

行业大类	代码	法人单位数	东部地区	中部地区	西部地区	东北地区
化学原料和化学制品制造业	26	117765	69388	24769	16666	6942
医药制造业	27	27881	12450	8144	5268	2019
化学纤维制造业	28	7167	6177	572	248	170
橡胶和塑料制品业	29	205239	163911	21823	13432	6073
非金属矿物制品业	30	276007	134579	71419	56576	13433
黑色金属冶炼和压延加工业	31	22304	14750	3309	3288	957
有色金属冶炼和压延加工业	32	29452	17188	6296	4880	1088
金属制品业	33	348604	272198	38139	28267	10000
通用设备制造业	34	353937	275674	39424	21362	17477
专用设备制造业	35	247793	192387	30668	15804	8934
汽车制造业	36	85403	57448	15888	8771	3296
铁路、船舶、航空航天和其他运输设备制造业	37	31920	22908	3545	4095	1372
电气机械和器材制造业	38	202378	166287	20478	10566	5047
计算机、通信和其他电子设备制造业	39	142591	118011	14613	8194	1773
仪器仪表制造业	40	47548	36415	6131	3049	1953
其他制造业	41	45526	34945	6892	2535	1154
废弃资源综合利用业	42	16368	7853	4928	2807	780
金属制品、机械和设备修理业	43	38938	23226	6877	6302	2533
电力、热力、燃气及水生产和供应业	D	**113649**	**42675**	**35699**	**28433**	**6842**
电力、热力生产和供应业	44	79253	29181	25771	19210	5091
燃气生产和供应业	45	8721	3288	2159	2698	576
水的生产和供应业	46	25675	10206	7769	6525	1175
建筑业	E	**1458539**	**766257**	**336841**	**293946**	**61495**
房屋建筑业	47	310916	147889	77681	73663	11683
土木工程建筑业	48	305640	156256	71335	65038	13011
建筑安装业	49	206573	120474	39852	34746	11501
建筑装饰、装修和其他建筑业	50	635410	341638	147973	120499	25300
批发和零售业	F	**7155907**	**4268744**	**1404525**	**1199798**	**282840**
批发业	51	3936043	2513744	689655	568142	164502
零售业	52	3219864	1755000	714870	631656	118338

1-6 续表 2 (2019年) 单位：个

行业大类	代码	法人单位数	东部地区	中部地区	西部地区	东北地区
交通运输、仓储和邮政业	G	**629631**	**352947**	**126800**	**113419**	**36465**
铁路运输业	53	1246	539	257	384	66
道路运输业	54	400374	207498	92400	77974	22502
水上运输业	55	14771	9596	2861	1688	626
航空运输业	56	3094	1669	406	782	237
管道运输业	57	372	216	68	74	14
多式联运和运输代理业	58	110878	84408	9757	11613	5100
装卸搬运和仓储业	59	72421	37185	15258	14054	5924
邮政业	60	26475	11836	5793	6850	1996
住宿和餐饮业	H	**449277**	**237000**	**85790**	**113178**	**13309**
住宿业	61	131960	61055	26696	38858	5351
餐饮业	62	317317	175945	59094	74320	7958
信息传输、软件和信息技术服务业	I	**1047408**	**639842**	**209158**	**155194**	**43214**
电信、广播电视和卫星传输服务	63	29017	12941	6627	7325	2124
互联网和相关服务	64	136357	79144	30589	22538	4086
软件和信息技术服务业	65	882034	547757	171942	125331	37004
金融业	J	**131744**	**89264**	**14824**	**21521**	**6135**
货币金融服务	66	38945	19986	6241	9364	3354
资本市场服务	67	59701	50908	2763	5351	679
保险业	68	17621	8276	3770	4050	1525
其他金融业	69	15477	10094	2050	2756	577
房地产业	K	**811663**	**447403**	**167144**	**158354**	**38762**
房地产业	70	811663	447403	167144	158354	38762
租赁和商务服务业	L	**2825375**	**1702982**	**520558**	**499876**	**101959**
租赁业	71	258454	123945	62951	60094	11464
商务服务业	72	2566921	1579037	457607	439782	90495
科学研究和技术服务业	M	**1390741**	**857042**	**274651**	**205528**	**53520**
研究和试验发展	73	203416	149556	26914	17619	9327
专业技术服务业	74	603148	348222	120105	110440	24381
科技推广和应用服务业	75	584177	359264	127632	77469	19812

1-6 续表 3 (2019年) 单位：个

行业大类	代码	法人单位数	东部地区	中部地区	西部地区	东北地区
水利、环境和公共设施管理业	N	**172856**	**79250**	**44413**	**41589**	**7604**
水利管理业	76	22772	7813	6757	6681	1521
生态保护和环境治理业	77	22470	10650	5163	5769	888
公共设施管理业	78	110046	52375	28535	24405	4731
土地管理业	79	17568	8412	3958	4734	464
居民服务、修理和其他服务业	O	**522903**	**284878**	**101728**	**115818**	**20479**
居民服务业	80	228927	128676	42937	48014	9300
机动车、电子产品和日用产品修理业	81	194083	99069	37942	49386	7686
其他服务业	82	99893	57133	20849	18418	3493
教育	P	**698893**	**302090**	**182343**	**174768**	**39692**
教育	83	698893	302090	182343	174768	39692
卫生和社会工作	Q	**279155**	**116650**	**72170**	**68691**	**21644**
卫生	84	190675	69815	53470	52235	15155
社会工作	85	88480	46835	18700	16456	6489
文化、体育和娱乐业	R	**585224**	**317145**	**129110**	**116773**	**22196**
新闻和出版业	86	8873	4732	1809	1816	516
广播、电视、电影和录音制作业	87	72376	45750	11132	13334	2160
文化艺术业	88	170890	92643	39388	32527	6332
体育	89	59456	35998	10055	10799	2604
娱乐业	90	273629	138022	66726	58297	10584
公共管理、社会保障和社会组织	S	**1593030**	**570029**	**412784**	**510583**	**99634**
中国共产党机关	91	36656	10329	9322	13735	3270
国家机构	92	462040	131439	129333	162734	38534
人民政协、民主党派	93	6401	2089	1615	2119	578
社会保障	94	10706	2494	3569	3824	819
群众团体、社会团体和其他成员组织	95	410171	166389	89611	137252	16919
基层群众自治组织	96	667056	257289	179334	190919	39514

1—7 按行业(大类)、地区

(2019年)

行业大类	代码	法人单位数	北京	天津	河北	山西	内蒙古
总　计	——	**25280211**	**913369**	**321740**	**1318321**	**633960**	**381670**
农、林、牧、渔业	A	**1879887**	**7105**	**12403**	**114610**	**95968**	**60533**
农业	01	939656	4052	7286	66040	44911	24159
林业	02	117170	584	1022	8029	11609	2449
畜牧业	03	487077	1775	2468	28535	31994	26341
渔业	04	98870	237	1075	1407	597	472
农、林、牧、渔专业及辅助性活动	05	237114	457	552	10599	6857	7112
采矿业	B	**70983**	**57**	**82**	**4942**	**6018**	**4036**
煤炭开采和洗选业	06	12335	4	5	325	3326	1054
石油和天然气开采业	07	494	3	7	8	50	64
黑色金属矿采选业	08	9910	9	7	2772	919	569
有色金属矿采选业	09	6729	3		300	202	446
非金属矿采选业	10	35043	17	21	1395	1334	1655
开采专业及辅助性活动	11	4276	19	37	84	130	120
其他采矿业	12	2196	2	5	58	57	128
制造业	C	**3463346**	**23574**	**41870**	**226936**	**38137**	**23942**
农副食品加工业	13	139813	566	1190	7253	3023	3709
食品制造业	14	75788	627	938	4227	1838	1195
酒、饮料和精制茶制造业	15	62183	272	221	1989	1110	856
烟草制品业	16	280	1	1	9	3	3
纺织业	17	148900	303	655	11760	374	560
纺织服装、服饰业	18	186569	1247	1156	5918	617	569
皮革、毛皮、羽毛及其制品和制鞋业	19	84978	174	241	9043	153	172
木材加工和木、竹、藤、棕、草制品业	20	125310	428	686	5322	746	864
家具制造业	21	90433	667	784	5429	550	215
造纸和纸制品业	22	79382	567	1283	3900	499	225
印刷和记录媒介复制业	23	83733	1129	920	4379	1074	585
文教、工美、体育和娱乐用品制造业	24	127202	572	1435	10029	777	402
石油、煤炭及其他燃料加工业	25	11954	127	193	945	749	448
化学原料和化学制品制造业	26	117765	1075	1735	8690	2185	1748
医药制造业	27	27881	538	348	1289	446	292
化学纤维制造业	28	7167	20	29	357	42	34
橡胶和塑料制品业	29	205239	846	2327	15415	1226	852
非金属矿物制品业	30	276007	1551	2104	20453	7184	4220
黑色金属冶炼和压延加工业	31	22304	101	1136	1685	440	441
有色金属冶炼和压延加工业	32	29452	130	420	1474	434	426
金属制品业	33	348604	2421	5852	34786	3980	1830
通用设备制造业	34	353937	2256	5839	27459	3828	1110
专用设备制造业	35	247793	2110	3537	15798	2219	914

分组的法人单位数

单位 个

辽宁	吉林	黑龙江	上海	江苏	浙江	安徽	福建	江西	山东	河南	代码
621156	**212073**	**295952**	**482353**	**2327217**	**1905578**	**946508**	**941297**	**570196**	**2309367**	**1418818**	——
50804	**32629**	**50726**	**5384**	**52735**	**48826**	**108730**	**51198**	**70862**	**125306**	**156664**	A
24560	15918	35505	3912	23378	30162	57303	26884	39705	64517	83675	01
2242	1179	1030	427	3203	4722	5732	5960	5662	8187	6880	02
12894	6406	8893	231	7412	5508	20761	7378	13072	22517	29316	03
2606	449	672	548	5456	5337	7895	6161	5653	4934	2517	04
8502	8677	4626	266	13286	3097	17039	4815	6770	25151	34276	05
3478	**924**	**1641**	**6**	**338**	**856**	**1231**	**1569**	**3006**	**2558**	**3314**	B
150	114	570		21	2	62	120	177	284	675	06
4	69	17	2	7	1			2	35	10	07
1008	114	62		36	23	232	227	232	331	344	08
552	89	66		15	48	148	167	381	204	643	09
1601	420	743	4	219	766	722	998	1952	1314	1493	10
111	95	154		28	5	25	38	41	324	67	11
52	23	29		12	11	42	19	221	66	82	12
87039	**20501**	**25649**	**52507**	**524675**	**454683**	**116544**	**135044**	**69191**	**354725**	**140757**	C
6371	3100	4969	463	7392	4964	7322	5485	3941	18906	9245	13
2229	992	1214	814	5044	3292	3356	3976	1549	9319	5470	14
1411	805	1134	144	1834	2704	3960	5117	1426	4106	3214	15
4	7	10	2	10	1	7	11	7	21	13	16
1380	125	232	1287	42862	35030	3517	5056	2290	13859	4257	17
6282	354	282	3406	26719	32589	9423	9704	6088	19303	6304	18
609	61	188	541	4415	20090	1863	10566	2052	3848	3143	19
2547	1051	1788	831	12420	7324	6511	5476	3392	35236	7078	20
1558	323	460	1139	11065	8127	3621	4272	4570	7851	3897	21
1338	280	320	1860	10142	14232	2086	3553	1209	6768	2476	22
1804	577	644	1694	10790	11584	2814	2969	1355	7872	2857	23
1394	280	349	1055	14707	24945	3374	9341	1967	12877	4235	24
972	195	549	80	731	465	422	250	334	1266	606	25
4324	1068	1550	2049	9741	9098	4151	3492	3751	13959	6410	26
756	897	366	490	2519	1422	1685	670	1220	2612	2049	27
102	37	31	70	2517	1936	149	231	87	534	163	28
4335	816	922	3661	29164	36621	6694	6788	2292	18389	5720	29
8862	2156	2415	1701	24067	13942	11295	16995	9869	28969	21439	30
760	105	92	346	4057	2432	485	493	306	2077	1025	31
922	85	81	435	4738	3251	747	660	1336	1960	1887	32
7318	1131	1551	7248	55924	43340	9238	10794	3812	28540	8731	33
13733	1517	2227	7724	84934	56295	8373	7172	2585	46834	13441	34
5855	1219	1860	4951	56554	28895	6540	6548	2812	28629	9456	35

1-7 续表 1 (2019年)

行业大类	代码	湖北	湖南	广东	广西	海南
总　计	— —	**1006945**	**672298**	**3349156**	**641503**	**125542**
农、林、牧、渔业	A	**72337**	**77090**	**45448**	**83239**	**12295**
农业	01	28358	33332	24435	38374	5811
林业	02	4735	4897	3315	5845	560
畜牧业	03	15185	13584	5748	24171	3861
渔业	04	9301	4803	4622	7511	1111
农、林、牧、渔专业及辅助性活动	05	14758	20474	7328	7338	952
采矿业	B	**2711**	**3575**	**2643**	**3257**	**182**
煤炭开采和洗选业	06	164	417	16	35	2
石油和天然气开采业	07	10		9	8	2
黑色金属矿采选业	08	249	255	260	280	20
有色金属矿采选业	09	110	389	181	327	26
非金属矿采选业	10	1992	2397	1918	2353	101
开采专业及辅助性活动	11	54	14	72	23	5
其他采矿业	12	132	103	187	231	26
制造业	C	**100948**	**63104**	**613236**	**44771**	**3949**
农副食品加工业	13	7327	5790	7315	3474	507
食品制造业	14	2757	2251	8682	2617	232
酒、饮料和精制茶制造业	15	4256	2358	3075	1726	163
烟草制品业	16	39	22	40	6	1
纺织业	17	3877	1167	13741	748	43
纺织服装、服饰业	18	6411	1744	39308	1293	95
皮革、毛皮、羽毛及其制品和制鞋业	19	981	1543	21801	496	3
木材加工和木、竹、藤、棕、草制品业	20	3843	2898	7393	7273	211
家具制造业	21	2019	1484	19910	1244	124
造纸和纸制品业	22	1579	1130	20115	863	48
印刷和记录媒介复制业	23	2581	1753	17335	1146	200
文教、工美、体育和娱乐用品制造业	24	1983	1561	23712	1118	123
石油、煤炭及其他燃料加工业	25	349	299	822	161	17
化学原料和化学制品制造业	26	4473	3799	19372	2033	177
医药制造业	27	1862	882	2404	533	158
化学纤维制造业	28	84	47	483	23	
橡胶和塑料制品业	29	3923	1968	50579	1474	121
非金属矿物制品业	30	12384	9248	24177	6480	620
黑色金属冶炼和压延加工业	31	582	471	2401	330	22
有色金属冶炼和压延加工业	32	660	1232	4087	421	33
金属制品业	33	7395	4983	82977	2381	316
通用设备制造业	34	6691	4506	37099	1607	62
专用设备制造业	35	6269	3372	45242	1958	123

单位：个

重庆	四川	贵州	云南	西藏	陕西	甘肃	青海	宁夏	新疆	代码
591369	**867477**	**471151**	**571421**	**49191**	**587005**	**266600**	**98516**	**113259**	**269203**	——
78687	**93884**	**103737**	**91192**	**2830**	**54499**	**56833**	**18722**	**18486**	**26125**	A
39696	47097	50641	47620	742	25135	24384	6615	7484	7965	01
3281	5748	3851	4145	239	3299	4013	1872	1402	1051	02
21259	28571	43075	32192	1501	19044	24537	9634	8146	11068	03
10754	6347	4538	1635	16	1103	341	106	329	337	04
3697	6121	1632	5600	332	5918	3558	495	1125	5704	05
1292	**3474**	**4280**	**5413**	**307**	**4414**	**1133**	**473**	**705**	**3068**	B
174	636	1000	1086	4	974	100	50	446	342	06
22	22	15	5		39	12	3	7	61	07
69	296	242	543	11	212	97	57	8	426	08
21	264	283	1075	34	272	98	55	1	329	09
950	2095	2607	2540	233	860	687	260	212	1184	10
26	83	41	25	5	1966	99	11	26	548	11
30	78	92	139	20	91	40	37	5	178	12
53772	**67442**	**47820**	**36016**	**3761**	**42745**	**13165**	**5057**	**8846**	**22940**	C
3671	5217	4367	4240	724	3349	1710	525	959	2739	13
1626	3000	2334	1710	164	1927	593	260	434	1121	14
1461	3738	5678	5793	91	1854	491	214	323	659	15
7	5	14	24		7	2		2	1	16
1316	987	768	417	217	495	128	59	276	1114	17
1762	1208	1219	395	325	629	210	162	144	1703	18
829	956	538	117	53	96	130	30	84	162	19
1941	2441	3166	1947	81	1030	260	225	206	695	20
2091	3243	2316	1147	455	909	235	81	171	476	21
848	1362	642	652	15	735	159	27	126	343	22
1381	2171	636	910	26	1202	593	123	246	383	23
1115	1225	3476	1538	383	927	394	642	132	1134	24
147	297	271	257	4	433	87	22	131	325	25
1447	3066	1509	1603	189	1975	731	336	726	1303	26
443	1137	492	591	46	761	563	98	95	217	27
20	65	13	12	1	23	8	1	8	40	28
2061	2823	1101	1202	29	1406	554	92	375	1463	29
5575	9345	10315	5592	556	5522	2870	765	1517	3819	30
423	537	326	347	9	335	139	64	174	163	31
543	590	433	588	27	1297	156	110	111	178	32
5322	4878	3274	2747	133	3004	1300	540	1083	1775	33
4473	5833	1038	910	20	4820	369	155	435	592	34
3136	3813	762	757	49	2777	404	111	289	834	35

1-7 续表 2 (2019年)

行业大类	代码	法人单位数	北京	天津	河北	山西
汽车制造业	36	85403	607	1257	6338	356
铁路、船舶、航空航天和其他运输设备制造业	37	31920	230	1530	2630	154
电气机械和器材制造业	38	202378	1439	2061	9838	967
计算机、通信和其他电子设备制造业	39	142591	1209	1280	2611	381
仪器仪表制造业	40	47548	837	881	2158	244
其他制造业	41	45526	135	367	2548	302
废弃资源综合利用业	42	16368	33	270	1304	514
金属制品、机械和设备修理业	43	38938	1356	1194	1900	1722
电力、热力、燃气及水生产和供应业	D	**113649**	**1146**	**875**	**5700**	**5377**
电力、热力生产和供应业	44	79253	796	525	3765	4177
燃气生产和供应业	45	8721	78	102	841	521
水的生产和供应业	46	25675	272	248	1094	679
建筑业	E	**1458539**	**33309**	**20734**	**98615**	**40990**
房屋建筑业	47	310916	5818	4107	20537	7648
土木工程建筑业	48	305640	5497	4845	23755	8927
建筑安装业	49	206573	3541	4043	13155	5248
建筑装饰、装修和其他建筑业	50	635410	18453	7739	41168	19167
批发和零售业	F	**7155907**	**259365**	**84886**	**374542**	**172364**
批发业	51	3936043	103980	60022	195099	86812
零售业	52	3219864	155385	24864	179443	85552
交通运输、仓储和邮政业	G	**629631**	**17848**	**14184**	**32938**	**16849**
铁路运输业	53	1246	18	17	60	90
道路运输业	54	400374	11291	5765	24838	12874
水上运输业	55	14771	50	296	410	28
航空运输业	56	3094	215	76	109	92
管道运输业	57	372	8	12	11	12
多式联运和运输代理业	58	110878	3294	5523	3148	1134
装卸搬运和仓储业	59	72421	2335	2205	3729	2212
邮政业	60	26475	637	290	633	407
住宿和餐饮业	H	**449277**	**32208**	**5114**	**15905**	**10083**
住宿业	61	131960	5368	1096	4358	3181
餐饮业	62	317317	26840	4018	11547	6902
信息传输、软件和信息技术服务业	I	**1047408**	**68633**	**17960**	**42292**	**25146**
电信、广播电视和卫星传输服务	63	29017	1503	324	893	908
互联网和相关服务	64	136357	7395	1432	5370	4047
软件和信息技术服务业	65	882034	59735	16204	36029	20191
金融业	J	**131744**	**6933**	**5070**	**4099**	**2456**
货币金融服务	66	38945	991	3584	1518	1164
资本市场服务	67	59701	4457	1143	950	234
保险业	68	17621	812	177	1025	529
其他金融业	69	15477	673	166	606	529

单位：个

内蒙古	辽宁	吉林	黑龙江	上海	江苏	浙江	安徽	福建	江西	山东	河南	代码
192	1580	1442	274	1850	14636	17979	3192	1740	1192	8078	3126	36
36	1076	168	128	456	7341	4509	751	871	471	2611	1021	37
491	3765	567	715	3294	35740	40671	5332	4395	2947	11056	5493	38
225	1348	218	207	1707	21404	12240	3615	3551	3016	5659	2247	39
89	1475	236	242	1447	10329	6363	1739	1016	567	3484	1785	40
185	676	239	239	474	6538	7212	1819	2126	1518	4339	1417	41
301	455	156	169	104	1676	820	1121	656	697	1345	1243	42
753	1798	294	441	1184	4665	2310	1342	1070	533	4418	1309	43
3111	**3045**	**1588**	**2209**	**221**	**5061**	**5678**	**5551**	**6424**	**7415**	**6939**	**4965**	D
2267	2269	1182	1640	83	2694	4054	3595	5202	6263	4487	3082	44
253	228	143	205	28	440	302	259	172	223	717	512	45
591	548	263	364	110	1927	1322	1697	1050	929	1735	1371	46
28011	**36509**	**11267**	**13719**	**18472**	**158896**	**68111**	**71766**	**45254**	**34744**	**185133**	**83586**	E
4910	6060	2481	3142	2266	33136	10793	15536	13407	10196	36379	19449	47
9290	7788	2470	2753	3196	33046	15747	13937	8729	7789	41674	16670	48
3874	6967	2075	2459	3947	28962	8292	9166	3924	3839	30962	8899	49
9937	15694	4241	5365	9063	63752	33279	33127	19194	12920	76118	38568	50
93920	**169425**	**46743**	**66672**	**142793**	**678171**	**613479**	**252193**	**317460**	**137446**	**728784**	**415436**	F
45172	105680	20211	38611	99582	435615	365512	121785	181867	69138	451596	197831	51
48748	63745	26532	28061	43211	242556	247967	130408	135593	68308	277188	217605	52
11892	**21331**	**5959**	**9175**	**17939**	**65083**	**39002**	**25554**	**19663**	**18704**	**66140**	**26723**	G
103	27	15	24	8	127	29	21	39	24	142	52	53
8651	12891	3780	5831	5186	46131	24051	18915	11240	15472	42697	18943	54
18	531	17	78	387	2109	1442	1136	1206	305	1407	204	55
109	152	30	55	83	161	183	53	123	35	229	79	56
10	8	6		73	21	7	7	7	4	51	22	57
770	4183	295	622	8932	8922	8512	1622	4341	602	13107	2128	58
1815	2510	1356	2058	2416	6423	3146	2826	1731	1427	7218	4096	59
416	1029	460	507	854	1189	1632	974	976	835	1289	1199	60
4436	**8368**	**2439**	**2502**	**19858**	**28194**	**27954**	**17297**	**14732**	**7384**	**34177**	**21297**	H
1998	3328	967	1056	4643	6587	9984	4475	5126	2960	7404	6402	61
2438	5040	1472	1446	15215	21607	17970	12822	9606	4424	26773	14895	62
9627	**27372**	**5987**	**9855**	**25212**	**98224**	**80752**	**34281**	**46518**	**19117**	**81022**	**56383**	I
757	1047	364	713	461	1740	1132	1075	802	578	1402	1362	63
1747	2110	931	1045	2766	11387	6875	6342	8305	2842	12403	7417	64
7123	24215	4692	8097	21985	85097	72745	26864	37411	15697	67217	47604	65
1712	**3445**	**1280**	**1410**	**9069**	**6012**	**15777**	**3243**	**3773**	**1670**	**8141**	**2723**	J
1011	1962	691	701	1102	2067	1956	1195	1332	742	2274	1149	66
131	370	178	131	6858	2204	11856	692	1315	338	3083	308	67
436	774	291	460	488	1038	794	774	505	394	1557	950	68
134	339	120	118	621	703	1171	582	621	196	1227	316	69

1-7 续表 3 (2019年)

行业大类	代码	湖北	湖南	广东	广西	海南	重庆
汽车制造业	36	6996	1026	4915	1279	48	4370
铁路、船舶、航空航天和其他运输设备制造业	37	615	533	2684	263	46	2418
电气机械和器材制造业	38	3417	2322	57680	1109	113	1549
计算机、通信和其他电子设备制造业	39	3103	2251	68296	1168	54	1716
仪器仪表制造业	40	1248	548	9882	260	18	716
其他制造业	41	1222	614	11167	194	39	371
废弃资源综合利用业	42	781	572	1616	373	29	271
金属制品、机械和设备修理业	43	1241	730	4926	720	203	723
电力、热力、燃气及水生产和供应业	D	**5593**	**6798**	**10171**	**3399**	**460**	**2231**
电力、热力生产和供应业	44	3533	5121	7286	2475	289	1337
燃气生产和供应业	45	371	273	566	183	42	222
水的生产和供应业	46	1689	1404	2319	741	129	672
建筑业	E	**74766**	**30989**	**126537**	**29992**	**11196**	**21728**
房屋建筑业	47	17492	7360	20119	5544	1327	5260
土木工程建筑业	48	17184	6828	18157	5097	1610	2531
建筑安装业	49	9059	3641	22020	2837	1628	2907
建筑装饰、装修和其他建筑业	50	31031	13160	66241	16514	6631	11030
批发和零售业	F	**276174**	**150912**	**1043904**	**165974**	**25360**	**174491**
批发业	51	135402	78687	608612	81456	11859	72094
零售业	52	140772	72225	435292	84518	13501	102397
交通运输、仓储和邮政业	G	**25439**	**13531**	**77590**	**15801**	**2560**	**12578**
铁路运输业	53	51	19	97	49	2	19
道路运输业	54	16982	9214	35031	10375	1268	8349
水上运输业	55	761	427	2074	674	215	373
航空运输业	56	94	53	440	73	50	76
管道运输业	57	15	8	22	6	4	3
多式联运和运输代理业	58	2938	1333	28112	2100	517	1766
装卸搬运和仓储业	59	3178	1519	7702	1777	280	1314
邮政业	60	1420	958	4112	747	224	678
住宿和餐饮业	H	**18322**	**11407**	**55598**	**10205**	**3260**	**24797**
住宿业	61	5624	4054	14842	3928	1647	6148
餐饮业	62	12698	7353	40756	6277	1613	18649
信息传输、软件和信息技术服务业	I	**50017**	**24214**	**172828**	**23516**	**6401**	**23871**
电信、广播电视和卫星传输服务	63	1475	1229	4374	919	310	611
互联网和相关服务	64	5914	4027	21823	3162	1388	2820
软件和信息技术服务业	65	42628	18958	146631	19435	4703	20440
金融业	J	**2804**	**1928**	**29733**	**2781**	**657**	**1906**
货币金融服务	66	1185	806	4835	800	327	976
资本市场服务	67	733	458	18880	698	162	550
保险业	68	593	530	1765	428	115	241
其他金融业	69	293	134	4253	855	53	139

单位 个

四川	贵州	云南	西藏	陕西	甘肃	青海	宁夏	新疆	代码
1622	233	235		604	46	15	56	119	36
596	105	56	1	519	36	7	14	44	37
2560	848	699	17	1976	328	143	207	639	38
2214	684	292	10	1483	103	42	57	200	39
657	98	216	1	821	57	10	68	56	40
403	484	255	39	253	75	60	88	128	41
401	297	352	21	368	163	38	81	141	42
1052	383	415	75	1208	271	100	228	374	43
5869	**2181**	**3006**	**284**	**3287**	**1513**	**789**	**629**	**2134**	D
3505	1389	1980	231	2132	1151	663	475	1605	44
762	216	250	13	377	113	41	58	210	45
1602	576	776	40	778	249	85	96	319	46
51219	**23307**	**33365**	**7856**	**59942**	**13480**	**6265**	**6477**	**12304**	E
15773	4553	6901	5521	15820	3652	1400	1502	2827	47
8533	4250	7969	1241	15710	3683	1835	1872	3027	48
6067	2713	3045	186	7810	1783	680	807	2037	49
20846	11791	15450	908	20602	4362	2350	2296	4413	50
192114	**97150**	**151415**	**7132**	**149543**	**52004**	**18736**	**29111**	**68208**	F
103248	37792	68514	2137	68535	24289	7665	14400	42840	51
88866	59358	82901	4995	81008	27715	11071	14711	25368	52
19283	**8270**	**12164**	**676**	**13360**	**4510**	**1776**	**3515**	**9594**	G
52	9	18		53	11	9	11	50	53
13559	5875	8019	463	9156	2843	1307	2581	6796	54
328	115	121		25	11	7	9	7	55
122	55	109	14	95	28	11	20	70	56
7	6	9		10	4			19	57
1972	477	1539	41	930	358	166	315	1179	58
2184	847	1166	74	2429	880	202	303	1063	59
1059	886	1183	84	662	375	74	276	410	60
17323	**17206**	**14549**	**1130**	**11363**	**5350**	**2251**	**1692**	**2876**	H
6497	5126	5327	717	4135	2195	981	584	1222	61
10826	12080	9222	413	7228	3155	1270	1108	1654	62
32672	**9345**	**16934**	**1060**	**20883**	**3732**	**2214**	**2773**	**8567**	I
1253	442	709	255	1265	317	187	109	501	63
3507	2187	2272	103	3856	982	335	470	1097	64
27912	6716	13953	702	15762	2433	1692	2194	6969	65
3361	**1501**	**2841**	**321**	**2369**	**1232**	**348**	**792**	**2357**	J
1163	767	1102	115	1004	821	230	426	949	66
800	282	1100	157	470	59	21	193	890	67
866	274	493	40	525	300	52	92	303	68
532	178	146	9	370	52	45	81	215	69

1-7 续表 4 (2019年)

行业大类	代码	法人单位数	北京	天津	河北	山西
房地产业	K	**811663**	**25072**	**11520**	**46774**	**20042**
房地产业	70	811663	25072	11520	46774	20042
租赁和商务服务业	L	**2825375**	**169189**	**41627**	**109466**	**55653**
租赁业	71	258454	11370	4248	15557	8352
商务服务业	72	2566921	157819	37379	93909	47301
科学研究和技术服务业	M	**1390741**	**136076**	**28778**	**59330**	**27128**
研究和试验发展	73	203416	6534	2872	8546	2239
专业技术服务业	74	603148	42073	8577	19394	12722
科技推广和应用服务业	75	584177	87469	17329	31390	12167
水利、环境和公共设施管理业	N	**172856**	**6986**	**1927**	**9419**	**6184**
水利管理业	76	22772	348	207	762	1083
生态保护和环境治理业	77	22470	870	239	840	876
公共设施管理业	78	110046	5657	1405	6285	3969
土地管理业	79	17568	111	76	1532	256
居民服务、修理和其他服务业	O	**522903**	**33407**	**7658**	**22727**	**13381**
居民服务业	80	228927	16540	3239	9078	5888
机动车、电子产品和日用产品修理业	81	194083	7742	2703	8724	4814
其他服务业	82	99893	9125	1716	4925	2679
教育	P	**698893**	**19869**	**6275**	**28723**	**17383**
教育	83	698893	19869	6275	28723	17383
卫生和社会工作	Q	**279155**	**6362**	**2326**	**10867**	**7382**
卫生	84	190675	4117	1701	8373	5512
社会工作	85	88480	2245	625	2494	1870
文化、体育和娱乐业	R	**585224**	**49183**	**7684**	**24147**	**15417**
新闻和出版业	86	8873	1685	121	303	318
广播、电视、电影和录音制作业	87	72376	8907	1220	3911	1596
文化艺术业	88	170890	13146	2199	6272	6136
体育	89	59456	3928	960	2700	1695
娱乐业	90	273629	21517	3184	10961	5672
公共管理、社会保障和社会组织	S	**1593030**	**17047**	**10767**	**86289**	**58002**
中国共产党机关	91	36656	257	214	1786	1520
国家机构	92	462040	3934	2522	17744	16635
人民政协、民主党派	93	6401	66	47	263	317
社会保障	94	10706	75	65	441	723
群众团体、社会团体和其他成员组织	95	410171	5626	1618	12980	10093
基层群众自治组织	96	667056	7089	6301	53075	28714

单位 个

内蒙古	辽宁	吉林	黑龙江	上海	江苏	浙江	安徽	福建	江西	山东	河南	代码
13222	**22162**	**7282**	**9318**	**22070**	**67293**	**54133**	**28027**	**21837**	**15933**	**62011**	**47074**	K
13222	22162	7282	9318	22070	67293	54133	28027	21837	15933	62011	47074	70
35876	**61673**	**16725**	**23561**	**76930**	**229748**	**190757**	**99194**	**99758**	**58559**	**232002**	**129595**	L
5563	5454	2140	3870	2921	16453	12691	12020	7233	5902	24542	17295	71
30313	56219	14585	19691	74009	213295	178066	87174	92525	52657	207460	112300	72
16136	**29061**	**9169**	**15290**	**31658**	**157330**	**78935**	**44132**	**40404**	**19027**	**119160**	**77074**	M
928	5800	1292	2235	3028	43846	13221	6051	7519	1354	16956	5243	73
8617	12789	4667	6925	16776	64248	36317	22137	17463	10860	50283	28567	74
6591	10472	3210	6130	11854	49236	29397	15944	15422	6813	51921	43264	75
3937	**3601**	**1637**	**2366**	**2458**	**13891**	**10103**	**7114**	**6224**	**3608**	**14663**	**11120**	N
540	540	432	549	247	2043	996	944	647	428	1203	1172	76
614	432	176	280	281	1793	1581	634	947	463	1628	1160	77
2604	2383	926	1422	1849	7819	6968	4919	4063	2460	9394	7553	78
179	246	103	115	81	2236	558	617	567	257	2438	1235	79
7678	**11873**	**4066**	**4540**	**17401**	**44363**	**33452**	**21340**	**17847**	**9237**	**39141**	**24305**	O
3486	5577	1789	1934	9760	19286	16966	8579	7770	3389	16124	10854	80
3112	4738	1455	1493	5789	15508	10775	9208	7097	3502	15179	8842	81
1080	1558	822	1113	1852	9569	5711	3553	2980	2346	7838	4609	82
12405	**19436**	**8276**	**11980**	**9082**	**39883**	**46240**	**25780**	**22421**	**19511**	**52077**	**60178**	P
12405	19436	8276	11980	9082	39883	46240	25780	22421	19511	52077	60178	83
5138	**11182**	**4302**	**6160**	**4895**	**30846**	**14637**	**11490**	**6777**	**8166**	**20243**	**20560**	Q
3511	8427	2618	4110	2366	11078	7615	8144	5087	5952	14186	16240	84
1627	2755	1684	2050	2529	19768	7022	3346	1690	2214	6057	4320	85
8314	**11952**	**3922**	**6322**	**12802**	**44902**	**42742**	**21037**	**25113**	**11180**	**43350**	**33538**	R
155	234	122	160	234	469	356	255	335	179	443	325	86
1000	1221	446	493	1391	4937	8988	1833	2980	1063	5658	2835	87
3118	3246	1214	1872	2637	16028	10051	6271	8710	3708	13438	11001	88
1202	1493	363	748	2799	5072	4550	1675	3163	903	4553	2376	89
2839	5758	1777	3049	5741	18396	18797	11003	9925	5327	19258	17001	90
37744	**39400**	**27377**	**32857**	**13596**	**81572**	**79461**	**52004**	**59281**	**55436**	**133795**	**103526**	S
1296	1320	669	1281	310	1551	921	1319	1543	1266	1917	2094	91
13291	13734	11182	13618	3252	20261	15657	14099	14881	19945	28165	32873	92
163	239	136	203	117	273	298	286	271	237	340	257	93
250	315	160	344	83	556	205	300	262	361	553	941	94
9335	7565	3980	5374	3755	36043	30271	17569	24967	12828	21446	15630	95
13409	16227	11250	12037	6079	22888	32109	18431	17357	20799	81374	51731	96

1-7 续表 5 (2019年)

行业大类	代码	湖北	湖南	广东	广西	海南
房地产业	K	**34986**	**21082**	**124439**	**26062**	**12254**
房地产业	70	34986	21082	124439	26062	12254
租赁和商务服务业	L	**113372**	**64185**	**535456**	**81127**	**18049**
租赁业	71	11513	7869	26583	7001	2347
商务服务业	72	101859	56316	508873	74126	15702
科学研究和技术服务业	M	**62116**	**45174**	**199286**	**32566**	**6085**
研究和试验发展	73	6663	5364	46460	2918	574
专业技术服务业	74	30214	15605	89680	13653	3411
科技推广和应用服务业	75	25239	24205	63146	15995	2100
水利、环境和公共设施管理业	N	**9743**	**6644**	**12416**	**6432**	**1163**
水利管理业	76	1680	1450	1267	1484	93
生态保护和环境治理业	77	1089	941	2285	557	186
公共设施管理业	78	5834	3800	8186	2782	749
土地管理业	79	1140	453	678	1609	135
居民服务、修理和其他服务业	O	**20763**	**12702**	**65169**	**13569**	**3713**
居民服务业	80	8540	5687	28356	6040	1557
机动车、电子产品和日用产品修理业	81	7549	4027	24237	5149	1315
其他服务业	82	4674	2988	12576	2380	841
教育	P	**27838**	**31653**	**72214**	**28171**	**5306**
教育	83	27838	31653	72214	28171	5306
卫生和社会工作	Q	**12768**	**11804**	**18401**	**6148**	**1296**
卫生	84	9384	8238	14209	5014	1083
社会工作	85	3384	3566	4192	1134	213
文化、体育和娱乐业	R	**24354**	**23584**	**63415**	**12679**	**3807**
新闻和出版业	86	479	253	714	213	72
广播、电视、电影和录音制作业	87	2213	1592	7046	1777	712
文化艺术业	88	6964	5308	19200	3493	962
体育	89	1859	1547	7718	1350	555
娱乐业	90	12839	14884	28737	5846	1506
公共管理、社会保障和社会组织	S	**71894**	**71922**	**80672**	**51814**	**7549**
中国共产党机关	91	1403	1720	1640	1330	190
国家机构	92	22544	23237	22456	21500	2567
人民政协、民主党派	93	251	267	363	232	51
社会保障	94	546	698	221	896	33
群众团体、社会团体和其他成员组织	95	17152	16339	28206	11551	1477
基层群众自治组织	96	29998	29661	27786	16305	3231

单位：个

重庆	四川	贵州	云南	西藏	陕西	甘肃	青海	宁夏	新疆	代码
17884	**26831**	**12923**	**17669**	**637**	**20600**	**6852**	**2926**	**2869**	**9879**	K
17884	26831	12923	17669	637	20600	6852	2926	2869	9879	70
64823	**95519**	**39758**	**53986**	**5558**	**57780**	**18415**	**11285**	**11277**	**24472**	L
9658	10631	4963	6307	627	6478	3109	1294	1876	2587	71
55165	84888	34795	47679	4931	51302	15306	9991	9401	21885	72
21783	**43156**	**11837**	**23728**	**1423**	**28029**	**7134**	**3951**	**3360**	**12425**	M
1657	5197	626	1810	122	3060	415	170	196	520	73
13904	21608	7913	12057	854	15974	4237	2683	2087	6853	74
6222	16351	3298	9861	447	8995	2482	1098	1077	5052	75
4142	**6492**	**3613**	**4831**	**203**	**5864**	**1626**	**1192**	**824**	**2433**	N
238	911	537	976	30	875	293	157	98	542	76
790	1017	360	649	45	707	233	305	117	375	77
2474	3898	2364	2753	123	3908	1050	616	528	1305	78
640	666	352	453	5	374	50	114	81	211	79
16836	**19588**	**14726**	**14557**	**669**	**13689**	**5176**	**1880**	**2370**	**5080**	O
8650	7680	5819	5616	224	5133	2009	784	859	1714	80
5669	8350	6910	6664	332	6188	2539	751	1035	2687	81
2517	3558	1997	2277	113	2368	628	345	476	679	82
17374	**34768**	**16440**	**16398**	**1035**	**20272**	**12519**	**2370**	**3667**	**9349**	P
17374	34768	16440	16398	1035	20272	12519	2370	3667	9349	83
6750	**16899**	**5621**	**6005**	**573**	**11412**	**3881**	**1480**	**967**	**3817**	Q
4155	11672	4502	4832	521	9745	3298	1131	718	3136	84
2595	5227	1119	1173	52	1667	583	349	249	681	85
16681	**25914**	**9162**	**14523**	**984**	**13420**	**5553**	**1865**	**2085**	**5593**	R
164	369	119	200	19	241	96	39	57	144	86
1578	2107	710	1407	162	2077	558	340	302	1316	87
5333	6001	2045	3955	355	3675	2111	612	553	1276	88
1471	2234	714	1378	32	1135	494	184	212	393	89
8135	15203	5574	7583	416	6292	2294	690	961	2464	90
29743	**111669**	**42274**	**52829**	**12752**	**53534**	**52492**	**14936**	**12814**	**37982**	S
602	2768	925	1788	591	1497	944	348	233	1413	91
10221	35847	16493	16749	5051	14628	10791	3847	2266	12050	92
167	388	173	238	74	193	192	64	101	134	93
328	648	101	682	9	484	121	61	30	214	94
7158	19005	6932	18783	1579	16480	23025	5962	7422	10020	95
11267	53013	17650	14589	5448	20252	17419	4654	2762	14151	96

1-8 按行业(大类)、机构类型分组的法人单位数

(2019年) 单位：个

行业大类	代码	法人单位数	企业法人	事业法人	机关法人	社会团体	其他
总　计	--	**25280211**	**21091270**	**816429**	**237156**	**308696**	**2826660**
农、林、牧、渔业	A	**1879887**	**721329**	**10963**			**1147595**
农业	01	939656	326438	703			612515
林业	02	117170	62801	2611			51758
畜牧业	03	487077	210889	288			275900
渔业	04	98870	55688	181			43001
农、林、牧、渔专业及辅助性活动	05	237114	65513	7180			164421
采矿业	B	**70983**	**70905**				**78**
煤炭开采和洗选业	06	12335	12335				
石油和天然气开采业	07	494	492				2
黑色金属矿采选业	08	9910	9909				1
有色金属矿采选业	09	6729	6724				5
非金属矿采选业	10	35043	34977				66
开采专业及辅助性活动	11	4276	4272				4
其他采矿业	12	2196	2196				
制造业	C	**3463346**	**3444243**	**20**			**19083**
农副食品加工业	13	139813	132883	1			6929
食品制造业	14	75788	74837				951
酒、饮料和精制茶制造业	15	62183	57439				4744
烟草制品业	16	280	228				52
纺织业	17	148900	148422				478
纺织服装、服饰业	18	186569	185888				681
皮革、毛皮、羽毛及其制品和制鞋业	19	84978	84815				163
木材加工和木、竹、藤、棕、草制品业	20	125310	124114	1			1195
家具制造业	21	90433	90002				431
造纸和纸制品业	22	79382	79341	1			40
印刷和记录媒介复制业	23	83733	83723	9			1
文教、工美、体育和娱乐用品制造业	24	127202	125634				1568
石油、煤炭及其他燃料加工业	25	11954	11893				61

1-8 续表 1 (2019年) 单位：个

行业大类	代码	法人单位数	企业法人	事业法人	机关法人	社会团体	其他
化学原料和化学制品制造业	26	117765	117509				256
医药制造业	27	27881	27294	1			586
化学纤维制造业	28	7167	7166				1
橡胶和塑料制品业	29	205239	205187				52
非金属矿物制品业	30	276007	275781				226
黑色金属冶炼和压延加工业	31	22304	22298				6
有色金属冶炼和压延加工业	32	29452	29446				6
金属制品业	33	348604	348517	3			84
通用设备制造业	34	353937	353928				9
专用设备制造业	35	247793	247622	2			169
汽车制造业	36	85403	85402				1
铁路、船舶、航空航天和其他运输设备制造业	37	31920	31919				1
电气机械和器材制造业	38	202378	202301				77
计算机、通信和其他电子设备制造业	39	142591	142589				2
仪器仪表制造业	40	47548	47546	1			1
其他制造业	41	45526	45458				68
废弃资源综合利用业	42	16368	16298				70
金属制品、机械和设备修理业	43	38938	38763	1			174
电力、热力、燃气及水生产和供应业	**D**	**113649**	**109072**	**627**			**3950**
电力、热力生产和供应业	44	79253	75129	245			3879
燃气生产和供应业	45	8721	8662	11			48
水的生产和供应业	46	25675	25281	371			23
建筑业	**E**	**1458539**	**1458374**	**11**			**154**
房屋建筑业	47	310916	310789				127
土木工程建筑业	48	305640	305615	10			15
建筑安装业	49	206573	206573				
建筑装饰、装修和其他建筑业	50	635410	635397	1			12
批发和零售业	**F**	**7155907**	**6980244**	**39**			**175624**
批发业	51	3936043	3803192	14			132837
零售业	52	3219864	3177052	25			42787

1-8 续表 2 (2019年) 单位：个

行业大类	代码	法人单位数	企业法人	事业法人	机关法人	社会团体	其他
交通运输、仓储和邮政业	G	**629631**	**619744**	**7117**			**2770**
铁路运输业	53	1246	1238	8			
道路运输业	54	400374	393818	5936			620
水上运输业	55	14771	14306	420			45
航空运输业	56	3094	2997	75			22
管道运输业	57	372	371	1			
多式联运和运输代理业	58	110878	110834	27			17
装卸搬运和仓储业	59	72421	69855	544			2022
邮政业	60	26475	26325	106			44
住宿和餐饮业	H	**449277**	**446998**	**369**			**1910**
住宿业	61	131960	130969	277			714
餐饮业	62	317317	316029	92			1196
信息传输、软件和信息技术服务业	I	**1047408**	**1039712**	**5789**			**1907**
电信、广播电视和卫星传输服务	63	29017	25225	3516			276
互联网和相关服务	64	136357	135270	827			260
软件和信息技术服务业	65	882034	879217	1446			1371
金融业	J	**131744**	**129926**	**233**	**369**	**8**	**1208**
货币金融服务	66	38945	37345	86	369	6	1139
资本市场服务	67	59701	59617	71			13
保险业	68	17621	17602	16			3
其他金融业	69	15477	15362	60		2	53
房地产业	K	**811663**	**806707**	**2365**			**2591**
房地产业	70	811663	806707	2365			2591
租赁和商务服务业	L	**2825375**	**2553784**	**32441**		**1**	**239149**
租赁业	71	258454	252245	107			6102
商务服务业	72	2566921	2301539	32334		1	233047
科学研究和技术服务业	M	**1390741**	**1255369**	**70370**			**65002**
研究和试验发展	73	203416	193241	4930			5245
专业技术服务业	74	603148	557766	40607			4775
科技推广和应用服务业	75	584177	504362	24833			54982

1-8 续表 3 (2019年) 单位：个

行业大类	代码	法人单位数	企业法人	事业法人	机关法人	社会团体	其他
水利、环境和公共设施管理业	N	**172856**	**136261**	**32123**		**8**	**4464**
水利管理业	76	22772	5945	15560			1267
生态保护和环境治理业	77	22470	18816	3216		8	430
公共设施管理业	78	110046	96427	11840			1779
土地管理业	79	17568	15073	1507			988
居民服务、修理和其他服务业	O	**522903**	**496578**	**4935**			**21390**
居民服务业	80	228927	206889	3850			18188
机动车、电子产品和日用产品修理业	81	194083	193531	126			426
其他服务业	82	99893	96158	959			2776
教育	P	**698893**	**230944**	**235761**			**232188**
教育	83	698893	230944	235761			232188
卫生和社会工作	Q	**279155**	**76683**	**97447**		**470**	**104555**
卫生	84	190675	61600	76610		1	52464
社会工作	85	88480	15083	20837		469	52091
文化、体育和娱乐业	R	**585224**	**514276**	**37189**		**564**	**33195**
新闻和出版业	86	8873	5606	3120			147
广播、电视、电影和录音制作业	87	72376	68548	3290			538
文化艺术业	88	170890	126186	26936		1	17767
体育	89	59456	48944	1829		563	8120
娱乐业	90	273629	264992	2014			6623
公共管理、社会保障和社会组织	S	**1593030**		**278630**	**236787**	**307645**	**769968**
中国共产党机关	91	36656		5380	31276		
国家机构	92	462040		262939	199101		
人民政协、民主党派	93	6401		364	6037		
社会保障	94	10706		9818	373		515
群众团体、社会团体和其他成员组织	95	410171		32		307645	102494
基层群众自治组织	96	667056		97			666959

1-9 按行业(大类)、成立时间

行业大类	代码	法人单位数	1949年及以前	1950-1977年	1978-1991年
总　计	——	**25280211**	**70722**	**282944**	**577949**
农、林、牧、渔业	A	**1879887**	**291**	**3905**	**5365**
农业	01	939656	99	698	1051
林业	02	117170	49	1309	1307
畜牧业	03	487077	56	169	485
渔业	04	98870	6	132	377
农、林、牧、渔专业及辅助性活动	05	237114	81	1597	2145
采矿业	B	**70983**	**27**	**275**	**1088**
煤炭开采和洗选业	06	12335	10	155	376
石油和天然气开采业	07	494	1	3	9
黑色金属矿采选业	08	9910	5	21	133
有色金属矿采选业	09	6729	3	31	172
非金属矿采选业	10	35043	6	56	369
开采专业及辅助性活动	11	4276		5	16
其他采矿业	12	2196	2	4	13
制造业	C	**3463346**	**268**	**3769**	**33812**
农副食品加工业	13	139813	13	281	1535
食品制造业	14	75788	7	108	773
酒、饮料和精制茶制造业	15	62183	15	178	787
烟草制品业	16	280	7	5	28
纺织业	17	148900	6	115	1267
纺织服装、服饰业	18	186569	10	105	1261
皮革、毛皮、羽毛及其制品和制鞋业	19	84978	3	42	746
木材加工和木、竹、藤、棕、草制品业	20	125310	5	51	520
家具制造业	21	90433	1	23	295
造纸和纸制品业	22	79382	3	54	921
印刷和记录媒介复制业	23	83733	26	174	2749
文教、工美、体育和娱乐用品制造业	24	127202	6	91	1009
石油、煤炭及其他燃料加工业	25	11954	6	27	143
化学原料和化学制品制造业	26	117765	17	275	1889
医药制造业	27	27881	15	127	497
化学纤维制造业	28	7167		5	70
橡胶和塑料制品业	29	205239	7	119	2059
非金属矿物制品业	30	276007	20	342	2878
黑色金属冶炼和压延加工业	31	22304	3	56	267
有色金属冶炼和压延加工业	32	29452	4	44	325
金属制品业	33	348604	15	235	3003
通用设备制造业	34	353937	19	442	3679
专用设备制造业	35	247793	11	238	1901

分组的法人单位数

1992—1995年	1996年	1997年	1998年	1999年	2000年	2001年	2002年	2003年	2004年	2005年	代码
250585	**77946**	**81034**	**120518**	**139239**	**190029**	**219774**	**260957**	**302359**	**312485**	**351388**	—
2711	**863**	**990**	**1695**	**1543**	**3585**	**3563**	**3636**	**4606**	**4510**	**7287**	A
840	275	312	575	558	1302	1310	1285	1606	1618	2624	01
414	130	167	214	192	424	423	485	599	526	676	02
407	173	214	394	331	935	873	870	1204	1238	2039	03
291	83	113	128	148	276	301	288	373	399	618	04
759	202	184	384	314	648	656	708	824	729	1330	05
879	**339**	**362**	**554**	**577**	**868**	**1126**	**1341**	**2058**	**2731**	**3020**	B
237	96	120	178	173	220	310	356	625	727	726	06
10	4	8	2	16	15	9	14	13	6	6	07
127	54	46	97	85	166	225	226	449	795	804	08
131	65	56	79	101	133	181	212	240	326	418	09
325	104	117	176	178	300	342	465	655	772	918	10
33	11	11	18	19	23	37	44	52	67	91	11
16	5	4	4	5	11	22	24	24	38	57	12
51321	**17441**	**19291**	**27635**	**36375**	**44805**	**56133**	**67613**	**80310**	**81251**	**81805**	C
1788	620	761	1237	1454	1985	2262	2478	3117	3289	3662	13
1202	475	482	730	785	1020	1131	1261	1431	1498	1513	14
935	349	485	685	805	1040	1027	1148	1280	1237	1270	15
16	1	3	5	8	5	4	7	15	10	9	16
1915	746	880	1311	1963	2720	3123	4397	5082	4356	4297	17
2429	720	771	1025	1513	2452	2513	3046	3517	3522	3526	18
1494	468	435	508	677	883	1068	1322	1439	1454	1576	19
708	238	260	421	515	826	941	1189	1584	1623	1901	20
643	254	300	401	459	581	692	816	1037	1154	1222	21
1396	484	551	750	870	1123	1458	1919	2183	2110	2025	22
2895	898	1018	1337	1632	1872	2483	3090	3560	3223	2832	23
1745	533	572	787	1116	1419	1663	2151	2509	2489	2517	24
195	67	56	105	136	165	194	250	303	294	279	25
2890	1031	1136	1683	2148	2471	3150	3516	4101	4130	4102	26
914	268	296	436	465	592	725	817	955	907	820	27
129	33	52	75	114	174	171	242	344	299	217	28
3531	1181	1313	1902	2665	3169	4234	5079	5573	5583	5727	29
3641	1189	1234	2017	2533	2960	3612	4585	5748	5606	5670	30
453	164	172	227	328	373	477	614	1109	1022	947	31
551	203	223	336	410	513	727	725	919	968	1033	32
4455	1541	1729	2420	3311	3920	5188	6254	7377	7676	7698	33
5510	1965	2094	3099	4078	4671	6016	7311	8893	9448	9442	34
2834	1023	1207	1654	2285	2642	3639	4295	5125	5653	5759	35

1–9 续表 1

行业大类	代码	2006年	2007年	2008年	2009年	2010年
总　计	——	**394746**	**397260**	**465495**	**575193**	**730437**
农、林、牧、渔业	A	**8260**	**16474**	**36476**	**53213**	**62157**
农业	01	3328	6636	14501	21621	28201
林业	02	826	1197	1878	2952	3763
畜牧业	03	2334	5606	12939	17670	17775
渔业	04	612	1013	1986	2838	3243
农、林、牧、渔专业及辅助性活动	05	1160	2022	5172	8132	9175
采矿业	B	**3148**	**2933**	**3436**	**3418**	**3614**
煤炭开采和洗选业	06	527	499	646	659	700
石油和天然气开采业	07	14	14	19	24	16
黑色金属矿采选业	08	624	610	760	518	576
有色金属矿采选业	09	591	551	423	321	289
非金属矿采选业	10	1197	1058	1335	1641	1803
开采专业及辅助性活动	11	125	129	158	184	136
其他采矿业	12	70	72	95	71	94
制造业	C	**95312**	**91517**	**89840**	**108926**	**140534**
农副食品加工业	13	3841	3865	4408	4591	5157
食品制造业	14	1753	1707	1834	1789	2168
酒、饮料和精制茶制造业	15	1364	1467	1591	1694	1956
烟草制品业	16	15	10	2	14	13
纺织业	17	5102	4190	3510	4614	6324
纺织服装、服饰业	18	3995	3961	3565	4397	6697
皮革、毛皮、羽毛及其制品和制鞋业	19	1823	1701	1665	2347	3320
木材加工和木、竹、藤、棕、草制品业	20	2263	2294	2447	2905	3970
家具制造业	21	1516	1462	1503	2101	2979
造纸和纸制品业	22	2435	2333	2097	2954	3465
印刷和记录媒介复制业	23	2894	2591	2331	2792	3300
文教、工美、体育和娱乐用品制造业	24	2919	2830	2587	3219	4317
石油、煤炭及其他燃料加工业	25	337	333	339	409	414
化学原料和化学制品制造业	26	4594	3951	3775	4492	4773
医药制造业	27	787	653	611	840	960
化学纤维制造业	28	368	278	187	249	438
橡胶和塑料制品业	29	6805	6438	5916	7417	9070
非金属矿物制品业	30	7197	6991	7895	9703	12302
黑色金属冶炼和压延加工业	31	898	855	820	905	1024
有色金属冶炼和压延加工业	32	1147	1253	1077	1071	1302
金属制品业	33	9148	8882	8706	10535	13555
通用设备制造业	34	11002	10960	10550	11700	15840
专用设备制造业	35	6700	6463	6479	8165	10670

2011年	2012年	2013年	2014年	2015年	2016年	2017年	2018年	2019年	代码
835463	**977724**	**1230329**	**1719243**	**2099347**	**2837180**	**3397421**	**3604215**	**2778229**	——
72624	**111692**	**174425**	**200906**	**225764**	**288942**	**273509**	**180131**	**130764**	A
33846	51248	89049	108885	121874	146250	141576	89451	69037	01
5371	8215	11383	12764	12548	15110	15108	10840	8300	02
19446	32122	43718	48444	55282	83081	71901	38209	29162	03
4793	6903	9419	8864	10827	13717	13119	9607	8396	04
9168	13204	20856	21949	25233	30784	31805	32024	15869	05
3683	**3980**	**3925**	**4181**	**4133**	**4527**	**4912**	**5509**	**4339**	B
679	684	533	469	441	552	635	552	450	06
17	24	26	31	27	26	30	42	68	07
575	460	452	418	331	324	346	413	270	08
308	300	248	275	244	275	290	258	208	09
1822	2188	2289	2485	2498	2875	3001	3326	2742	10
173	212	256	362	400	292	417	617	388	11
109	112	121	141	192	183	193	301	213	12
150066	**151953**	**189451**	**231347**	**248627**	**314572**	**396779**	**382468**	**270125**	C
6011	7805	8818	9601	12000	13516	13528	13432	8758	13
3296	4119	4942	5274	7045	7699	8020	7565	6161	14
2284	3333	3913	4464	6041	6498	6572	5738	4027	15
9	16	9	11	5	13	9	20	11	16
6416	5555	7336	8367	9729	13273	15623	14768	11915	17
7457	7361	10930	12940	14639	18537	23241	25984	16455	18
3733	3618	5612	7251	6386	8030	10139	10328	6910	19
3928	5003	6114	6818	8488	10995	15968	18331	25004	20
3041	3925	5070	6956	7500	10604	15596	12777	7525	21
3339	3498	4439	5197	5235	6233	8493	8330	5487	22
3206	3074	3820	4266	4752	5661	7011	6253	3993	23
4797	5433	7190	9316	10572	13778	16179	14658	10800	24
421	491	489	755	817	1140	1373	1559	857	25
4869	4943	5469	6722	7631	8692	9859	9418	6038	26
992	1061	1253	1481	1915	2300	2699	2743	1752	27
404	258	345	338	372	411	582	625	387	28
8991	9078	11296	13137	13541	17382	21562	19683	12781	29
14030	14446	16335	18190	18074	22914	30729	30582	24584	30
1015	879	1008	1169	1153	1499	2099	1767	1001	31
1311	1309	1537	1725	1676	2126	2843	2751	1343	32
14682	14695	19375	25083	25688	33704	43250	41177	25302	33
16824	14498	17288	22567	22932	28538	40024	37068	27479	34
11109	10644	13191	16583	17467	22175	30402	28609	20870	35

1-9 续表 2

行业大类	代码	法人单位数	1949年及以前	1950—1977年	1978—1991年
汽车制造业	36	85403	8	130	901
铁路、船舶、航空航天和其他运输设备制造业	37	31920	11	70	465
电气机械和器材制造业	38	202378	19	184	1864
计算机、通信和其他电子设备制造业	39	142591	3	72	686
仪器仪表制造业	40	47548	4	91	546
其他制造业	41	45526	1	24	224
废弃资源综合利用业	42	16368		4	82
金属制品、机械和设备修理业	43	38938	3	57	442
电力、热力、燃气及水生产和供应业	**D**	**113649**	**57**	**1084**	**4036**
电力、热力生产和供应业	44	79253	28	699	2391
燃气生产和供应业	45	8721	2	3	85
水的生产和供应业	46	25675	27	382	1560
建筑业	**E**	**1458539**	**74**	**2559**	**8665**
房屋建筑业	47	310916	41	1875	4725
土木工程建筑业	48	305640	13	514	1940
建筑安装业	49	206573	9	111	1072
建筑装饰、装修和其他建筑业	50	635410	11	59	928
批发和零售业	**F**	**7155907**	**450**	**4508**	**28035**
批发业	51	3936043	153	1969	14510
零售业	52	3219864	297	2539	13525
交通运输、仓储和邮政业	**G**	**629631**	**197**	**2270**	**6495**
铁路运输业	53	1246	2	8	41
道路运输业	54	400374	109	1418	3343
水上运输业	55	14771	10	146	558
航空运输业	56	3094		7	36
管道运输业	57	372			2
多式联运和运输代理业	58	110878	5	25	342
装卸搬运和仓储业	59	72421	51	634	2096
邮政业	60	26475	20	32	77
住宿和餐饮业	**H**	**449277**	**41**	**594**	**3344**
住宿业	61	131960	22	353	2330
餐饮业	62	317317	19	241	1014
信息传输、软件和信息技术服务业	**I**	**1047408**	**40**	**448**	**1471**
电信、广播电视和卫星传输服务	63	29017	30	383	907
互联网和相关服务	64	136357	4	12	77
软件和信息技术服务业	65	882034	6	53	487
金融业	**J**	**131744**	**153**	**284**	**1846**
货币金融服务	66	38945	151	281	1661
资本市场服务	67	59701		1	55
保险业	68	17621	1		59
其他金融业	69	15477	1	2	71

1992—1995年	1996年	1997年	1998年	1999年	2000年	2001年	2002年	2003年	2004年	2005年	代码
1456	465	530	734	944	1122	1559	1941	2442	2474	2376	36
713	251	242	310	507	527	659	703	800	871	983	37
3250	1159	1255	1739	2382	2728	3604	4117	4795	4767	4739	38
1630	497	583	762	1031	1390	1944	2196	2539	2872	2881	39
1005	323	342	503	632	707	939	995	1195	1202	1203	40
449	138	150	171	283	394	462	573	622	664	670	41
86	26	30	52	71	72	121	138	226	266	278	42
463	131	129	213	255	289	347	438	490	584	631	43
2346	**786**	**856**	**1194**	**1175**	**1549**	**1844**	**2594**	**3997**	**4062**	**3504**	**D**
1474	542	587	827	780	1059	1306	1889	3044	3185	2581	44
127	40	47	71	75	97	143	181	259	199	246	45
745	204	222	296	320	393	395	524	694	678	677	46
11086	**3276**	**3625**	**5264**	**5399**	**6555**	**8919**	**10045**	**11362**	**12913**	**13939**	**E**
3807	947	1023	1533	1407	1679	2854	2666	2285	2504	2883	47
2429	603	709	1110	1205	1430	1880	2140	2757	2971	3043	48
1946	678	774	1130	1209	1381	1760	2024	2381	2720	2895	49
2904	1048	1119	1491	1578	2065	2425	3215	3939	4718	5118	50
31455	**11774**	**14790**	**22964**	**27132**	**36746**	**42711**	**53950**	**67403**	**71037**	**77293**	**F**
18512	7028	8805	13874	16832	22243	26656	32996	42392	44650	48328	51
12943	4746	5985	9090	10300	14503	16055	20954	25011	26387	28965	52
5449	**1620**	**1902**	**3093**	**2886**	**3676**	**4766**	**5860**	**7030**	**9556**	**10816**	**G**
29	8	11	12	12	12	23	16	15	27	25	53
2904	927	1079	1549	1509	2098	2882	3571	4121	5246	5524	54
359	107	110	147	153	182	240	297	374	536	498	55
61	16	15	36	24	23	43	39	59	72	58	56
3	1	1	2	2	8	7	7	8	20	12	57
735	255	309	393	408	540	727	942	1277	2230	3054	58
1297	286	329	673	612	651	749	883	1034	1202	1390	59
61	20	48	281	166	162	95	105	142	223	255	60
2940	**1023**	**1195**	**1618**	**1688**	**2330**	**2577**	**2825**	**3691**	**4190**	**5056**	**H**
1733	554	656	836	829	1009	1098	1218	1654	1939	2269	61
1207	469	539	782	859	1321	1479	1607	2037	2251	2787	62
1963	**720**	**966**	**1492**	**2064**	**3571**	**4346**	**4719**	**6161**	**7434**	**8079**	**I**
481	135	157	252	415	576	753	608	673	752	600	63
112	52	59	119	158	369	406	469	679	879	874	64
1370	533	750	1121	1491	2626	3187	3642	4809	5803	6605	65
1147	**865**	**725**	**528**	**439**	**385**	**526**	**1233**	**1580**	**1429**	**1976**	**J**
782	520	370	306	262	147	137	323	298	288	620	66
227	78	74	80	83	108	162	137	197	231	220	67
76	255	263	119	44	54	158	671	927	753	962	68
62	12	18	23	50	76	69	102	158	157	174	69

1—9 续表 3

行业大类	代码	2006年	2007年	2008年	2009年	2010年
汽车制造业	36	2655	2573	2447	2826	4154
铁路、船舶、航空航天和其他运输设备制造业	37	1138	1047	1072	1208	1519
电气机械和器材制造业	38	5846	5826	5649	7456	9491
计算机、通信和其他电子设备制造业	39	3485	3481	3541	4570	6223
仪器仪表制造业	40	1307	1278	1185	1563	1814
其他制造业	41	891	747	739	928	1325
废弃资源综合利用业	42	316	362	396	385	527
金属制品、机械和设备修理业	43	771	735	916	1087	1467
电力、热力、燃气及水生产和供应业	D	**3316**	**2874**	**3012**	**3306**	**3505**
电力、热力生产和供应业	44	2397	1930	1788	1869	2012
燃气生产和供应业	45	218	211	285	360	448
水的生产和供应业	46	701	733	939	1077	1045
建筑业	E	**15383**	**15413**	**17551**	**23197**	**29749**
房屋建筑业	47	3135	2943	3270	4472	5756
土木工程建筑业	48	3225	3164	3629	5290	6492
建筑安装业	49	3164	3189	3671	4450	5636
建筑装饰、装修和其他建筑业	50	5859	6117	6981	8985	11865
批发和零售业	F	**92383**	**98824**	**120774**	**161078**	**208630**
批发业	51	58490	62990	76142	100626	128545
零售业	52	33893	35834	44632	60452	80085
交通运输、仓储和邮政业	G	**11235**	**11402**	**13243**	**16665**	**21222**
铁路运输业	53	36	26	51	60	59
道路运输业	54	6135	6359	7671	9781	11682
水上运输业	55	479	443	470	578	614
航空运输业	56	54	53	51	60	84
管道运输业	57	17	20	16	20	22
多式联运和运输代理业	58	2792	2539	2703	2966	3929
装卸搬运和仓储业	59	1471	1647	1806	2172	2548
邮政业	60	251	315	475	1028	2284
住宿和餐饮业	H	**5682**	**6215**	**7265**	**8289**	**11249**
住宿业	61	2702	2911	3277	3396	4703
餐饮业	62	2980	3304	3988	4893	6546
信息传输、软件和信息技术服务业	I	**9329**	**9601**	**11141**	**14129**	**17384**
电信、广播电视和卫星传输服务	63	612	487	818	743	802
互联网和相关服务	64	1059	1098	1128	1520	1874
软件和信息技术服务业	65	7658	8016	9195	11866	14708
金融业	J	**1971**	**3043**	**3790**	**3739**	**4750**
货币金融服务	66	535	1131	1317	1691	2340
资本市场服务	67	260	511	546	781	1312
保险业	68	974	1173	1616	764	623
其他金融业	69	202	228	311	503	475

2011年	2012年	2013年	2014年	2015年	2016年	2017年	2018年	2019年	代码
4005	3588	4662	5551	5529	7126	9146	8157	5902	36
1400	1305	1724	2309	2245	2804	2897	2465	1675	37
10023	9302	11267	13986	13887	17959	22372	20409	12303	38
6709	6732	8722	10845	11373	15520	17701	17502	7101	39
2144	2104	2541	3129	3357	3997	5028	5128	3286	40
1462	1535	2083	3372	4109	5801	6414	6360	4935	41
548	623	633	836	1065	1296	2340	2969	2620	42
1610	1722	2040	3108	3404	4351	5080	5312	2863	43
3324	**3680**	**4048**	**5406**	**6972**	**12267**	**16226**	**10420**	**6209**	D
1930	2014	2286	3345	4543	9591	13271	7544	4341	44
429	497	562	603	599	661	831	857	585	45
965	1169	1200	1458	1830	2015	2124	2019	1283	46
34763	**37199**	**49062**	**85378**	**96469**	**168948**	**241837**	**275565**	**264344**	E
6530	7352	9540	15253	16384	33802	53074	64865	54311	47
7419	8148	10438	17174	18850	34994	50079	54076	59918	48
6404	6636	8154	13517	14625	24040	30751	32416	29830	49
14410	15063	20930	39434	46610	76112	107933	124208	120285	50
252512	**274064**	**363680**	**534332**	**645994**	**873052**	**1013372**	**1101428**	**925536**	F
152610	162595	211497	302311	341952	448946	528739	581138	480514	51
99902	111469	152183	232021	304042	424106	484633	520290	445022	52
21302	**23873**	**31547**	**45430**	**54274**	**69259**	**84599**	**88411**	**71553**	G
30	37	30	42	48	47	49	59	431	53
12230	14374	19062	27823	33369	45826	59260	61658	48864	54
569	510	522	839	957	1101	1210	1430	1332	55
92	114	118	208	229	303	362	503	374	56
22	21	15	23	17	23	25	31	27	57
4342	4703	6167	8883	9891	11231	12496	13104	13890	58
2803	3090	3974	5612	6737	7050	7849	8598	5177	59
1214	1024	1659	2000	3026	3678	3348	3028	1458	60
12748	**16284**	**22241**	**29873**	**43314**	**58707**	**69103**	**78113**	**47082**	H
5144	6284	7976	9639	12331	14786	15652	16851	9808	61
7604	10000	14265	20234	30983	43921	53451	61262	37274	62
21494	**24507**	**34291**	**65926**	**95784**	**132115**	**173405**	**217052**	**177776**	I
892	1001	1156	2070	2596	3030	3195	3321	1572	63
2227	2602	3729	7886	13304	18803	23806	29896	23156	64
18375	20904	29406	55970	79884	110282	146404	183835	153048	65
6254	**6265**	**7593**	**10722**	**17114**	**16465**	**16391**	**13272**	**7259**	J
2706	2733	2927	2969	3104	3096	2961	3742	1547	66
2065	2080	3098	5528	10684	10218	10461	6724	3780	67
904	958	847	662	802	1239	1086	880	751	68
579	494	721	1563	2524	1912	1883	1926	1181	69

1—9　续表 4

行业大类	代码	法　人 单位数	1949年及以前	1950—1977年	1978—1991年	1992—1995年
房地产业	K	**811663**	**53**	**1354**	**10069**	**15746**
房地产业	70	811663	53	1354	10069	15746
租赁和商务服务业	L	**2825375**	**927**	**4593**	**21353**	**17626**
租赁业	71	258454	7	39	379	586
商务服务业	72	2566921	920	4554	20974	17040
科学研究和技术服务业	M	**1390741**	**483**	**9042**	**17057**	**9957**
研究和试验发展	73	203416	65	1031	1504	780
专业技术服务业	74	603148	284	5612	9214	6354
科技推广和应用服务业	75	584177	134	2399	6339	2823
水利、环境和公共设施管理业	N	**172856**	**235**	**4004**	**6610**	**2756**
水利管理业	76	22772	139	2876	3433	983
生态保护和环境治理业	77	22470	17	418	620	219
公共设施管理业	78	110046	74	696	2427	1415
土地管理业	79	17568	5	14	130	139
居民服务、修理和其他服务业	O	**522903**	**67**	**769**	**2718**	**3134**
居民服务业	80	228927	35	604	1214	1109
机动车、电子产品和日用产品修理业	81	194083	2	69	1150	1626
其他服务业	82	99893	30	96	354	399
教育	P	**698893**	**19760**	**63392**	**44165**	**14135**
教育	83	698893	19760	63392	44165	14135
卫生和社会工作	Q	**279155**	**2221**	**31451**	**21169**	**6242**
卫生	84	190675	2069	30099	16132	4796
社会工作	85	88480	152	1352	5037	1446
文化、体育和娱乐业	R	**585224**	**729**	**4947**	**10415**	**3478**
新闻和出版业	86	8873	104	326	1198	605
广播、电视、电影和录音制作业	87	72376	37	549	1434	543
文化艺术业	88	170890	542	3733	6959	1547
体育	89	59456	17	146	365	299
娱乐业	90	273629	29	193	459	484
公共管理、社会保障和社会组织	S	**1593030**	**44649**	**143696**	**350236**	**66214**
中国共产党机关	91	36656	2388	6270	9811	1761
国家机构	92	462040	8529	38085	82753	23897
人民政协、民主党派	93	6401	251	1141	2412	268
社会保障	94	10706	40	106	1117	633
群众团体、社会团体和其他成员组织	95	410171	6668	12134	42906	18325
基层群众自治组织	96	667056	26773	85960	211237	21330

1996年	1997年	1998年	1999年	2000年	2001年	2002年	2003年	2004年	2005年	代码
3695	**4316**	**6215**	**6723**	**8809**	**10801**	**12114**	**15133**	**14762**	**15766**	K
3695	4316	6215	6723	8809	10801	12114	15133	14762	15766	70
4542	**5269**	**9238**	**14867**	**13578**	**14954**	**16231**	**20507**	**24945**	**27861**	L
224	229	301	336	485	664	765	971	1202	1474	71
4318	5040	8937	14531	13093	14290	15466	19536	23743	26387	72
2908	**2984**	**4046**	**4480**	**6756**	**8807**	**10319**	**12509**	**13523**	**15707**	M
229	243	341	411	644	783	945	1139	1247	1377	73
1882	1922	2608	2964	4179	5484	6526	7764	8546	9586	74
797	819	1097	1105	1933	2540	2848	3606	3730	4744	75
746	**880**	**1131**	**1070**	**1715**	**1932**	**2354**	**2559**	**2304**	**2642**	N
269	302	342	247	474	517	552	470	410	494	76
60	73	100	114	179	202	241	311	310	295	77
380	474	646	655	945	1074	1363	1544	1444	1678	78
37	31	43	54	117	139	198	234	140	175	79
1092	**1205**	**1804**	**2161**	**2856**	**3277**	**3916**	**5127**	**5350**	**5907**	O
366	464	743	810	1203	1359	1673	2001	2086	2192	80
604	584	849	1072	1255	1421	1664	2306	2364	2609	81
122	157	212	279	398	497	579	820	900	1106	82
4526	**4381**	**6022**	**4987**	**9134**	**9861**	**9997**	**11724**	**9817**	**11774**	P
4526	4381	6022	4987	9134	9861	9997	11724	9817	11774	83
1782	**1513**	**2478**	**1738**	**3640**	**3822**	**4156**	**4402**	**4010**	**5518**	Q
1368	1125	1863	1297	2678	2877	3213	3306	2983	4285	84
414	388	615	441	962	945	943	1096	1027	1233	85
979	**1039**	**1334**	**1308**	**2440**	**3468**	**5658**	**8587**	**8600**	**8551**	R
131	87	123	148	175	205	183	214	256	225	86
106	144	169	163	211	259	348	337	435	505	87
470	495	561	484	915	1035	1183	1240	1223	1981	88
78	104	106	116	196	269	316	423	380	495	89
194	209	375	397	943	1700	3628	6373	6306	5345	90
18969	**14745**	**22213**	**22627**	**37031**	**36341**	**42396**	**33613**	**30061**	**44887**	S
690	553	470	311	626	1095	2036	645	445	419	91
7260	6594	7403	5302	9818	13170	17956	12950	10108	14212	92
118	95	118	63	131	120	152	113	73	68	93
164	140	123	142	382	364	423	621	326	447	94
5363	3907	5812	5632	8811	6214	7156	7621	7462	9113	95
5374	3456	8287	11177	17263	15378	14673	11663	11647	20628	96

1-9 续表 5

行业大类	代码	2006年	2007年	2008年	2009年	2010年
房地产业	K	**18045**	**20665**	**17429**	**23680**	**33127**
房地产业	70	18045	20665	17429	23680	33127
租赁和商务服务业	L	**31196**	**32342**	**44552**	**55458**	**67572**
租赁业	71	1727	1874	2501	3816	5267
商务服务业	72	29469	30468	42051	51642	62305
科学研究和技术服务业	M	**17076**	**17098**	**20548**	**26031**	**32109**
研究和试验发展	73	1652	1870	2204	2982	3855
专业技术服务业	74	10565	9865	10863	13094	16223
科技推广和应用服务业	75	4859	5363	7481	9955	12031
水利、环境和公共设施管理业	N	**2768**	**2640**	**3364**	**3798**	**4375**
水利管理业	76	530	396	607	527	504
生态保护和环境治理业	77	333	328	420	456	495
公共设施管理业	78	1743	1758	2159	2614	3126
土地管理业	79	162	158	178	201	250
居民服务、修理和其他服务业	O	**6511**	**6687**	**7942**	**9810**	**12100**
居民服务业	80	2315	2312	2983	3517	4493
机动车、电子产品和日用产品修理业	81	2951	2841	3187	4187	5156
其他服务业	82	1245	1534	1772	2106	2451
教育	P	**11760**	**9639**	**13199**	**13708**	**17742**
教育	83	11760	9639	13199	13708	17742
卫生和社会工作	Q	**5447**	**5188**	**6633**	**5839**	**7392**
卫生	84	3997	3596	4529	3890	4855
社会工作	85	1450	1592	2104	1949	2537
文化、体育和娱乐业	R	**9266**	**9397**	**8757**	**11664**	**13085**
新闻和出版业	86	215	160	251	253	310
广播、电视、电影和录音制作业	87	574	579	751	904	1336
文化艺术业	88	1645	1495	2027	2321	3102
体育	89	543	581	669	879	908
娱乐业	90	6289	6582	5059	7307	7429
公共管理、社会保障和社会组织	S	**46658**	**35308**	**36543**	**29245**	**40141**
中国共产党机关	91	349	311	317	351	680
国家机构	92	10813	9954	11371	9950	17762
人民政协、民主党派	93	69	43	48	42	73
社会保障	94	413	370	342	235	399
群众团体、社会团体和其他成员组织	95	11331	10170	11667	10594	12702
基层群众自治组织	96	23683	14460	12798	8073	8525

2011年	2012年	2013年	2014年	2015年	2016年	2017年	2018年	2019年	代码
33002	**29194**	**40118**	**46392**	**45784**	**73425**	**97594**	**119742**	**87910**	K
33002	29194	40118	46392	45784	73425	97594	119742	87910	70
87450	**121877**	**116958**	**196429**	**263121**	**323326**	**418873**	**485602**	**384128**	L
6349	7361	9878	17129	21846	32248	45407	51030	44359	71
81101	114516	107080	179300	241275	291078	373466	434572	339769	72
38515	**44369**	**58126**	**91933**	**116047**	**163743**	**211993**	**259804**	**174771**	M
4788	5461	7528	13187	17616	26720	34049	41551	29214	73
18937	21167	26928	42340	48944	66418	85495	97908	61476	74
14790	17741	23670	36406	49487	70605	92449	120345	84081	75
4974	**6326**	**6692**	**9350**	**12041**	**17334**	**21210**	**22082**	**24964**	N
703	1119	716	676	1106	1373	1281	938	788	76
537	734	767	1203	1535	2351	3200	3842	3110	77
3443	4158	4883	7105	8823	12766	15501	15323	11829	78
291	315	326	366	577	844	1228	1979	9237	79
14794	**17213**	**23056**	**36697**	**49020**	**69326**	**82062**	**91956**	**56346**	O
5712	6909	9249	15040	20120	30104	38278	45147	26889	80
6120	6840	9251	14099	19102	25866	29877	30204	16827	81
2962	3464	4556	7558	9798	13356	13907	16605	12630	82
17820	**26281**	**28095**	**32185**	**41930**	**63702**	**69497**	**77700**	**51960**	P
17820	26281	28095	32185	41930	63702	69497	77700	51960	83
7300	**10853**	**12028**	**13455**	**18042**	**25439**	**27049**	**25783**	**14565**	Q
4968	6679	6414	6826	10350	14180	16043	16224	10033	84
2332	4174	5614	6629	7692	11259	11006	9559	4532	85
13633	**17291**	**20883**	**35123**	**57341**	**80137**	**88803**	**99695**	**58616**	R
283	427	294	301	376	458	491	475	599	86
1635	1794	2211	3932	6267	9584	11846	12574	13149	87
3837	5437	6218	9529	13544	20861	25371	31685	21450	88
1033	1282	1785	3103	5174	8350	10778	12648	8413	89
6845	8351	10375	18258	31980	40884	40317	42313	15005	90
39205	**50823**	**44110**	**44178**	**57576**	**81894**	**90207**	**69482**	**19982**	S
523	869	459	309	548	1702	1663	802	253	91
15440	21791	12463	9409	17533	23567	19737	13858	10355	92
86	149	82	42	90	269	212	62	11	93
659	697	290	210	322	511	425	258	547	94
12734	17978	21494	22708	26396	36836	36760	24720	6957	95
9763	9339	9322	11500	12687	19009	31410	29782	1859	96

1–10 按地区分组的法人单位数

单位：个

地区	法人单位数(2018年)	#多产业法人单位	法人单位数(2019年)	#多产业法人单位
全国	**21787273**	**476401**	**25280211**	**532569**
北京	988483	26472	913369	18485
天津	291151	4724	321740	5469
河北	1150955	21050	1318321	24436
山西	462193	16555	633960	18220
内蒙古	297176	7766	381670	9218
辽宁	600313	10867	621156	10804
吉林	187449	4531	212073	5065
黑龙江	256191	7875	295952	8409
上海	440696	22718	482353	24033
江苏	2053630	31101	2327217	38665
浙江	1545153	31360	1905578	35027
安徽	813279	19103	946508	23673
福建	702826	17979	941297	19939
江西	454387	10815	570196	13301
山东	1801301	30974	2309367	35297
河南	1279238	17220	1418818	20810
湖北	853168	20646	1006945	24805
湖南	622764	15964	672298	15859
广东	3126550	45994	3349156	55914
广西	490277	11584	641503	15184
海南	100096	2530	125542	2806
重庆	512470	11978	591369	13438
四川	761937	22113	867477	22788
贵州	348149	11376	471151	12076
云南	453286	17149	571421	19739
西藏	47215	1380	49191	1445
陕西	532220	13563	587005	14626
甘肃	229632	8040	266600	8249
青海	72869	2546	98516	2739
宁夏	68817	2183	113259	2427
新疆	243402	8245	269203	9623

1—11　农、林、牧、渔业按地区分组的法人单位数

单位：个

地　区	法人单位数 (2018年)	#多产业法人单位	法人单位数 (2019年)	#多产业法人单位
全　国	**232818**	**2042**	**1879887**	**4359**
北　京	456	45	7105	24
天　津	449	4	12403	18
河　北	9885	80	114610	245
山　西	7053	51	95968	169
内蒙古	7267	112	60533	246
辽　宁	8449	41	50804	90
吉　林	6364	40	32629	75
黑龙江	4758	181	50726	213
上　海	286	11	5384	30
江　苏	14591	60	52735	131
浙　江	2794	128	48826	229
安　徽	16525	111	108730	208
福　建	4332	31	51198	118
江　西	6779	54	70862	142
山　东	24243	61	125306	171
河　南	35426	72	156664	168
湖　北	13944	74	72337	138
湖　南	20486	67	77090	117
广　东	7173	101	45448	229
广　西	6683	102	83239	327
海　南	885	28	12295	76
重　庆	3590	146	78687	199
四　川	6090	78	93884	185
贵　州	1503	25	103737	102
云　南	5227	107	91192	282
西　藏	319		2830	4
陕　西	6065	42	54499	103
甘　肃	4238	34	56833	79
青　海	512	26	18722	49
宁　夏	862	18	18486	46
新　疆	5584	112	26125	146

1-12 采矿业按地区分组的法人单位数

单位：个

地 区	法人单位数(2018年)	#多产业法人单位	法人单位数(2019年)	#多产业法人单位
全 国	**70191**	**1950**	**70983**	**2036**
北 京	78	9	57	4
天 津	72	5	82	8
河 北	4842	196	4942	218
山 西	5942	190	6018	208
内蒙古	3879	74	4036	93
辽 宁	3659	78	3478	78
吉 林	989	32	924	29
黑龙江	1664	49	1641	55
上 海	2	1	6	2
江 苏	370	11	338	12
浙 江	841	14	856	12
安 徽	1237	56	1231	53
福 建	1567	34	1569	37
江 西	2998	42	3006	38
山 东	2358	85	2558	82
河 南	3588	79	3314	91
湖 北	2579	82	2711	77
湖 南	3779	74	3575	65
广 东	2401	85	2643	92
广 西	2672	57	3257	66
海 南	172	3	182	2
重 庆	1428	49	1292	45
四 川	3411	152	3474	152
贵 州	4326	120	4280	120
云 南	5434	172	5413	171
西 藏	314	4	307	5
陕 西	4418	79	4414	88
甘 肃	1227	25	1133	26
青 海	493	21	473	24
宁 夏	496	10	705	10
新 疆	2955	62	3068	73

1-13　制造业按地区分组的法人单位数

单位：个

地　区	法人单位数(2018年)	#多产业法人单位	法人单位数(2019年)	#多产业法人单位
全　国	**3269606**	**40223**	**3463346**	**42762**
北　京	25646	1414	23574	673
天　津	39739	605	41870	571
河　北	218111	2245	226936	2672
山　西	36079	816	38137	888
内蒙古	22169	432	23942	509
辽　宁	89332	957	87039	951
吉　林	20273	261	20501	339
黑龙江	26101	426	25649	456
上　海	49395	1722	52507	1794
江　苏	513458	4575	524675	5255
浙　江	424775	5337	454683	5466
安　徽	112646	1419	116544	1545
福　建	116023	1252	135044	1277
江　西	63136	805	69191	919
山　东	310428	2830	354725	3075
河　南	138461	1071	140757	1352
湖　北	92277	1290	100948	1612
湖　南	62538	994	63104	941
广　东	572121	5609	613236	5779
广　西	37551	907	44771	1097
海　南	3719	101	3949	101
重　庆	55196	929	53772	925
四　川	65249	1348	67442	1431
贵　州	46302	361	47820	379
云　南	34606	914	36016	1023
西　藏	3758	22	3761	29
陕　西	41926	720	42745	783
甘　肃	15209	270	13165	283
青　海	4727	109	5057	112
宁　夏	6678	133	8846	132
新　疆	21977	349	22940	393

1–14 电力、热力、燃气及水生产和供应业按地区分组的法人单位数

单位：个

地区	法人单位数(2018年)	#多产业法人单位	法人单位数(2019年)	#多产业法人单位
全国	**110714**	**4205**	**113649**	**4568**
北京	1193	62	1146	36
天津	813	16	875	23
河北	5484	195	5700	223
山西	4452	166	5377	205
内蒙古	2902	102	3111	122
辽宁	3073	75	3045	76
吉林	1590	55	1588	63
黑龙江	2284	142	2209	161
上海	193	18	221	24
江苏	5033	148	5061	175
浙江	5240	183	5678	195
安徽	5608	147	5551	176
福建	6582	189	6424	196
江西	7566	111	7415	135
山东	6280	168	6939	202
河南	4971	145	4965	156
湖北	5520	262	5593	274
湖南	6800	206	6798	209
广东	9714	285	10171	328
广西	3290	139	3399	164
海南	418	25	460	25
重庆	2291	195	2231	185
四川	5982	471	5869	452
贵州	2089	126	2181	140
云南	2975	182	3006	206
西藏	261	8	284	9
陕西	3229	124	3287	130
甘肃	1628	63	1513	70
青海	684	26	789	31
宁夏	473	29	629	29
新疆	2096	142	2134	148

1—15 建筑业按地区分组的法人单位数

单位：个

地 区	法人单位数(2018年)	#多产业法人单位	法人单位数(2019年)	#多产业法人单位
全 国	**1218463**	**31229**	**1458539**	**41792**
北 京	35130	1252	33309	1040
天 津	18846	279	20734	311
河 北	89523	1258	98615	1727
山 西	28707	644	40990	808
内蒙古	21994	240	28011	367
辽 宁	36767	707	36509	848
吉 林	10572	259	11267	348
黑龙江	13859	332	13719	479
上 海	16214	842	18472	1010
江 苏	119569	2452	158896	3747
浙 江	51741	2344	68111	2607
安 徽	62462	1410	71766	2242
福 建	32300	2429	45254	2689
江 西	27569	1354	34744	2232
山 东	124512	2270	185133	2788
河 南	78034	1375	83586	2318
湖 北	57256	1214	74766	1993
湖 南	30795	1629	30989	1735
广 东	116949	2016	126537	2910
广 西	23669	796	29992	1126
海 南	9553	42	11196	108
重 庆	19330	501	21728	710
四 川	46075	1796	51219	2558
贵 州	19521	509	23307	671
云 南	28058	1238	33365	1742
西 藏	7938	52	7856	75
陕 西	57251	724	59942	1008
甘 肃	13473	283	13480	384
青 海	5035	108	6265	129
宁 夏	4349	131	6477	146
新 疆	11412	743	12304	936

1–16 批发和零售业按地区分组的法人单位数

单位：个

地 区	法人单位数（2018年）	#多产业法人单位	法人单位数（2019年）	#多产业法人单位
全 国	**6499161**	**113239**	**7155907**	**122837**
北 京	273387	7218	259365	4361
天 津	79142	1062	84886	1243
河 北	358174	5743	374542	6321
山 西	141041	3639	172364	3999
内蒙古	85930	1690	93920	1946
辽 宁	178057	2675	169425	2679
吉 林	46950	942	46743	1028
黑龙江	69493	1681	66672	1750
上 海	127314	8021	142793	8541
江 苏	613999	8229	678171	9630
浙 江	465896	8059	613479	8550
安 徽	242064	3668	252193	4491
福 建	236338	3978	317460	4312
江 西	119751	1462	137446	1751
山 东	598403	7247	728784	8175
河 南	408979	5021	415436	5700
湖 北	257986	3736	276174	4388
湖 南	154878	2589	150912	2471
广 东	966082	10394	1043904	12792
广 西	142714	3824	165974	4750
海 南	22146	581	25360	698
重 庆	176115	3069	174491	3357
四 川	187084	5419	192114	5438
贵 州	91682	1847	97150	1921
云 南	141696	4070	151415	4573
西 藏	7292	133	7132	133
陕 西	147183	3281	149543	3486
甘 肃	58213	1284	52004	1236
青 海	17087	440	18736	479
宁 夏	18271	501	29111	580
新 疆	65814	1736	68208	2058

1—17　交通运输、仓储和邮政业按地区分组的法人单位数

单位：个

地　区	法人单位数(2018年)	#多产业法人单位	法人单位数(2019年)	#多产业法人单位
全　国	**577233**	**19095**	**629631**	**21993**
北　京	19175	696	17848	502
天　津	13792	232	14184	247
河　北	31074	611	32938	728
山　西	14626	502	16849	550
内蒙古	11040	335	11892	407
辽　宁	21938	485	21331	502
吉　林	5824	224	5959	288
黑龙江	9398	371	9175	400
上　海	16002	1131	17939	1325
江　苏	59043	944	65083	1222
浙　江	32133	1478	39002	1657
安　徽	24424	796	25554	1019
福　建	16714	740	19663	777
江　西	17144	422	18704	539
山　东	52848	969	66140	1127
河　南	26433	849	26723	1067
湖　北	22591	1026	25439	1228
湖　南	13686	487	13531	514
广　东	72787	2072	77590	2525
广　西	13253	620	15801	790
海　南	2254	87	2560	108
重　庆	11711	585	12578	657
四　川	18551	926	19283	978
贵　州	7709	424	8270	464
云　南	10675	740	12164	859
西　藏	684	33	676	38
陕　西	13403	400	13360	424
甘　肃	5000	290	4510	298
青　海	1588	103	1776	111
宁　夏	2575	121	3515	138
新　疆	9158	396	9594	504

1–18 住宿和餐饮业按地区分组的法人单位数

单位：个

地 区	法人单位数(2018年)	#多产业法人单位	法人单位数(2019年)	#多产业法人单位
全 国	**431323**	**18998**	**449277**	**20192**
北 京	34458	2218	32208	1235
天 津	4935	298	5114	346
河 北	15538	785	15905	842
山 西	8427	363	10083	442
内蒙古	4358	170	4436	212
辽 宁	8862	294	8368	278
吉 林	2625	97	2439	98
黑龙江	2706	115	2502	130
上 海	20445	2096	19858	2064
江 苏	25927	1205	28194	1550
浙 江	24951	1466	27954	1513
安 徽	16738	579	17297	779
福 建	12861	548	14732	639
江 西	6697	225	7384	249
山 东	28234	1151	34177	1307
河 南	21284	451	21297	521
湖 北	17622	562	18322	683
湖 南	11646	413	11407	379
广 东	52913	2423	55598	2990
广 西	8451	480	10205	638
海 南	2691	163	3260	200
重 庆	26373	486	24797	538
四 川	16832	734	17323	727
贵 州	17053	174	17206	185
云 南	14348	506	14549	588
西 藏	1139	17	1130	23
陕 西	11321	482	11363	525
甘 肃	5899	241	5350	219
青 海	2095	77	2251	90
宁 夏	1201	64	1692	78
新 疆	2693	115	2876	124

1-19　信息传输、软件和信息技术服务业按地区分组的法人单位数

单位：个

地　区	法人单位数（2018年）	#多产业法人单位	法人单位数（2019年）	#多产业法人单位
全　国	**919879**	**12017**	**1047408**	**14558**
北　京	77133	1798	68633	1515
天　津	17802	218	17960	202
河　北	39141	430	42292	538
山　西	17399	232	25146	302
内蒙古	8256	128	9627	178
辽　宁	28833	283	27372	270
吉　林	6495	80	5987	98
黑龙江	10182	147	9855	170
上　海	23484	1031	25212	1188
江　苏	72799	899	98224	1275
浙　江	55067	904	80752	1157
安　徽	30440	238	34281	395
福　建	32791	360	46518	435
江　西	15310	97	19117	160
山　东	58722	509	81022	582
河　南	56112	310	56383	446
湖　北	39431	277	50017	414
湖　南	24880	321	24214	361
广　东	165633	1782	172828	2217
广　西	18658	238	23516	309
海　南	5804	77	6401	112
重　庆	22734	303	23871	373
四　川	31631	422	32672	532
贵　州	8179	94	9345	133
云　南	15285	287	16934	374
西　藏	1097	34	1060	35
陕　西	20798	165	20883	239
甘　肃	4146	95	3732	106
青　海	1785	46	2214	52
宁　夏	1462	41	2773	52
新　疆	8390	171	8567	238

1—20 金融业按地区分组的法人单位数

单位：个

地 区	法人单位数(2018年)	#多产业法人单位	法人单位数(2019年)	#多产业法人单位
全 国	**137934**	**21153**	**131744**	**16637**
北 京	12796	936	6933	468
天 津	4988	290	5070	307
河 北	3681	954	4099	935
山 西	2401	620	2456	601
内蒙古	1721	607	1712	567
辽 宁	3673	836	3445	601
吉 林	1312	443	1280	363
黑龙江	1487	562	1410	487
上 海	9539	753	9069	523
江 苏	6925	1250	6012	817
浙 江	16965	1118	15777	1010
安 徽	3270	807	3243	566
福 建	3347	600	3773	510
江 西	1649	549	1670	443
山 东	5783	1522	8141	1116
河 南	3001	1035	2723	732
湖 北	2875	765	2804	562
湖 南	2011	750	1928	555
广 东	30364	1806	29733	1257
广 西	2387	590	2781	560
海 南	588	137	657	101
重 庆	1818	377	1906	383
四 川	3394	978	3361	788
贵 州	1509	394	1501	347
云 南	2948	641	2841	569
西 藏	336	31	321	24
陕 西	2399	610	2369	458
甘 肃	1550	453	1232	374
青 海	354	125	348	109
宁 夏	576	150	792	129
新 疆	2287	464	2357	375

1－21 房地产业按地区分组的法人单位数

单位：个

地 区	法人单位数（2018年）	#多产业法人单位	法人单位数（2019年）	#多产业法人单位
全 国	**744924**	**34891**	**811663**	**39559**
北 京	26884	2000	25072	958
天 津	10832	349	11520	382
河 北	45063	2105	46774	2414
山 西	16757	841	20042	1072
内蒙古	11617	513	13222	753
辽 宁	22196	739	22162	754
吉 林	7454	243	7282	265
黑龙江	9574	308	9318	345
上 海	21457	1394	22070	1415
江 苏	59246	2657	67293	3242
浙 江	46052	2172	54133	2328
安 徽	26697	1437	28027	1901
福 建	18144	1032	21837	1206
江 西	13547	606	15933	769
山 东	51380	2092	62011	2504
河 南	46303	1038	47074	1366
湖 北	31427	1461	34986	1860
湖 南	20714	884	21082	850
广 东	117254	4467	124439	5467
广 西	21498	1213	26062	1534
海 南	10393	298	12254	380
重 庆	16578	1352	17884	1478
四 川	25144	1904	26831	1914
贵 州	11596	545	12923	620
云 南	14998	1023	17669	1297
西 藏	627	22	637	24
陕 西	19993	858	20600	950
甘 肃	7331	364	6852	362
青 海	2545	170	2926	201
宁 夏	2119	188	2869	203
新 疆	9504	616	9879	745

1—22 租赁和商务服务业按地区分组的法人单位数

单位：个

地 区	法人单位数(2018年)	#多产业法人单位	法人单位数(2019年)	#多产业法人单位
全 国	**2551306**	**38379**	**2825375**	**48514**
北 京	184751	3087	169189	2923
天 津	39513	529	41627	550
河 北	99299	1765	109466	2144
山 西	45373	950	55653	1272
内蒙古	32688	498	35876	694
辽 宁	64493	1142	61673	1174
吉 林	16861	339	16725	365
黑龙江	24764	454	23561	530
上 海	69898	2754	76930	2997
江 苏	188239	3197	229748	4378
浙 江	157725	3228	190757	4044
安 徽	90577	1160	99194	1791
福 建	69411	1115	99758	1464
江 西	48714	438	58559	709
山 东	171491	2122	232002	3023
河 南	126282	1049	129595	1521
湖 北	93706	1079	113372	1663
湖 南	65296	1201	64185	1173
广 东	514187	5031	535456	6843
广 西	68961	1191	81127	1694
海 南	14719	221	18049	339
重 庆	64049	760	64823	970
四 川	92162	1584	95519	1801
贵 州	35243	516	39758	600
云 南	48736	1116	53986	1506
西 藏	5692	35	5558	42
陕 西	57625	693	57780	901
甘 肃	19942	321	18415	345
青 海	9806	196	11285	220
宁 夏	6878	127	11277	172
新 疆	24225	481	24472	666

1-23　科学研究和技术服务业按地区分组的法人单位数

单位：个

地　区	法人单位数 (2018年)	#多产业法人单位	法人单位数 (2019年)	#多产业法人单位
全　国	**1275579**	**19872**	**1390741**	**26058**
北　京	154092	2366	136076	2458
天　津	25989	225	28778	289
河　北	51677	827	59330	1016
山　西	21099	528	27128	668
内蒙古	13102	198	16136	362
辽　宁	30154	399	29061	423
吉　林	9485	130	9169	190
黑龙江	15612	229	15290	291
上　海	26067	984	31658	1089
江　苏	129379	1735	157330	2336
浙　江	61583	1502	78935	1890
安　徽	41985	546	44132	857
福　建	27310	676	40404	872
江　西	16779	292	19027	468
山　东	93529	1196	119160	1590
河　南	75709	519	77074	866
湖　北	56306	709	62116	1206
湖　南	45379	777	45174	832
广　东	194574	1962	199286	2771
广　西	28686	642	32566	955
海　南	5537	85	6085	120
重　庆	21164	331	21783	464
四　川	42513	867	43156	1159
贵　州	11100	338	11837	388
云　南	21870	679	23728	901
西　藏	1461	14	1423	21
陕　西	28134	385	28029	578
甘　肃	7564	220	7134	273
青　海	3370	82	3951	90
宁　夏	2235	54	3360	69
新　疆	12135	375	12425	566

1-24 水利、环境和公共设施管理业按地区分组的法人单位数

单位：个

地 区	法人单位数(2018年)	#多产业法人单位	法人单位数(2019年)	#多产业法人单位
全 国	**148860**	**3025**	**172856**	**3727**
北 京	7346	201	6986	132
天 津	1732	17	1927	28
河 北	7420	142	9419	203
山 西	5510	105	6184	120
内蒙古	3785	48	3937	71
辽 宁	3710	54	3601	57
吉 林	1519	27	1637	33
黑龙江	2346	44	2366	52
上 海	2228	70	2458	83
江 苏	10920	175	13891	236
浙 江	8556	231	10103	263
安 徽	6426	132	7114	202
福 建	4849	105	6224	142
江 西	3033	42	3608	48
山 东	10758	168	14663	231
河 南	9631	84	11120	131
湖 北	8162	190	9743	232
湖 南	6462	153	6644	167
广 东	11067	197	12416	294
广 西	4524	82	6432	116
海 南	876	20	1163	19
重 庆	3162	93	4142	116
四 川	6044	143	6492	164
贵 州	3373	51	3613	64
云 南	4061	127	4831	158
西 藏	205	3	203	4
陕 西	5486	110	5864	112
甘 肃	1895	76	1626	92
青 海	970	23	1192	26
宁 夏	527	12	824	13
新 疆	2277	100	2433	118

1-25 居民服务、修理和其他服务业按地区分组的法人单位数

单位：个

地区	法人单位数(2018年)	#多产业法人单位	法人单位数(2019年)	#多产业法人单位
全国	**497292**	**10317**	**522903**	**11328**
北京	36756	1184	33407	754
天津	7237	142	7658	167
河北	22280	457	22727	504
山西	11377	238	13381	268
内蒙古	6932	126	7678	151
辽宁	12599	208	11873	182
吉林	4078	54	4066	49
黑龙江	4816	63	4540	70
上海	17678	1007	17401	1028
江苏	41016	744	44363	916
浙江	26474	808	33452	902
安徽	21003	327	21340	447
福建	15468	327	17847	402
江西	7990	83	9237	121
山东	33873	547	39141	567
河南	25048	230	24305	285
湖北	20009	295	20763	338
湖南	13286	232	12702	207
广东	62395	1261	65169	1615
广西	11192	294	13569	396
海南	3084	55	3713	76
重庆	17501	294	16836	340
四川	19026	456	19588	462
贵州	13950	134	14726	148
云南	13888	270	14557	314
西藏	673	6	669	7
陕西	13423	262	13689	263
甘肃	5882	78	5176	73
青海	1778	27	1880	31
宁夏	1741	36	2370	40
新疆	4839	72	5080	105

1–26 教育按地区分组的法人单位数

单位：个

地 区	法人单位数(2018年)	#多产业法人单位	法人单位数(2019年)	#多产业法人单位
全 国	**665883**	**24001**	**698893**	**25852**
北 京	21236	663	19869	498
天 津	5749	140	6275	260
河 北	28623	622	28723	664
山 西	15682	1048	17383	1075
内蒙古	10805	270	12405	309
辽 宁	19103	581	19436	571
吉 林	8344	395	8276	415
黑龙江	11671	284	11980	306
上 海	9227	249	9082	272
江 苏	36601	1157	39883	1480
浙 江	37929	902	46240	1253
安 徽	25508	1773	25780	1998
福 建	20876	926	22421	1025
江 西	19188	1157	19511	1235
山 东	43057	1529	52077	1756
河 南	60451	782	60178	827
湖 北	25978	1482	27838	1664
湖 南	31778	1262	31653	1271
广 东	71352	1658	72214	2003
广 西	26800	133	28171	212
海 南	5239	143	5306	73
重 庆	16561	1154	17374	1240
四 川	34127	1483	34768	1124
贵 州	15828	827	16440	887
云 南	15492	1416	16398	1372
西 藏	1038	30	1035	31
陕 西	20247	582	20272	602
甘 肃	12540	754	12519	773
青 海	2358	124	2370	121
宁 夏	3049	101	3667	107
新 疆	9446	374	9349	428

1-27　卫生和社会工作按地区分组的法人单位数

单位：个

地　区	法人单位数(2018年)	#多产业法人单位	法人单位数(2019年)	#多产业法人单位
全　国	**272504**	**8251**	**279155**	**9277**
北　京	6607	370	6362	180
天　津	2262	42	2326	76
河　北	10764	217	10867	272
山　西	6896	275	7382	386
内蒙古	4926	99	5138	113
辽　宁	11409	192	11182	194
吉　林	4405	72	4302	85
黑龙江	6162	209	6160	224
上　海	4933	58	4895	60
江　苏	30041	469	30846	634
浙　江	12391	436	14637	538
安　徽	11564	771	11490	857
福　建	6262	128	6777	154
江　西	8524	185	8166	207
山　东	18784	771	20243	960
河　南	20369	92	20560	110
湖　北	12539	714	12768	786
湖　南	11858	439	11804	449
广　东	17810	608	18401	755
广　西	5822	45	6148	80
海　南	1298	31	1296	26
重　庆	6476	319	6750	378
四　川	16751	466	16899	419
贵　州	5569	163	5621	174
云　南	5887	556	6005	586
西　藏	575	13	573	14
陕　西	11463	172	11412	184
甘　肃	3992	216	3881	224
青　海	1462	36	1480	34
宁　夏	869	26	967	34
新　疆	3834	61	3817	84

1-28 文化、体育和娱乐业按地区分组的法人单位数

单位：个

地区	法人单位数(2018年)	#多产业法人单位	法人单位数(2019年)	#多产业法人单位
全国	**566593**	**7206**	**585224**	**8314**
北京	53882	677	49183	625
天津	7395	100	7684	99
河北	23852	296	24147	314
山西	13635	203	15417	218
内蒙古	7343	86	8314	111
辽宁	12712	120	11952	120
吉林	4205	62	3922	61
黑龙江	6496	79	6322	77
上海	12599	493	12802	498
江苏	44141	553	44902	748
浙江	36470	567	42742	708
安徽	21353	243	21037	322
福建	19022	230	25113	307
江西	10752	99	11180	128
山东	37583	332	43350	429
河南	34229	229	33538	307
湖北	23539	284	24354	357
湖南	24155	307	23584	287
广东	61695	795	63415	989
广西	11599	154	12679	204
海南	3140	37	3807	48
重庆	16975	216	16681	240
四川	26469	343	25914	339
贵州	9258	111	9162	117
云南	14315	173	14523	206
西藏	1013	8	984	13
陕西	13799	199	13420	213
甘肃	5870	69	5553	66
青海	1766	39	1865	38
宁夏	1647	20	2085	28
新疆	5684	82	5593	97

1-29　公共管理、社会保障和社会组织按地区分组的法人单位数

单位：个

地　区	法人单位数(2018年)	#多产业法人单位	法人单位数(2019年)	#多产业法人单位
全　国	**1597010**	**66308**	**1593030**	**68206**
北　京	17477	276	17047	99
天　津	9864	171	10767	342
河　北	86524	2122	86289	2456
山　西	59737	5144	58002	4969
内蒙古	36462	2038	37744	2007
辽　宁	41294	1001	39400	956
吉　林	28104	776	27377	873
黑龙江	32818	2199	32857	2213
上　海	13735	83	13596	90
江　苏	82333	641	81572	881
浙　江	77570	483	79461	705
安　徽	52752	3483	52004	3824
福　建	58629	3279	59281	3377
江　西	57261	2792	55436	3008
山　东	129035	5405	133795	5412
河　南	104927	2789	103526	2846
湖　北	69421	5144	71894	5330
湖　南	72337	3179	71922	3276
广　东	80079	3442	80672	4058
广　西	51867	77	51814	166
海　南	7580	396	7549	194
重　庆	29418	819	29743	840
四　川	115402	2543	111669	2165
贵　州	42359	4617	42274	4616
云　南	52787	2932	52829	3012
西　藏	12793	915	12752	914
陕　西	54057	3675	53534	3579
甘　肃	54033	2904	52492	2966
青　海	14454	768	14936	792
宁　夏	12809	421	12814	421
新　疆	39092	1794	37982	1819

第二部分

企业法人单位综合资料

2-1 按行业(中类)、地区分组的

(2019年)

行业中类	代码	企业单位数	北京	天津	河北	山西
总　　计	——	**21091270**	**870824**	**293307**	**1108146**	**470657**
农、林、牧、渔业	A	**721329**	**3978**	**2843**	**40758**	**20988**
农业	01	326438	2165	1050	18582	8587
谷物种植	011	67125	170	311	5958	2517
豆类、油料和薯类种植	012	6384	14	11	694	161
棉、麻、糖、烟草种植	013	2906	3	1	204	14
蔬菜、食用菌及园艺作物种植	014	110925	1262	549	6895	3057
水果种植	015	68644	620	114	2189	960
坚果、含油果、香料和饮料作物种植	016	20492	47		434	272
中药材种植	017	28391	17	13	826	1201
草种植及割草	018	1537	13	2	138	97
其他农业	019	20034	19	49	1244	308
林业	02	62801	504	342	5045	3175
林木育种和育苗	021	53352	481	329	4541	2493
造林和更新	022	5330	17	11	355	566
森林经营、管护和改培	023	2581	6	2	135	99
木材和竹材采运	024	867			11	11
林产品采集	025	671			3	6
畜牧业	03	210889	911	890	13186	7633
牲畜饲养	031	142477	544	616	9439	5882
家禽饲养	032	53297	330	226	3166	1526
狩猎和捕捉动物	033	113	1	2	5	4
其他畜牧业	039	15002	36	46	576	221
渔业	04	55688	149	408	843	230
水产养殖	041	54480	145	400	807	229
水产捕捞	042	1208	4	8	36	1
农、林、牧、渔专业及辅助性活动	05	65513	249	153	3102	1363
农业专业及辅助性活动	051	51235	168	121	2708	1189
林业专业及辅助性活动	052	5333	42	13	175	92
畜牧专业及辅助性活动	053	5234	22	13	174	62
渔业专业及辅助性活动	054	3711	17	6	45	20
采矿业	B	**70905**	**57**	**82**	**4942**	**6016**
煤炭开采和洗选业	06	12335	4	5	325	3326
烟煤和无烟煤开采洗选	061	11477	3	3	303	3205
褐煤开采洗选	062	270			5	22
其他煤炭采选	069	588	1	2	17	99
石油和天然气开采业	07	492	3	7	8	50
石油开采	071	317		7	7	3
天然气开采	072	175	3		1	47
黑色金属矿采选业	08	9909	9	7	2772	919
铁矿采选	081	9016	9	4	2753	889
锰矿、铬矿采选	082	601		1	7	27
其他黑色金属矿采选	089	292		2	12	3

企业法人单位数

单位：个

内蒙古	辽宁	吉林	黑龙江	上海	江苏	浙江	安徽	福建	江西	山东	河南	代码
271654	**514311**	**142289**	**193326**	**447643**	**2119006**	**1719850**	**786202**	**819718**	**433517**	**1982466**	**1097816**	——
12766	**17505**	**7160**	**6230**	**1216**	**22383**	**20531**	**47875**	**25243**	**27119**	**43485**	**48277**	A
4374	6811	3571	2677	718	11137	11628	23985	12255	13285	18774	23029	01
1738	2622	1688	1319	79	4192	1077	12368	903	2675	5991	8383	011
448	115	109	414		62	149	167	132	312	404	607	012
20	2	2	9		8	10	28	28	37	70	124	013
935	2061	826	510	531	4611	5022	5504	5735	3721	7488	7633	014
145	1308	171	87	82	1085	2972	2078	2226	2942	2758	2621	015
8	85	17	12	4	252	1251	1152	1620	1005	389	418	016
295	281	577	199	4	261	934	1543	583	661	511	1470	017
279	12	18	49		16	12	47	20	13	30	53	018
506	325	163	78	18	650	201	1098	1008	1919	1133	1720	019
1387	1549	662	532	217	1821	2800	3617	2847	3342	4078	3528	02
995	1430	475	301	212	1748	2574	3334	1893	2608	3996	3304	021
338	44	28	61	3	17	98	102	429	326	37	148	022
45	53	135	145	2	23	64	84	331	297	20	58	023
6	18	24	21		22	47	52	168	64	20	9	024
3	4		4		11	17	45	26	47	5	9	025
5164	5906	2122	1921	96	3521	2208	11909	4459	5506	11491	13898	03
4572	3800	1374	1498	58	2091	1173	6815	3078	3508	6831	9375	031
417	1754	529	305	30	1200	743	4510	1051	1640	3869	4041	032
2	3		3		3		6	7	1	8	3	033
173	349	219	115	8	227	292	578	323	357	783	479	039
156	1974	217	236	92	2871	2510	4248	3929	2346	3228	1058	04
154	1880	211	232	83	2814	2382	4224	3816	2339	2847	1050	041
2	94	6	4	9	57	128	24	113	7	381	8	042
1685	1265	588	864	93	3033	1385	4116	1753	2640	5914	6764	05
1127	870	481	739	73	2335	1021	3275	1038	2026	4567	5597	051
163	67	24	39	11	277	226	272	310	336	293	357	052
368	214	48	66	3	232	44	376	67	155	649	627	053
27	114	35	20	6	189	94	193	338	123	405	183	054
4035	**3478**	**924**	**1641**	**6**	**334**	**856**	**1230**	**1569**	**3006**	**2557**	**3314**	B
1054	150	114	570		21	2	62	120	177	284	675	06
886	129	93	522		18		47	113	145	253	650	061
99	3	16	14			1			2	10	5	062
69	18	5	34		3	1	15	7	30	21	20	069
64	4	69	17	2	7	1			2	35	10	07
56	1	64	13		3	1				28	7	071
8	3	5	4	2	4				2	7	3	072
569	1008	114	62		36	23	232	227	232	331	344	08
554	945	112	61		31	22	225	210	211	321	336	081
3	58				3	1	4	12	7	5	2	082
12	5	2	1		2		3	5	14	5	6	089

2-1 续表 1 (2019年)

行业中类	代码	湖北	湖南	广东	广西	海南
总　计	——	**804818**	**477440**	**3037617**	**497222**	**103994**
农、林、牧、渔业	A	**28198**	**26910**	**20637**	**40965**	**4452**
农业	01	10860	11665	9551	16074	2466
谷物种植	011	3114	3459	648	897	252
豆类、油料和薯类种植	012	168	437	135	150	19
棉、麻、糖、烟草种植	013	100	76	39	614	9
蔬菜、食用菌及园艺作物种植	014	3837	4028	4075	3376	582
水果种植	015	1326	1543	2092	7676	583
坚果、含油果、香料和饮料作物种植	016	697	397	626	1135	143
中药材种植	017	712	519	449	1077	92
草种植及割草	018	16	13	26	41	8
其他农业	019	890	1193	1461	1108	778
林业	02	2232	2242	2364	4769	360
林木育种和育苗	021	2028	1872	1783	2913	238
造林和更新	022	85	152	367	1326	52
森林经营、管护和改培	023	77	106	135	357	25
木材和竹材采运	024	18	27	57	138	11
林产品采集	025	24	85	22	35	34
畜牧业	03	6863	5503	2804	12108	510
牲畜饲养	031	4409	3428	1779	7548	304
家禽饲养	032	2183	1714	836	3679	153
狩猎和捕捉动物	033	4	6	6	8	1
其他畜牧业	039	267	355	183	873	52
渔业	04	3767	1931	2590	5004	464
水产养殖	041	3737	1915	2468	4970	394
水产捕捞	042	30	16	122	34	70
农、林、牧、渔专业及辅助性活动	05	4476	5569	3328	3010	652
农业专业及辅助性活动	051	3322	4436	2224	2231	512
林业专业及辅助性活动	052	343	464	471	378	58
畜牧专业及辅助性活动	053	214	467	199	251	22
渔业专业及辅助性活动	054	597	202	434	150	60
采矿业	B	**2710**	**3575**	**2643**	**3257**	**182**
煤炭开采和洗选业	06	164	417	16	35	2
烟煤和无烟煤开采洗选	061	143	376	9	18	
褐煤开采洗选	062	2	3		12	
其他煤炭采选	069	19	38	7	5	2
石油和天然气开采业	07	9		9	8	2
石油开采	071	6		6	6	2
天然气开采	072	3		3	2	
黑色金属矿采选业	08	249	255	260	280	20
铁矿采选	081	231	124	246	141	18
锰矿、铬矿采选	082	2	116	3	112	
其他黑色金属矿采选	089	16	15	11	27	2

单位：个

重庆	四川	贵州	云南	西藏	陕西	甘肃	青海	宁夏	新疆	代码
516287	**628030**	**361163**	**440778**	**28257**	**444203**	**146197**	**65128**	**83411**	**185993**	——
59723	**35971**	**60315**	**48247**	**579**	**15902**	**13041**	**5978**	**6957**	**5097**	A
28041	17432	26069	24338	210	6221	4964	1687	2695	1537	01
819	1494	393	358	16	823	1331	303	956	271	011
184	207	262	246	2	107	265	290	94	19	012
587	141	263	283		23	35		2	174	013
11451	6350	8327	7459	80	2198	1332	481	666	343	014
9167	6079	8923	6459	27	1088	567	45	349	362	015
2208	978	3412	3261	3	469	107	28	7	55	016
3078	1456	3548	5507	48	960	716	378	387	88	017
82	27	86	23	9	25	191	70	104	17	018
465	700	855	742	25	528	420	92	130	208	019
2685	2391	2876	3050	108	1404	1225	652	611	386	02
2475	2128	2648	2539	86	1302	1120	600	586	320	021
86	116	121	200	13	44	87	50	22	29	022
46	90	55	106		43	17	1	3	21	023
20	42	25	40		6	1			9	024
58	15	27	165	9	9		1		7	025
17224	11133	27287	17308	177	5728	5918	3435	2966	1104	03
9881	7588	18866	12614	120	4095	4773	3169	2390	859	031
3705	2914	5792	3872	40	1311	924	220	432	185	032
5	8	11	9		5	1		1		033
3633	623	2618	813	17	317	220	46	143	60	039
9593	2754	3107	1022	10	512	139	39	146	115	04
9576	2732	3102	1019	10	511	139	39	143	112	041
17	22	5	3		1			3	3	042
2180	2261	976	2529	74	2037	795	165	539	1955	05
1719	1663	823	2141	62	1695	688	111	499	1774	051
207	224	47	165	6	131	35	22	21	64	052
128	264	41	177	5	159	49	25	14	99	053
126	110	65	46	1	52	23	7	5	18	054
1292	**3473**	**4276**	**5411**	**246**	**4414**	**1133**	**473**	**705**	**3068**	B
174	636	1000	1086	4	974	100	50	446	342	06
159	614	962	1007	3	911	95	48	438	324	061
	7	8	52		3	1		2	3	062
15	15	30	27	1	60	4	2	6	15	069
22	22	15	4		39	12	3	7	61	07
4	6	2	3		29	9	3	5	46	071
18	16	13	1		10	3		2	15	072
69	296	241	543	11	212	97	57	8	426	08
14	276	94	461	7	171	89	52	7	402	081
55	8	90	48	3	16	3	1	1	13	082
	12	57	34	1	25	5	4		11	089

2-1 续表 2 (2019年)

行业中类	代码	企业单位数	北京	天津	河北	山西
有色金属矿采选业	09	6724	3		300	200
常用有色金属矿采选	091	4654			94	172
贵金属矿采选	092	1338	2		188	22
稀有稀土金属矿采选	093	732	1		18	6
非金属矿采选业	10	34977	17	21	1395	1334
土砂石开采	101	30587	15	16	1175	1246
化学矿开采	102	963			8	14
采盐	103	298		3	37	
石棉及其他非金属矿采选	109	3129	2	2	175	74
开采专业及辅助性活动	11	4272	19	37	84	130
煤炭开采和洗选专业及辅助性活动	111	350			9	99
石油和天然气开采专业及辅助性活动	112	3526	16	35	51	14
其他开采专业及辅助性活动	119	396	3	2	24	17
其他采矿业	12	2196	2	5	58	57
其他采矿业	120	2196	2	5	58	57
制造业	**C**	**3444243**	**23565**	**41856**	**226733**	**37515**
农副食品加工业	13	132883	566	1184	7136	2654
谷物磨制	131	23241	57	60	938	610
饲料加工	132	14486	169	213	1324	249
植物油加工	133	10257	25	57	567	171
制糖业	134	1056		4	41	3
屠宰及肉类加工	135	23555	125	117	1634	416
水产品加工	136	11137	8	33	239	11
蔬菜、菌类、水果和坚果加工	137	20235	86	495	998	449
其他农副食品加工	139	28916	96	205	1395	745
食品制造业	14	74837	626	937	4213	1757
焙烤食品制造	141	18790	191	166	1068	433
糖果、巧克力及蜜饯制造	142	5438	26	113	632	149
方便食品制造	143	13270	73	97	661	238
乳制品制造	144	1781	22	25	89	39
罐头食品制造	145	2790	13	55	216	66
调味品、发酵制品制造	146	8808	82	121	462	449
其他食品制造	149	23960	219	360	1085	383
酒、饮料和精制茶制造业	15	57439	272	221	1988	1104
酒的制造	151	19535	83	69	835	435
饮料制造	152	18767	182	149	1101	641
精制茶加工	153	19137	7	3	52	28
烟草制品业	16	228	1	1	7	3
烟叶复烤	161	63			3	
卷烟制造	162	73	1	1	3	1
其他烟草制品制造	169	92			1	2
纺织业	17	148422	302	655	11750	361
棉纺织及印染精加工	171	51486	42	185	3631	127
毛纺织及染整精加工	172	8376	58	24	2719	18

单位：个

内蒙古	辽宁	吉林	黑龙江	上海	江苏	浙江	安徽	福建	江西	山东	河南	代码
445	552	89	66		14	48	148	167	381	204	643	09
306	403	31	34		12	33	114	113	153	32	374	091
102	94	53	22			3	25	30	42	167	184	092
37	55	5	10		2	12	9	24	186	5	85	093
1655	1601	420	743	4	219	766	721	998	1952	1313	1493	10
1439	1196	373	678	4	174	722	614	866	1696	1035	1346	101
17	50				6	3	13	17	13	8	19	102
12	10				16	3	4	8	2	113	4	103
187	345	47	65		23	38	90	107	241	157	124	109
120	111	95	154		25	5	25	38	41	324	67	11
27	6	4	9		4	1	11	30	12	8	13	111
68	92	88	134		14	2	6	2	4	271	45	112
25	13	3	11		7	2	8	6	25	45	9	119
128	52	23	29		12	11	42	19	221	66	82	12
128	52	23	29		12	11	42	19	221	66	82	120
23546	**86944**	**20309**	**25312**	**52501**	**524464**	**453812**	**115367**	**134204**	**68445**	**354002**	**140164**	**C**
3512	6331	2990	4737	459	7329	4600	7047	5181	3572	18544	9007	13
561	1211	1173	2409	28	1426	211	2048	362	1147	1485	2052	131
436	901	337	387	85	991	397	511	430	343	2300	1014	132
234	215	153	318	29	387	163	839	230	329	907	759	133
28	23	2	10	2	18	48	10	23	14	100	20	134
1311	966	291	493	146	1072	753	1000	684	458	3487	1360	135
11	1511	79	22	29	1188	1334	129	1674	53	2882	64	136
401	715	461	497	57	838	989	821	1094	353	3964	936	137
530	789	494	601	83	1409	705	1689	684	875	3419	2802	139
1147	2227	986	1188	814	5034	3223	3342	3957	1539	9273	5443	14
248	652	225	175	251	1022	969	1088	1137	269	2129	1496	141
31	89	6	25	50	170	182	140	596	75	660	204	142
192	313	188	223	116	738	515	601	648	284	1523	1298	143
236	51	18	92	14	100	37	38	28	32	158	98	144
28	134	12	34	14	163	204	104	321	66	386	151	145
169	296	120	121	80	580	231	294	289	97	1063	708	146
243	692	417	518	289	2261	1085	1077	938	716	3354	1488	149
852	1407	801	1133	143	1821	2366	3317	4705	1209	3999	3013	15
453	842	451	635	35	777	598	996	465	328	1594	983	151
388	556	329	491	96	720	624	796	580	497	1892	1639	152
11	9	21	7	12	324	1144	1525	3660	384	513	391	153
2	4	6	9	2	10	1	6	9	7	13	12	16
	1	1	5				1	3	2	1	4	161
2	3	5	3	2	4	1	1	4	3	5	4	162
			1		6		4	2	2	7	4	169
557	1377	124	229	1287	42849	35020	3513	5056	2289	13850	4246	17
24	365	26	36	241	15093	9606	1452	1334	1263	6275	2535	171
358	56	10	8	50	1669	1102	82	58	38	619	128	172

2-1 续表 3 (2019年)

行业中类	代码	湖北	湖南	广东	广西	海南
有色金属矿采选业	09	110	389	181	327	26
常用有色金属矿采选	091	81	277	131	262	23
贵金属矿采选	092	14	45	14	40	1
稀有稀土金属矿采选	093	15	67	36	25	2
非金属矿采选业	10	1992	2397	1918	2353	101
土砂石开采	101	1549	2247	1714	2050	92
化学矿开采	102	241	22	9	57	
采盐	103	4	3	19	3	3
石棉及其他非金属矿采选	109	198	125	176	243	6
开采专业及辅助性活动	11	54	14	72	23	5
煤炭开采和洗选专业及辅助性活动	111	12	3	5	4	
石油和天然气开采专业及辅助性活动	112	24	3	40	5	5
其他开采专业及辅助性活动	119	18	8	27	14	
其他采矿业	12	132	103	187	231	26
其他采矿业	120	132	103	187	231	26
制造业	**C**	**98986**	**62431**	**612990**	**44351**	**3887**
农副食品加工业	13	6739	5390	7257	3319	475
谷物磨制	131	1754	1249	715	417	12
饲料加工	132	601	497	931	368	39
植物油加工	133	603	493	565	259	17
制糖业	134	18	19	120	148	15
屠宰及肉类加工	135	870	926	1608	562	108
水产品加工	136	345	160	842	230	93
蔬菜、菌类、水果和坚果加工	137	817	628	740	382	94
其他农副食品加工	139	1731	1418	1736	953	97
食品制造业	14	2728	2231	8673	2604	229
焙烤食品制造	141	679	491	2253	997	49
糖果、巧克力及蜜饯制造	142	85	109	1383	74	17
方便食品制造	143	550	464	779	562	21
乳制品制造	144	45	41	123	35	5
罐头食品制造	145	108	111	192	60	7
调味品、发酵制品制造	146	272	132	637	154	23
其他食品制造	149	989	883	3306	722	107
酒、饮料和精制茶制造业	15	3324	2194	2948	1563	157
酒的制造	151	795	391	759	427	44
饮料制造	152	945	787	1365	602	96
精制茶加工	153	1584	1016	824	534	17
烟草制品业	16	22	15	40	6	1
烟叶复烤	161	10	7	4	2	
卷烟制造	162	4	3	5	4	1
其他烟草制品制造	169	8	5	31		
纺织业	17	3868	1163	13740	745	38
棉纺织及印染精加工	171	2102	546	4496	274	4
毛纺织及染整精加工	172	31	13	933	17	

单位：个

重庆	四川	贵州	云南	西藏	陕西	甘肃	青海	宁夏	新疆	代码
21	264	282	1075	34	272	98	55	1	329	09
17	209	246	984	26	194	64	40	1	228	091
1	29	29	53	4	50	33	12		79	092
3	26	7	38	4	28	1	3		22	093
950	2094	2606	2539	172	860	687	260	212	1184	10
906	1912	2336	2253	169	671	638	222	202	1031	101
19	59	158	141	2	64	7	4		12	102
3	14		4		6	4	10	1	12	103
22	109	112	141	1	119	38	24	9	129	109
26	83	40	25	5	1966	99	11	26	548	11
4	8	18	9		17	4	4	6	23	111
16	58	6	2		1922	81	3	20	499	112
6	17	16	14	5	27	14	4		26	119
30	78	92	139	20	91	40	37	5	178	12
30	78	92	139	20	91	40	37	5	178	120
53484	**66884**	**47083**	**34560**	**2025**	**41658**	**12672**	**4992**	**8780**	**20721**	**C**
3453	5056	4222	3852	263	2858	1551	505	933	2161	13
450	516	803	262	55	420	227	45	224	314	131
203	480	148	328	9	254	186	73	104	178	132
373	423	793	265	66	283	181	91	137	325	133
35	32	41	237	1	3	9	1	5	26	134
736	1696	644	717	53	428	228	177	160	329	135
34	40	37	38		16	4	5	3	23	136
669	812	447	1037	2	511	301	15	62	564	137
953	1057	1309	968	77	943	415	98	238	402	139
1617	2982	2305	1683	75	1729	575	251	431	1018	14
332	670	318	547	8	401	122	34	116	254	141
63	139	96	72		189	22	5	6	30	142
413	603	1186	413	5	282	73	25	68	118	143
14	42	18	39	23	99	52	47	27	94	144
31	91	19	31		20	17	2	11	123	145
429	785	333	217	8	270	175	31	92	88	146
335	652	335	364	31	468	114	107	111	311	149
1450	3584	5387	5077	76	1677	472	212	322	645	15
837	1995	2552	921	33	369	156	107	200	370	151
352	723	911	885	40	642	278	99	100	261	152
261	866	1924	3271	3	666	38	6	22	14	153
7	5	9	18		7	2		2	1	16
2	2	4	9		2					161
4	1	1	2		2	1		1	1	162
1	2	4	7		3	1		1		169
1316	979	751	413	67	475	123	57	275	947	17
416	373	159	51	1	223	24	8	31	543	171
56	12	10	6	45	12	18	13	169	44	172

2-1 续表 4 (2019年)

行业中类	代码	企业单位数	北京	天津	河北	山西
麻纺织及染整精加工	173	982	1	3	29	5
丝绢纺织及印染精加工	174	2648	1	4	14	7
化纤织造及印染精加工	175	13043	8	15	182	10
针织或钩针编织物及其制品制造	176	23399	46	113	371	40
家用纺织制成品制造	177	28143	91	139	3521	104
产业用纺织制成品制造	178	20345	55	172	1283	50
纺织服装、服饰业	18	185888	1245	1156	5918	610
机织服装制造	181	83323	679	697	2611	233
针织或钩针编织服装制造	182	24306	164	88	377	37
服饰制造	183	78259	402	371	2930	340
皮革、毛皮、羽毛及其制品和制鞋业	19	84815	174	241	9041	150
皮革鞣制加工	191	4877	7	19	648	13
皮革制品制造	192	29360	51	90	3905	61
毛皮鞣制及制品加工	193	7088	57	16	3530	23
羽毛(绒)加工及制品制造	194	2393	10	8	254	6
制鞋业	195	41097	49	108	704	47
木材加工和木、竹、藤、棕、草制品业	20	124114	428	686	5302	737
木材加工	201	62140	85	154	1925	400
人造板制造	202	19779	31	23	891	51
木质制品制造	203	32214	302	472	2330	268
竹、藤、棕、草等制品制造	204	9981	10	37	156	18
家具制造业	21	90002	667	784	5429	549
木质家具制造	211	63090	456	527	3657	421
竹、藤家具制造	212	936	3	2	24	2
金属家具制造	213	8080	72	91	1043	50
塑料家具制造	214	721	6	2	36	2
其他家具制造	219	17175	130	162	669	74
造纸和纸制品业	22	79341	567	1283	3900	497
纸浆制造	221	320	3	4	10	4
造纸	222	15368	114	228	653	93
纸制品制造	223	63653	450	1051	3237	400
印刷和记录媒介复制业	23	83723	1129	920	4379	1074
印刷	231	74875	833	821	3877	850
装订及印刷相关服务	232	8565	285	97	495	216
记录媒介复制	233	283	11	2	7	8
文教、工美、体育和娱乐用品制造业	24	125634	567	1434	10020	687
文教办公用品制造	241	11944	77	99	651	63
乐器制造	242	3035	54	195	276	15
工艺美术及礼仪用品制造	243	77649	337	956	5441	542
体育用品制造	244	12986	42	144	1697	56
玩具制造	245	16114	37	24	1663	7
游艺器材及娱乐用品制造	246	3906	20	16	292	4
石油、煤炭及其他燃料加工业	25	11893	127	193	945	748
精炼石油产品制造	251	5152	77	165	451	60

单位：个

内蒙古	辽宁	吉林	黑龙江	上海	江苏	浙江	安徽	福建	江西	山东	河南	代码
4	14	8	109	4	183	81	70	13	79	51	67	173
2	143		2	14	415	1060	88	28	41	106	38	174
5	49	6	3	40	6357	4568	214	314	94	439	112	175
61	183	14	21	257	5307	9127	352	1934	335	1390	341	176
51	237	27	26	304	9226	5184	560	478	263	2336	596	177
52	330	33	24	377	4599	4292	695	897	176	2634	429	178
547	6282	354	282	3406	26719	32589	9422	9704	6088	19300	6301	18
208	4375	179	155	1443	11324	14562	4978	3873	2314	7320	2753	181
73	261	20	16	732	2818	7636	460	1339	789	1972	402	182
266	1646	155	111	1231	12577	10391	3984	4492	2985	10008	3146	183
168	608	61	188	541	4415	20090	1861	10558	2052	3841	3140	19
23	47	6	84	17	180	566	208	316	84	313	490	191
44	168	21	28	343	1541	5623	542	1589	715	1453	716	192
42	100	7	39	15	222	1232	66	28	43	430	274	193
40	36	15	3	23	324	345	431	51	120	121	137	194
19	257	12	34	143	2148	12324	614	8574	1090	1524	1523	195
841	2544	1040	1757	830	12390	7267	6436	5454	3347	35162	7042	20
545	1074	511	1031	162	4871	1170	3643	1957	1493	21936	4275	201
70	211	138	158	52	2570	580	835	650	311	8042	1138	202
179	1141	356	487	603	4595	3894	1353	1141	567	4631	1303	203
47	118	35	81	13	354	1623	605	1706	976	553	326	204
214	1558	323	460	1139	11047	8126	3621	4269	4570	7849	3896	21
171	1220	255	357	746	8794	5090	2878	2433	3783	6463	2765	211
2	10	1		1	47	193	40	124	33	85	67	212
20	66	12	35	132	554	1419	159	587	264	307	601	213
4	11	4	7	5	33	175	25	50	11	63	32	214
17	251	51	61	255	1619	1249	519	1075	479	931	431	219
225	1338	280	320	1860	10141	14232	2084	3552	1208	6766	2475	22
7	3	2	2		16	19	4	11	7	25	10	221
43	215	59	77	227	2434	1828	404	622	287	1749	648	222
175	1120	219	241	1633	7691	12385	1676	2919	914	4992	1817	223
585	1803	577	642	1694	10790	11583	2813	2969	1355	7872	2856	23
482	1580	486	541	1499	10007	10883	2536	2665	1204	7229	2541	231
102	219	90	98	191	746	690	275	298	148	629	306	232
1	4	1	3	4	37	10	2	6	3	14	9	233
354	1383	253	342	1055	14703	24944	3363	9336	1963	12846	4223	24
35	162	42	75	255	1336	4136	279	266	378	671	342	241
16	53	6	16	67	521	281	35	69	27	291	379	242
276	1010	178	222	472	8089	13765	1882	7783	1134	9015	2758	243
20	93	17	20	95	1840	2566	320	879	191	1775	162	244
6	29	5	5	125	2336	3094	760	281	187	876	294	245
1	36	5	4	41	581	1102	87	58	46	218	288	246
447	968	194	534	80	723	465	413	250	330	1265	606	25
81	622	79	125	74	391	244	77	111	66	742	233	251

2-1 续表 5 (2019年)

行业中类	代码	湖北	湖南	广东	广西	海南
麻纺织及染整精加工	173	39	54	48	31	1
丝绢纺织及印染精加工	174	23	12	177	153	3
化纤织造及印染精加工	175	114	22	389	3	1
针织或钩针编织物及其制品制造	176	163	82	2799	65	4
家用纺织制成品制造	177	410	308	2249	155	20
产业用纺织制成品制造	178	986	126	2649	47	5
纺织服装、服饰业	18	6411	1744	39308	1291	91
机织服装制造	181	2776	747	18515	651	24
针织或钩针编织服装制造	182	176	88	6360	101	3
服饰制造	183	3459	909	14433	539	64
皮革、毛皮、羽毛及其制品和制鞋业	19	979	1542	21801	494	3
皮革鞣制加工	191	49	72	1536	37	1
皮革制品制造	192	152	724	10894	208	1
毛皮鞣制及制品加工	193	284	208	308	9	
羽毛(绒)加工及制品制造	194	21	31	143	153	1
制鞋业	195	473	507	8920	87	
木材加工和木、竹、藤、棕、草制品业	20	3725	2864	7386	7226	210
木材加工	201	2272	1030	2499	4668	142
人造板制造	202	288	331	815	1781	12
木质制品制造	203	899	530	3425	504	46
竹、藤、棕、草等制品制造	204	266	973	647	273	10
家具制造业	21	2019	1482	19910	1244	124
木质家具制造	211	1546	1132	11006	974	64
竹、藤家具制造	212	13	36	164	11	
金属家具制造	213	83	63	1925	57	8
塑料家具制造	214	12	9	176	8	
其他家具制造	219	365	242	6639	194	52
造纸和纸制品业	22	1579	1129	20115	863	48
纸浆制造	221	18	7	117	19	
造纸	222	464	345	3388	240	13
纸制品制造	223	1097	777	16610	604	35
印刷和记录媒介复制业	23	2581	1753	17335	1144	200
印刷	231	2201	1490	15849	988	164
装订及印刷相关服务	232	374	249	1374	151	34
记录媒介复制	233	6	14	112	5	2
文教、工美、体育和娱乐用品制造业	24	1954	1553	23712	1110	116
文教办公用品制造	241	214	183	2048	92	8
乐器制造	242	37	33	479	12	1
工艺美术及礼仪用品制造	243	1369	959	12221	808	102
体育用品制造	244	114	199	2495	56	2
玩具制造	245	161	128	5594	125	2
游艺器材及娱乐用品制造	246	59	51	875	17	1
石油、煤炭及其他燃料加工业	25	340	297	822	161	17
精炼石油产品制造	251	162	86	641	79	14

单位：个

重庆	四川	贵州	云南	西藏	陕西	甘肃	青海	宁夏	新疆	代码
24	23	8	20		1	1			11	173
64	132	16	56		23	3	4	1	18	174
12	33	13	7		10	1		1	21	175
80	57	45	28	5	38	12	5	12	112	176
575	254	462	216	11	109	37	14	40	140	177
89	95	38	29	5	59	27	13	21	58	178
1762	1201	1206	372	130	625	201	159	144	1320	18
804	551	394	164	16	280	76	64	71	486	181
91	57	63	25	6	18	7	2	5	120	182
867	593	749	183	108	327	118	93	68	714	183
829	955	536	111	18	93	69	26	80	150	19
39	40	15	8	3	12	14	4	12	14	191
132	106	115	45	5	28	9	10	9	32	192
19	13	17	5	6	5	15	9	44	22	193
23	65	3	4	1	3	1		10	10	194
616	731	386	49	3	45	30	3	5	72	195
1922	2317	3097	1885	22	980	248	218	190	561	20
794	1083	2052	1196	7	470	113	186	76	320	201
61	241	117	176	2	66	24	5	23	86	202
806	655	691	374	13	318	98	27	66	140	203
261	338	237	139		126	13		25	15	204
2090	3240	2314	1141	177	907	234	81	171	367	21
1687	2461	1840	908	162	699	159	67	116	253	211
18	16	36	3		4			1		212
90	154	86	59	3	53	31	7	10	39	213
11	7	7	4		7	1	1	1	11	214
284	602	345	167	12	144	43	6	43	64	219
848	1358	638	645	11	731	155	26	126	341	22
2	8	5	5		3	1		2	6	221
215	410	181	162	3	121	30	5	37	73	222
631	940	452	478	8	607	124	21	87	262	223
1381	2170	636	910	26	1202	593	123	246	382	23
1146	1839	500	737	18	984	343	89	199	294	231
232	326	135	169	8	212	249	34	45	88	232
3	5	1	4		6	1		2		233
1109	1172	3352	1384	218	843	368	630	124	516	24
96	170	52	52	5	79	16	7	12	43	241
19	25	65	39	4	16	1			3	242
848	801	3109	1261	208	592	341	615	108	447	243
40	51	26	16		43	7	5	2	13	244
90	74	88	8		103	2	2	2	6	245
16	51	12	8	1	10	1	1		4	246
147	296	269	256	3	433	87	21	131	325	25
57	108	37	30	2	111	30	9	41	147	251

2-1 续表 6 (2019年)

行业中类	代码	企业单位数	北京	天津	河北	山西
煤炭加工	252	4052	44	18	372	638
生物质燃料加工	254	2689	6	10	122	50
化学原料和化学制品制造业	26	117509	1075	1734	8685	2175
基础化学原料制造	261	17012	78	246	1425	382
肥料制造	262	15048	118	91	1244	615
农药制造	263	2163	21	28	208	47
涂料、油墨、颜料及类似产品制造	264	20697	236	464	1362	200
合成材料制造	265	12586	97	178	647	115
专用化学产品制造	266	29866	324	492	2330	642
炸药、火工及焰火产品制造	267	3056	3	1	33	29
日用化学产品制造	268	17081	198	234	1436	145
医药制造业	27	27294	538	347	1287	443
化学药品原料药制造	271	3189	19	50	192	45
化学药品制剂制造	272	2740	111	42	153	60
中药饮片加工	273	5295	61	35	255	82
中成药生产	274	4216	72	34	133	67
兽用药品制造	275	1800	37	29	133	96
生物药品制品制造	276	4536	155	80	173	31
卫生材料及医药用品制造	277	4895	72	65	226	55
药用辅料及包装材料	278	623	11	12	22	7
化学纤维制造业	28	7166	20	29	357	42
纤维素纤维原料及纤维制造	281	888	2	3	161	4
合成纤维制造	282	5642	15	25	172	18
生物基材料制造	283	636	3	1	24	20
橡胶和塑料制品业	29	205187	846	2327	15414	1226
橡胶制品业	291	35953	124	462	5712	253
塑料制品业	292	169234	722	1865	9702	973
非金属矿物制品业	30	275781	1551	2104	20453	7181
水泥、石灰和石膏制造	301	13955	69	84	1181	722
石膏、水泥制品及类似制品制造	302	64199	449	588	4536	1488
砖瓦、石材等建筑材料制造	303	106862	569	897	7582	2517
玻璃制造	304	6440	82	56	439	81
玻璃制品制造	305	17560	128	174	1670	364
玻璃纤维和玻璃纤维增强塑料制品制造	306	7023	57	48	1337	80
陶瓷制品制造	307	25411	54	42	695	427
耐火材料制品制造	308	13263	62	64	1185	937
石墨及其他非金属矿物制品制造	309	21068	81	151	1828	565
黑色金属冶炼和压延加工业	31	22298	101	1136	1685	440
炼铁	311	681		3	69	147
炼钢	312	451	3	15	55	12
钢压延加工	313	18481	96	1058	1389	200
铁合金冶炼	314	2685	2	60	172	81
有色金属冶炼和压延加工业	32	29446	130	420	1474	434
常用有色金属冶炼	321	3691	5	33	283	149

单位：个

内蒙古	辽宁	吉林	黑龙江	上海	江苏	浙江	安徽	福建	江西	山东	河南	代码
306	159	36	130		111	46	75	54	126	257	283	252
60	187	79	279	6	221	175	261	85	138	266	90	254
1744	4314	1058	1537	2049	9735	9090	4135	3488	3749	13956	6404	26
491	698	161	198	180	1790	1008	514	406	553	2415	1077	261
507	745	324	684	57	590	260	586	311	241	2321	1192	262
26	69	25	38	23	260	90	106	33	73	326	205	263
170	771	145	163	509	1795	2250	868	699	492	1950	927	264
103	296	73	46	308	1521	1351	615	503	250	1700	386	265
324	1312	251	307	525	2803	2612	967	854	870	4209	2021	266
28	26	6	9		17	20	26	12	882	38	47	267
95	397	73	92	447	959	1499	453	670	388	997	549	268
292	752	886	366	490	2518	1416	1618	649	1209	2602	2033	27
48	91	37	45	63	404	257	125	73	171	369	210	271
27	106	74	53	83	297	136	124	63	98	265	174	272
73	216	388	62	22	135	122	656	87	173	279	300	273
50	85	211	91	33	130	103	238	89	175	239	419	274
22	40	23	25	18	119	59	42	21	81	328	216	275
39	97	93	50	133	525	259	197	160	104	532	241	276
33	104	50	38	108	810	369	209	145	391	509	450	277
	13	10	2	30	98	111	27	11	16	81	23	278
34	102	37	31	70	2517	1936	149	231	87	534	163	28
9	9	4	7	5	264	68	7	30	18	99	35	281
14	70	17	8	58	2157	1810	95	186	56	329	86	282
11	23	16	16	7	96	58	47	15	13	106	42	283
850	4333	815	922	3661	29163	36620	6694	6788	2292	18385	5719	29
77	897	116	114	640	4733	4187	956	1112	326	3442	853	291
773	3436	699	808	3021	24430	32433	5738	5676	1966	14943	4866	292
4217	8861	2156	2415	1701	24067	13942	11294	16963	9869	28967	21438	30
527	476	173	237	43	775	524	519	342	543	1251	938	301
1304	1541	676	746	380	5688	3051	3135	1558	1641	5967	5234	302
1666	2984	899	957	482	6488	4476	4643	6524	3619	13276	7073	303
44	151	34	29	95	785	462	327	201	190	606	302	304
69	306	76	73	371	2511	2166	846	355	373	1644	606	305
60	168	44	55	54	1270	485	206	92	147	1310	481	306
55	269	38	44	79	2080	1131	348	7327	2374	1432	1108	307
84	2049	55	46	69	1518	643	251	95	122	1229	3303	308
408	917	161	228	128	2952	1004	1019	469	860	2252	2393	309
440	760	105	92	346	4057	2432	485	493	305	2076	1025	31
31	47	2	3		38	7	16	15	13	43	40	311
13	30	4	2		54	16	14	19	5	33	26	312
126	557	83	79	343	3749	2350	435	405	259	1791	739	313
270	126	16	8	3	216	59	20	54	28	209	220	314
425	922	85	81	435	4738	3251	747	660	1336	1960	1887	32
119	171	20	17	3	350	130	66	76	187	196	276	321

2-1 续表 7 (2019年)

行业中类	代码	湖北	湖南	广东	广西	海南
煤炭加工	252	74	111	59	18	2
生物质燃料加工	254	104	100	122	64	1
化学原料和化学制品制造业	26	4458	3795	19371	2026	175
基础化学原料制造	261	737	497	1580	269	15
肥料制造	262	936	315	546	507	41
农药制造	263	99	68	107	77	6
涂料、油墨、颜料及类似产品制造	264	759	446	4262	265	24
合成材料制造	265	324	234	2860	100	7
专用化学产品制造	266	1131	634	4048	439	43
炸药、火工及焰火产品制造	267	62	1298	26	107	5
日用化学产品制造	268	410	303	5942	262	34
医药制造业	27	1695	865	2370	529	158
化学药品原料药制造	271	203	99	209	34	15
化学药品制剂制造	272	124	49	233	42	67
中药饮片加工	273	304	212	413	104	5
中成药生产	274	445	166	310	186	23
兽用药品制造	275	54	49	123	57	8
生物药品制品制造	276	284	167	522	57	25
卫生材料及医药用品制造	277	260	113	498	46	15
药用辅料及包装材料	278	21	10	62	3	
化学纤维制造业	28	84	47	483	23	
纤维素纤维原料及纤维制造	281	24	8	74	5	
合成纤维制造	282	44	32	340	6	
生物基材料制造	283	16	7	69	12	
橡胶和塑料制品业	29	3923	1967	50578	1472	121
橡胶制品业	291	552	326	9322	198	33
塑料制品业	292	3371	1641	41256	1274	88
非金属矿物制品业	30	12382	9248	24177	6478	618
水泥、石灰和石膏制造	301	850	565	692	547	36
石膏、水泥制品及类似制品制造	302	3759	2517	2935	1736	195
砖瓦、石材等建筑材料制造	303	5490	4018	8381	3066	302
玻璃制造	304	205	193	1207	120	22
玻璃制品制造	305	547	257	3272	142	35
玻璃纤维和玻璃纤维增强塑料制品制造	306	152	87	437	36	4
陶瓷制品制造	307	307	794	5104	321	9
耐火材料制品制造	308	292	200	362	55	
石墨及其他非金属矿物制品制造	309	780	617	1787	455	15
黑色金属冶炼和压延加工业	31	581	471	2401	330	22
炼铁	311	26	20	33	8	
炼钢	312	27	7	44	10	
钢压延加工	313	464	257	2250	144	22
铁合金冶炼	314	64	187	74	168	
有色金属冶炼和压延加工业	32	660	1232	4087	421	33
常用有色金属冶炼	321	84	315	193	117	3

单位：个

重庆	四川	贵州	云南	西藏	陕西	甘肃	青海	宁夏	新疆	代码
65	128	184	160	1	303	43	12	83	154	252
25	60	48	66		19	14		7	24	254
1440	3058	1503	1595	116	1961	722	335	726	1300	26
186	641	177	232	9	321	169	94	241	222	261
153	559	271	526	7	405	163	130	131	472	262
18	55	6	24		66	19	2	22	16	263
429	506	318	166	5	211	102	10	62	131	264
120	241	62	133	3	170	27	13	30	73	265
314	624	342	286	6	509	145	32	201	269	266
17	109	101	30	2	89	8	2	3	20	267
203	323	226	198	84	190	89	52	36	97	268
432	1129	486	569	43	748	418	98	94	214	27
58	143	10	36	3	91	29	8	27	25	271
54	130	30	37	2	78	7	7	2	12	272
106	275	142	248	11	145	285	24	24	51	273
52	175	195	133	22	173	44	39	12	72	274
33	120	8	7	2	34	6	3	3	4	275
67	176	57	71	2	150	35	9	18	27	276
58	89	43	34	1	63	11	6	7	17	277
4	21	1	3		14	1	2	1	6	278
20	65	13	11	1	23	8	1	8	40	28
4	17	2	2	1	2			2	22	281
13	43	10	5		11	4	1	3	14	282
3	5	1	4		10	4		3	4	283
2061	2823	1101	1199	27	1403	551	92	375	1439	29
318	366	120	195	2	330	53	8	32	94	291
1743	2457	981	1004	25	1073	498	84	343	1345	292
5574	9344	10308	5577	421	5519	2865	763	1517	3811	30
279	452	468	491	38	402	207	66	148	310	301
1484	2381	4791	1669	202	1818	818	234	433	1245	302
2849	4398	4088	2756	159	2475	1493	360	583	1792	303
134	224	147	90	5	100	39	10	16	44	304
373	588	199	86	3	134	60	20	33	79	305
66	150	32	29	2	50	20	6	12	46	306
188	450	182	219	3	199	43	10	19	60	307
69	231	83	67		81	34	12	19	46	308
132	470	318	170	9	260	151	45	254	189	309
423	537	324	347	9	335	139	64	174	163	31
1	11	15	46		4	10	2	10	21	311
3	15	8	14		8	1		7	6	312
357	384	156	217	9	260	93	22	68	119	313
62	127	145	70		63	35	40	89	17	314
543	590	431	588	24	1297	156	110	111	178	32
57	114	127	333	2	99	31	34	26	75	321

2-1 续表 8 (2019年)

行业中类	代码	企业单位数	北京	天津	河北	山西
贵金属冶炼	322	540	4	2	25	10
稀有稀土金属冶炼	323	847	5	2	10	19
有色金属合金制造	324	7211	50	74	377	99
有色金属压延加工	325	17157	66	309	779	157
金属制品业	33	348517	2421	5852	34783	3976
结构性金属制品制造	331	128366	1525	2447	9291	1712
金属工具制造	332	26048	82	269	1090	278
集装箱及金属包装容器制造	333	7676	80	206	463	60
金属丝绳及其制品制造	334	17696	25	469	10581	124
建筑、安全用金属制品制造	335	52204	205	732	4512	342
金属表面处理及热处理加工	336	14126	103	434	722	101
搪瓷制品制造	337	2144	4	17	65	7
金属制日用品制造	338	20855	106	193	572	68
铸造及其他金属制品制造	339	79402	291	1085	7487	1284
通用设备制造业	34	353928	2256	5839	27459	3826
锅炉及原动设备制造	341	10035	120	150	801	258
金属加工机械制造	342	53171	389	833	4780	707
物料搬运设备制造	343	14437	120	222	1434	115
泵、阀门、压缩机及类似机械制造	344	40660	260	1103	2533	510
轴承、齿轮和传动部件制造	345	21601	43	139	1603	36
烘炉、风机、包装等设备制造	346	34437	386	472	1854	196
文化、办公用机械制造	347	3124	63	33	70	9
通用零部件制造	348	143023	741	2335	12821	1813
其他通用设备制造业	349	33440	134	552	1563	182
专用设备制造业	35	247622	2110	3537	15793	2211
采矿、冶金、建筑专用设备制造	351	29919	195	487	3060	1098
化工、木材、非金属加工专用设备制造	352	72435	263	1121	2062	136
食品、饮料、烟草及饲料生产专用设备制造	353	7134	49	72	392	55
印刷、制药、日化及日用品生产专用设备制造	354	9133	128	110	588	39
纺织、服装和皮革加工专用设备制造	355	11406	30	61	320	85
电子和电工机械专用设备制造	356	14142	176	206	525	89
农、林、牧、渔专用机械制造	357	15215	55	141	1328	136
医疗仪器设备及器械制造	358	21014	573	353	1420	139
环保、邮政、社会公共服务及其他专用设备制造	359	67224	641	986	6098	434
汽车制造业	36	85402	607	1257	6338	356
汽车整车制造	361	1556	16	18	83	32
汽车用发动机制造	362	417	9	3	22	7
改装汽车制造	363	1183	36	12	63	11
低速汽车制造	364	92			4	4
电车制造	365	506		10	47	5
汽车车身、挂车制造	366	4710	10	36	603	57
汽车零部件及配件制造	367	76938	536	1178	5516	240
铁路、船舶、航空航天和其他运输设备制造业	37	31919	230	1530	2630	154
铁路运输设备制造	371	3910	104	87	569	106

单位：个

内蒙古	辽宁	吉林	黑龙江	上海	江苏	浙江	安徽	福建	江西	山东	河南	代码
22	33	2	4		20	11	12	12	21	26	32	322
60	58	7	2	2	69	17	18	17	170	33	102	323
89	244	16	26	103	1147	739	213	244	198	480	462	324
135	416	40	32	327	3152	2354	438	311	760	1225	1015	325
1824	7318	1131	1551	7248	55921	43338	9238	10794	3812	28537	8731	33
1220	3461	684	935	3245	19849	9070	4714	3428	1814	12877	4519	331
70	366	57	108	583	6905	4900	819	571	222	1985	390	332
38	270	28	61	217	1533	758	225	218	78	920	288	333
82	150	16	35	121	2127	996	264	80	73	682	284	334
107	472	101	129	707	5253	12731	785	2622	487	2449	802	335
54	534	44	56	360	2709	2632	383	349	132	1259	210	336
1	25		5	22	124	453	41	661	30	127	59	337
17	184	27	56	423	1912	4559	290	943	202	2565	302	338
235	1856	174	166	1570	15509	7239	1717	1922	774	5673	1877	339
1110	13733	1517	2227	7724	84934	56295	8373	7172	2585	46833	13438	34
158	557	133	344	151	1929	628	261	93	74	1674	393	341
215	1775	241	298	1217	11674	5500	1539	1387	447	8053	1691	342
39	384	58	56	430	3035	1977	331	193	95	1956	1840	343
64	1796	88	79	1267	8659	13009	900	1362	272	3212	1496	344
11	853	28	75	303	3638	5544	365	241	129	6308	702	345
87	770	141	150	1116	7564	6517	660	530	275	4810	1130	346
6	35	7	6	81	414	467	55	124	49	159	47	347
464	6571	610	986	2660	36784	20211	3664	2713	888	17266	5234	348
66	992	211	233	499	11237	2442	598	529	356	3395	905	349
900	5850	1214	1860	4951	56547	28893	6531	6546	2809	28605	9448	35
257	1510	211	660	282	5432	1125	919	779	373	5090	2899	351
41	1287	220	108	1716	15824	11862	1727	2324	414	4650	935	352
38	147	40	90	172	1121	821	288	201	42	1577	504	353
9	187	31	28	296	1805	1167	189	195	106	826	293	354
3	74	3	11	290	3954	3543	119	400	71	1100	189	355
29	283	52	69	385	3177	848	410	384	219	1373	348	356
228	388	213	427	113	1917	1101	568	306	215	3167	1288	357
100	358	156	124	599	3772	3689	510	572	619	1337	674	358
195	1616	288	343	1098	19545	4737	1801	1385	750	9485	2318	359
192	1580	1442	274	1850	14636	17979	3192	1740	1192	8077	3126	36
18	46	20	18	13	177	87	67	44	57	208	98	361
4	21	7	4	9	57	42	11	9	6	52	10	362
14	34	19	15	21	102	30	63	27	16	232	63	363
1	1			1	12	2	3	4	2	25	7	364
3	8	5	2		58	10	17	6	8	147	70	365
25	87	72	21	27	881	209	193	127	78	910	228	366
127	1383	1319	214	1779	13349	17599	2838	1523	1025	6503	2650	367
36	1076	168	128	456	7341	4509	751	871	471	2611	1021	37
16	308	120	58	30	613	169	134	18	23	414	243	371

2-1 续表 9 (2019年)

行业中类	代码	湖北	湖南	广东	广西	海南
贵金属冶炼	322	14	106	29	12	3
稀有稀土金属冶炼	323	13	97	32	23	
有色金属合金制造	324	219	357	1016	71	11
有色金属压延加工	325	330	357	2817	198	16
金属制品业	33	7395	4983	82976	2381	316
结构性金属制品制造	331	4240	2642	24286	1255	212
金属工具制造	332	437	388	5072	130	9
集装箱及金属包装容器制造	333	231	92	1185	60	11
金属丝绳及其制品制造	334	91	63	831	33	
建筑、安全用金属制品制造	335	760	357	16514	260	27
金属表面处理及热处理加工	336	206	169	2767	64	7
搪瓷制品制造	337	35	19	338	21	5
金属制日用品制造	338	290	202	6884	177	15
铸造及其他金属制品制造	339	1105	1051	25099	381	30
通用设备制造业	34	6691	4506	37099	1607	62
锅炉及原动设备制造	341	231	126	1023	73	1
金属加工机械制造	342	1419	884	6850	272	8
物料搬运设备制造	343	244	163	1091	83	10
泵、阀门、压缩机及类似机械制造	344	434	386	2009	90	3
轴承、齿轮和传动部件制造	345	178	134	687	32	1
烘炉、风机、包装等设备制造	346	594	327	5184	195	16
文化、办公用机械制造	347	53	38	1298	20	2
通用零部件制造	348	2741	1954	12059	716	17
其他通用设备制造业	349	797	494	6898	126	4
专用设备制造业	35	6247	3367	45240	1952	123
采矿、冶金、建筑专用设备制造	351	989	656	971	437	18
化工、木材、非金属加工专用设备制造	352	1560	406	22738	293	13
食品、饮料、烟草及饲料生产专用设备制造	353	217	155	654	87	7
印刷、制药、日化及日用品生产专用设备制造	354	195	122	2406	55	1
纺织、服装和皮革加工专用设备制造	355	118	50	816	11	
电子和电工机械专用设备制造	356	491	243	3883	97	10
农、林、牧、渔专用机械制造	357	389	343	1178	275	8
医疗仪器设备及器械制造	358	482	288	3814	220	28
环保、邮政、社会公共服务及其他专用设备制造	359	1806	1104	8780	477	38
汽车制造业	36	6996	1026	4915	1279	48
汽车整车制造	361	116	39	169	30	3
汽车用发动机制造	362	56	2	26	3	
改装汽车制造	363	189	27	70	14	2
低速汽车制造	364	3	2	6	6	
电车制造	365	18	4	41	21	
汽车车身、挂车制造	366	416	55	210	65	2
汽车零部件及配件制造	367	6198	897	4393	1140	41
铁路、船舶、航空航天和其他运输设备制造业	37	615	533	2684	262	46
铁路运输设备制造	371	120	255	97	21	

单位：个

重庆	四川	贵州	云南	西藏	陕西	甘肃	青海	宁夏	新疆	代码
	8	25	38		31	18	5	1	14	322
2	22	8	24		22	4	2	4	3	323
247	187	162	45	11	197	48	24	25	30	324
237	259	109	148	11	948	55	45	55	56	325
5322	4878	3271	2745	107	3002	1293	540	1082	1751	33
3066	2489	2414	1837	69	1791	959	285	837	1193	331
520	276	164	89	6	131	30	19	26	56	332
103	202	63	76		95	26	4	21	64	333
73	128	35	74	3	36	19	152	12	37	334
464	459	186	159	6	276	66	23	56	155	335
306	175	36	65	5	166	34	8	12	24	336
16	28	12	7		9	4			9	337
212	219	107	118	7	95	42	10	21	37	338
562	902	254	320	11	403	113	39	97	176	339
4473	5833	1038	910	19	4820	368	155	435	591	34
140	248	23	23	2	173	50	37	38	123	341
501	886	185	287	6	826	62	34	106	99	342
126	163	52	44	1	93	15	5	17	45	343
199	564	44	31		217	27	3	16	27	344
212	135	77	13		56	6	2	45	5	345
358	413	129	85	4	345	37	9	27	56	346
21	27	6	5		13	3	2	3	8	347
2636	2994	472	369	4	2761	153	54	151	181	348
280	403	50	53	2	336	15	9	32	47	349
3133	3809	758	757	43	2772	399	111	289	817	35
294	656	172	208	12	741	85	23	93	187	351
1249	849	92	88	3	328	47	8	30	41	352
34	154	21	61	6	82	9	4	8	26	353
71	121	20	16		94	9	4	2	20	354
31	28	9		2	61	3	1	2	21	355
157	257	52	29	5	260	17	9	17	42	356
423	269	81	112	4	189	76	20	46	211	357
294	356	115	76	6	224	34	12	21	49	358
580	1119	196	167	5	793	119	30	70	220	359
4370	1622	233	235		604	46	15	56	119	36
44	56	20	18		35	3	1	3	17	361
25	11	4	3		6		1	1	6	362
21	32	6	3		27	8	1	9	16	363
1		1	1			4		1	1	364
4	5	4	3		3	2	1	2	2	365
222	62	17	29		39	2	4	7	16	366
4053	1456	181	178		494	27	7	33	61	367
2418	596	105	56	1	519	36	7	14	44	37
25	176	6	11		156	16	4		11	371

2-1 续表 10 (2019年)

行业中类	代码	企业单位数	北京	天津	河北	山西
城市轨道交通设备制造	372	551	9	6	35	6
船舶及相关装置制造	373	8700	13	67	101	6
航空、航天器及设备制造	374	1894	84	65	79	19
摩托车制造	375	6367	2	21	364	8
自行车和残疾人座车制造	376	3735	4	784	1052	2
助动车制造	377	4590	5	356	353	4
非公路休闲车及零配件制造	378	1112	5	129	43	1
潜水救捞及其他未列明运输设备制造	379	1060	4	15	34	2
电气机械和器材制造业	38	202301	1439	2061	9837	967
电机制造	381	15783	87	183	487	73
输配电及控制设备制造	382	68781	717	896	3395	415
电线、电缆、光缆及电工器材制造	383	27744	183	398	3326	164
电池制造	384	7256	32	90	206	61
家用电力器具制造	385	26280	110	115	755	54
非电力家用器具制造	386	5522	83	60	429	39
照明器具制造	387	37771	116	118	503	82
其他电气机械及器材制造	389	13164	111	201	736	79
计算机、通信和其他电子设备制造业	39	142589	1209	1280	2611	381
计算机制造	391	11682	198	102	232	65
通信设备制造	392	11161	156	89	402	23
广播电视设备制造	393	2666	80	26	136	16
雷达及配套设备制造	394	283	13	4	14	
非专业视听设备制造	395	6757	36	22	28	4
智能消费设备制造	396	7368	78	61	133	26
电子器件制造	397	22564	190	138	343	57
电子元件及电子专用材料制造	398	62377	344	657	917	151
其他电子设备制造	399	17731	114	181	406	39
仪器仪表制造业	40	47546	837	880	2158	244
通用仪器仪表制造	401	31477	498	626	1511	150
专用仪器仪表制造	402	6585	200	111	347	44
钟表与计时仪器制造	403	3134	7	20	32	5
光学仪器制造	404	2699	37	25	32	6
衡器制造	405	1078	9	9	75	20
其他仪器仪表制造业	409	2573	86	89	161	19
其他制造业	41	45458	135	365	2546	299
日用杂品制造	411	16560	22	93	553	38
其他未列明制造业	419	28898	113	272	1993	261
废弃资源综合利用业	42	16298	33	270	1301	514
金属废料和碎屑加工处理	421	7648	17	223	763	219
非金属废料和碎屑加工处理	422	8650	16	47	538	295
金属制品、机械和设备修理业	43	38763	1356	1193	1894	1715
金属制品修理	431	838	11	28	32	19
通用设备修理	432	6125	247	174	375	254
专用设备修理	433	6773	327	171	421	339

单位：个

内蒙古	辽宁	吉林	黑龙江	上海	江苏	浙江	安徽	福建	江西	山东	河南	代码
1	19	18	3	5	135	26	32	3	5	70	15	372
3	591	9	18	236	3159	909	200	462	283	1032	56	373
8	107	7	36	52	248	84	52	17	73	84	61	374
1	6	5	1	49	674	1371	51	281	31	126	332	375
1	4	1	3	35	474	619	37	42	8	71	32	376
3	14	4	3	28	1652	732	216	27	34	410	239	377
2	5		3	13	134	496	5	9	6	49	24	378
1	22	4	3	8	252	103	24	12	8	355	19	379
490	3765	567	714	3294	35739	40671	5332	4395	2877	11053	5493	38
63	321	39	87	318	3411	3577	328	1284	153	1464	528	381
197	1845	268	334	1364	13578	17680	1949	1092	991	3927	1975	382
74	622	90	109	576	4786	3212	1161	325	438	1465	1267	383
36	114	13	14	49	911	532	324	171	311	421	428	384
21	166	44	47	285	2027	7463	574	545	168	1381	335	385
28	89	26	17	61	638	863	161	82	67	633	165	386
34	307	40	44	352	6491	6102	498	618	574	751	408	387
37	301	47	62	289	3897	1242	337	278	175	1011	387	389
224	1348	218	207	1707	21404	12240	3615	3551	3016	5659	2247	39
34	110	10	21	165	1137	582	201	185	163	478	151	391
15	121	30	24	170	1394	996	195	362	201	378	234	392
4	36	3	5	23	468	230	192	59	49	72	33	393
	10		2	3	42	14	23	4	2	15	4	394
6	17	5	1	34	366	551	59	88	126	111	41	395
19	68	18	22	67	1110	629	335	208	153	459	159	396
15	202	50	27	358	3508	1725	706	763	622	810	336	397
113	563	61	83	732	10554	6756	1609	1384	1310	2620	1052	398
18	221	41	22	155	2825	757	295	498	390	716	237	399
89	1475	236	242	1447	10329	6363	1738	1016	567	3484	1785	40
45	1104	147	181	951	7567	4771	1349	542	235	2396	1154	401
22	177	41	30	213	1308	730	186	111	78	617	223	402
2	36	1	4	42	60	156	17	212	23	88	16	403
2	22	33	3	104	637	272	36	72	184	42	229	404
17	26	6	11	29	171	217	29	29	12	91	77	405
1	110	8	13	108	586	217	121	50	35	250	86	409
180	675	236	238	474	6530	7208	1815	2125	1517	4337	1416	41
23	129	19	16	137	1710	5516	1198	1117	251	768	611	411
157	546	217	222	337	4820	1692	617	1008	1266	3569	805	419
301	455	155	169	104	1660	819	1103	656	692	1343	1242	42
144	246	54	61	60	684	339	360	235	326	639	661	421
157	209	101	108	44	976	480	743	421	366	704	581	422
747	1795	294	437	1184	4657	2304	1319	1066	531	4403	1288	43
17	29	5	7	31	92	45	12	31	15	87	30	431
119	257	61	77	226	791	294	189	144	52	586	241	432
173	245	76	113	182	576	278	239	133	91	738	290	433

2-1 续表 11 (2019年)

行业中类	代码	湖北	湖南	广东	广西	海南
城市轨道交通设备制造	372	20	31	28	7	
船舶及相关装置制造	373	299	138	763	121	35
航空、航天器及设备制造	374	75	47	123	10	6
摩托车制造	375	27	18	639	21	1
自行车和残疾人座车制造	376	11	6	512	10	
助动车制造	377	37	16	252	64	2
非公路休闲车及零配件制造	378	8	5	153	1	1
潜水救捞及其他未列明运输设备制造	379	18	17	117	7	1
电气机械和器材制造业	38	3417	2322	57680	1109	113
电机制造	381	283	226	2154	99	5
输配电及控制设备制造	382	1299	819	11828	386	45
电线、电缆、光缆及电工器材制造	383	529	351	7013	192	22
电池制造	384	268	204	2521	62	5
家用电力器具制造	385	212	175	11070	89	5
非电力家用器具制造	386	146	75	1334	57	3
照明器具制造	387	335	264	19077	151	20
其他电气机械及器材制造	389	345	208	2683	73	8
计算机、通信和其他电子设备制造业	39	3103	2251	68296	1168	54
计算机制造	391	463	149	6304	123	9
通信设备制造	392	341	177	4816	83	11
广播电视设备制造	393	50	47	985	24	1
雷达及配套设备制造	394	4	9	76	3	
非专业视听设备制造	395	50	46	4961	52	3
智能消费设备制造	396	248	128	3016	63	7
电子器件制造	397	603	338	10452	185	6
电子元件及电子专用材料制造	398	974	1031	28424	518	9
其他电子设备制造	399	370	326	9262	117	8
仪器仪表制造业	40	1248	548	9882	260	18
通用仪器仪表制造	401	821	332	5356	141	9
专用仪器仪表制造	402	219	120	1296	44	8
钟表与计时仪器制造	403	17	8	2322	22	1
光学仪器制造	404	85	34	485	18	
衡器制造	405	20	19	116	18	
其他仪器仪表制造业	409	86	35	307	17	
其他制造业	41	1220	613	11165	194	39
日用杂品制造	411	263	185	3346	68	5
其他未列明制造业	419	957	428	7819	126	34
废弃资源综合利用业	42	765	572	1616	373	29
金属废料和碎屑加工处理	421	318	297	877	211	14
非金属废料和碎屑加工处理	422	447	275	739	162	15
金属制品、机械和设备修理业	43	1237	728	4923	717	203
金属制品修理	431	36	11	208	8	1
通用设备修理	432	207	117	863	101	22
专用设备修理	433	193	137	757	140	28

单位：个

重庆	四川	贵州	云南	西藏	陕西	甘肃	青海	宁夏	新疆	代码
18	39	1	4		11	2		1	1	372
112	40	15	12	1	12	4		2	1	373
23	165	35	3		309	5	2	5	10	374
2205	75	24	13		7	3	1	1	9	375
3	14	3	1		1			1	4	376
21	74	13	8		12	4		1	6	377
5	5	1	2		4	2			1	378
6	8	7	2		7			3	1	379
1549	2560	848	699	17	1976	328	143	207	639	38
215	171	35	23	1	105	16	5	10	32	381
515	1079	248	252	3	1069	166	64	85	300	382
222	458	105	156	3	278	40	17	43	119	383
71	141	84	42	2	75	16	18	13	21	384
157	187	122	33	3	76	17	8	7	29	385
43	79	85	114	3	64	26	13	20	19	386
220	225	137	50	2	130	21	12	12	77	387
106	220	32	29		179	26	6	17	42	389
1716	2214	683	292	10	1483	103	42	57	200	39
369	178	44	38	2	109	9	13	6	32	391
207	372	99	44	1	160	11	2	7	40	392
12	59	13	7	1	29	1	1	1	3	393
2	23				14	1			1	394
33	45	33	16		17	2		1	3	395
83	83	37	23	2	94	14	2	2	21	396
297	389	99	52		246	14	2	8	23	397
585	836	266	80	3	593	41	20	29	62	398
128	229	92	32	1	221	10	2	3	15	399
716	657	98	216	1	821	57	10	68	56	40
470	370	46	60	1	524	36	7	47	30	401
65	136	25	32		169	10	2	10	11	402
14	8	5	6		8	1		1		403
83	94	11	103		48	2				404
12	15	5	13		15	3	1	5	8	405
72	34	6	2		57	5		5	7	409
370	403	484	253	28	251	75	59	85	123	41
153	109	96	44	4	39	15	5	3	24	411
217	294	388	209	24	212	60	54	82	99	419
271	399	296	352	21	366	163	38	80	140	42
126	145	114	174	6	151	68	22	31	63	421
145	254	182	178	15	215	95	16	49	77	422
722	1052	381	412	51	1198	267	100	227	362	43
12	10	6	8		20	6	3	6	12	431
121	184	57	42	2	203	17	12	31	59	432
140	235	83	95	30	314	73	21	51	84	433

2-1 续表 12 (2019年)

行业中类	代码	企业单位数	北京	天津	河北	山西
铁路、船舶、航空航天等运输设备修理	434	6257	68	208	214	36
电气设备修理	435	3835	140	114	213	310
仪器仪表修理	436	837	91	42	32	16
其他机械和设备修理业	439	14098	472	456	607	741
电力、热力、燃气及水生产和供应业	D	**109072**	**1138**	**856**	**5333**	**4974**
电力、热力生产和供应业	44	75129	789	512	3439	3833
电力生产	441	61113	124	178	2275	3126
电力供应	442	5471	85	60	373	275
热力生产和供应	443	8545	580	274	791	432
燃气生产和供应业	45	8662	77	101	840	508
燃气生产和供应业	451	8084	67	94	778	473
生物质燃气生产和供应业	452	578	10	7	62	35
水的生产和供应业	46	25281	272	243	1054	633
自来水生产和供应	461	15711	77	69	474	346
污水处理及其再生利用	462	8935	191	160	542	271
海水淡化处理	463	57		6	5	
其他水的处理、利用与分配	469	578	4	8	33	16
建筑业	E	**1458374**	**33309**	**20734**	**98615**	**40990**
房屋建筑业	47	310789	5818	4107	20537	7648
住宅房屋建筑	471	260252	4893	3287	16812	6599
体育场馆建筑	472	703	19	7	62	12
其他房屋建筑业	479	49834	906	813	3663	1037
土木工程建筑业	48	305615	5497	4845	23755	8927
铁路、道路、隧道和桥梁工程建筑	481	111468	1136	1214	7971	3579
水利和水运工程建筑	482	16663	133	232	1108	577
海洋工程建筑	483	441	2	74	19	1
工矿工程建筑	484	5490	62	32	335	429
架线和管道工程建筑	485	22772	538	562	2180	769
节能环保工程施工	486	7962	162	130	373	258
电力工程施工	487	8470	267	140	507	246
其他土木工程建筑	489	132349	3197	2461	11262	3068
建筑安装业	49	206573	3541	4043	13155	5248
电气安装	491	55341	1406	1044	2648	1334
管道和设备安装	492	53610	1193	1103	4080	2141
其他建筑安装业	499	97622	942	1896	6427	1773
建筑装饰、装修和其他建筑业	50	635397	18453	7739	41168	19167
建筑装饰和装修业	501	473375	15942	6456	32176	12232
建筑物拆除和场地准备活动	502	31647	867	251	2962	1069
提供施工设备服务	503	10136	619	80	549	624
其他未列明建筑业	509	120239	1025	952	5481	5242
批发和零售业	F	**6980244**	**258428**	**84602**	**369369**	**170973**
批发业	51	3803192	103510	59799	190788	85876
农、林、牧、渔产品批发	511	155990	1914	1256	6916	2033
食品、饮料及烟草制品批发	512	377751	13771	4931	17278	6734

单位：个

内蒙古	辽宁	吉林	黑龙江	上海	江苏	浙江	安徽	福建	江西	山东	河南	代码
16	528	7	39	228	1025	1014	129	288	64	956	63	434
120	167	30	50	99	389	147	142	115	35	395	152	435
4	31	7	14	62	75	27	19	16	3	51	23	436
298	538	108	137	356	1709	499	589	339	271	1590	489	439
3088	**3014**	**1568**	**2184**	**221**	**5046**	**5672**	**5433**	**6417**	**4918**	**6641**	**4814**	**D**
2264	2264	1175	1633	83	2690	4050	3484	5196	3770	4208	2961	44
1475	1161	589	747	56	2048	3665	3204	4923	3508	2924	2193	441
113	149	58	135	11	340	226	186	189	194	404	411	442
676	954	528	751	16	302	159	94	84	68	880	357	443
252	227	142	204	28	438	302	257	171	223	714	509	45
233	211	125	182	27	407	295	230	156	205	657	470	451
19	16	17	22	1	31	7	27	15	18	57	39	452
572	523	251	347	110	1918	1320	1692	1050	925	1719	1344	46
322	256	155	203	35	854	548	1350	691	736	817	871	461
226	252	87	139	58	994	661	329	341	173	820	452	462
	2		1		2	4		2		22		463
24	13	9	4	17	68	107	13	16	16	60	21	469
28011	**36509**	**11265**	**13719**	**18472**	**158895**	**68111**	**71766**	**45254**	**34744**	**185128**	**83585**	**E**
4910	6060	2480	3142	2266	33136	10793	15536	13407	10196	36379	19449	47
3340	5139	2098	2653	1554	25235	9646	13797	12296	8578	29105	17591	471
8	9	6	9	40	83	19	23	37	32	116	48	472
1562	912	376	480	672	7818	1128	1716	1074	1586	7158	1810	479
9290	7788	2470	2753	3196	33045	15747	13937	8729	7789	41669	16669	48
2826	2508	961	1112	1046	11353	7233	5335	4079	3706	14642	6073	481
467	519	242	273	178	1629	935	865	657	497	1740	932	482
1	15			8	52	50	4	28	1	111	6	483
339	161	41	36	35	445	250	223	126	87	528	559	484
814	989	244	419	382	1966	1061	859	480	295	2613	1484	485
133	251	58	46	166	930	482	264	215	129	759	459	486
225	259	76	95	162	705	310	454	252	199	942	511	487
4485	3086	848	772	1219	15965	5426	5933	2892	2875	20334	6645	489
3874	6967	2075	2459	3947	28962	8292	9166	3924	3839	30962	8899	49
1036	2486	520	676	1315	7376	3010	2902	1259	856	4829	2643	491
1197	1767	522	581	1076	7420	2264	1855	948	674	8985	2403	492
1641	2714	1033	1202	1556	14166	3018	4409	1717	2309	17148	3853	499
9937	15694	4240	5365	9063	63752	33279	33127	19194	12920	76118	38568	50
7779	13018	3248	4275	7179	47819	26203	25399	14563	8974	47770	27656	501
863	871	98	250	224	2793	4553	1669	510	434	2882	1309	502
227	167	40	69	142	814	277	889	367	133	1131	587	503
1068	1638	854	771	1518	12326	2246	5170	3754	3379	24335	9016	509
90731	**166295**	**45812**	**64633**	**142459**	**667472**	**605269**	**243101**	**312978**	**132751**	**700833**	**405014**	**F**
42548	102948	19534	36736	99356	427497	359418	115089	178503	65690	427848	190040	51
4136	6149	2269	5456	1134	13499	5365	9840	4388	2865	17116	12462	511
4051	10659	2400	4182	9124	27858	20984	14607	25045	5641	49735	19254	512

2-1 续表 13 (2019年)

行业中类	代码	湖北	湖南	广东	广西	海南
铁路、船舶、航空航天等运输设备修理	434	129	48	757	97	70
电气设备修理	435	114	73	362	88	21
仪器仪表修理	436	30	14	159	12	5
其他机械和设备修理业	439	528	328	1817	271	56
电力、热力、燃气及水生产和供应业	D	**5403**	**6734**	**10087**	**3383**	**454**
电力、热力生产和供应业	44	3367	5071	7232	2464	285
电力生产	441	3042	4679	6603	2195	249
电力供应	442	215	312	395	221	30
热力生产和供应	443	110	80	234	48	6
燃气生产和供应业	45	357	271	566	183	42
燃气生产和供应业	451	320	256	532	169	40
生物质燃气生产和供应业	452	37	15	34	14	2
水的生产和供应业	46	1679	1392	2289	736	127
自来水生产和供应	461	1291	1142	1222	541	72
污水处理及其再生利用	462	375	237	1012	189	50
海水淡化处理	463		1	9		2
其他水的处理、利用与分配	469	13	12	46	6	3
建筑业	E	**74765**	**30987**	**126537**	**29991**	**11196**
房屋建筑业	47	17491	7359	20119	5544	1327
住宅房屋建筑	471	15024	6442	17450	4795	1015
体育场馆建筑	472	22	14	68	5	1
其他房屋建筑业	479	2445	903	2601	744	311
土木工程建筑业	48	17184	6827	18157	5096	1610
铁路、道路、隧道和桥梁工程建筑	481	7075	2822	4716	1803	340
水利和水运工程建筑	482	769	481	1194	338	90
海洋工程建筑	483	2	4	41	4	8
工矿工程建筑	484	259	133	270	90	27
架线和管道工程建筑	485	958	488	1415	394	113
节能环保工程施工	486	285	133	996	170	75
电力工程施工	487	450	160	491	204	57
其他土木工程建筑	489	7386	2606	9034	2093	900
建筑安装业	49	9059	3641	22020	2837	1628
电气安装	491	2488	1080	7025	937	523
管道和设备安装	492	2144	845	4464	575	330
其他建筑安装业	499	4427	1716	10531	1325	775
建筑装饰、装修和其他建筑业	50	31031	13160	66241	16514	6631
建筑装饰和装修业	501	19975	9059	55730	13766	5501
建筑物拆除和场地准备活动	502	1931	583	2518	536	443
提供施工设备服务	503	775	418	655	276	23
其他未列明建筑业	509	8350	3100	7338	1936	664
批发和零售业	F	**247953**	**140081**	**1039917**	**164010**	**25143**
批发业	51	114504	69944	605723	79964	11716
农、林、牧、渔产品批发	511	10506	5910	10421	5401	473
食品、饮料及烟草制品批发	512	13832	8982	46602	9547	2050

单位：个

重庆	四川	贵州	云南	西藏	陕西	甘肃	青海	宁夏	新疆	代码
91	54	15	26		56	17	6	3	5	434
62	135	42	53	4	111	32	17	53	50	435
11	20	4	5		43	3	1	8	9	436
285	414	174	183	15	451	119	40	75	143	439
2226	**5845**	**2169**	**2982**	**283**	**3223**	**1444**	**785**	**627**	**2110**	D
1335	3496	1384	1978	230	2093	1108	663	474	1598	44
1224	3254	1224	1791	136	1678	818	576	352	1096	441
96	200	137	173	83	178	57	33	32	100	442
15	42	23	14	11	237	233	54	90	402	443
222	760	212	248	13	375	111	41	58	210	45
216	745	188	235	12	358	103	41	54	205	451
6	15	24	13	1	17	8		4	5	452
669	1589	573	756	40	755	225	81	95	302	46
517	1203	412	564	34	470	160	50	45	184	461
146	372	156	179	5	268	60	30	47	113	462
					1					463
6	14	5	13	1	16	5	1	3	5	469
21726	**51219**	**23306**	**33365**	**7709**	**59942**	**13479**	**6265**	**6477**	**12303**	E
5260	15773	4552	6901	5399	15820	3651	1400	1502	2827	47
4746	13873	3987	5896	1868	14503	3165	1198	1193	2474	471
3	15	5	9	2	22	2	1	1	3	472
511	1885	560	996	3529	1295	484	201	308	350	479
2529	8533	4250	7969	1228	15710	3683	1835	1872	3026	48
945	3594	1904	3694	376	5673	1310	629	557	1256	481
84	411	198	445	39	703	313	122	162	330	482
	4				5				1	483
48	156	42	143	13	386	48	22	26	139	484
173	689	224	615	22	1090	220	134	257	325	485
109	342	66	215	6	580	59	19	28	64	486
82	376	133	301	16	497	118	73	37	125	487
1088	2961	1683	2556	756	6776	1615	836	805	786	489
2907	6067	2713	3045	186	7810	1783	680	807	2037	49
864	1840	622	864	32	2343	320	171	286	606	491
826	1563	458	487	40	2176	540	179	232	542	492
1217	2664	1633	1694	114	3291	923	330	289	889	499
11030	20846	11791	15450	896	20602	4362	2350	2296	4413	50
8505	15056	8107	11391	583	14741	3484	1527	1857	3404	501
205	577	435	674	11	1376	172	177	107	297	502
215	242	116	133	15	327	63	34	42	87	503
2105	4971	3133	3252	287	4158	643	612	290	625	509
169301	**185651**	**95686**	**146904**	**5999**	**139833**	**48421**	**18074**	**28280**	**64271**	F
69056	98349	36901	65907	2004	60962	21616	7517	13803	40046	51
5142	5370	1785	5300	100	3405	1815	286	739	2539	511
9986	15644	6565	10996	277	7306	2897	1134	1371	4308	512

2-1 续表 14 (2019年)

行业中类	代码	企业单位数	北京	天津	河北	山西
纺织、服装及家庭用品批发	513	616913	12420	4937	22189	4923
文化、体育用品及器材批发	514	146110	6359	2049	6768	2097
医药及医疗器材批发	515	127519	6657	1637	7322	2492
矿产品、建材及化工产品批发	516	1055709	22689	20905	64365	35411
机械设备、五金产品及电子产品批发	517	882725	32063	16247	44118	25038
贸易经纪与代理	518	136840	2554	2428	7129	1187
其他批发业	519	303635	5083	5409	14703	5961
零售业	52	3177052	154918	24803	178581	85097
综合零售	521	360918	11829	2359	30648	14169
食品、饮料及烟草制品专门零售	522	318657	21158	2340	13040	7957
纺织、服装及日用品专门零售	523	364831	25807	2382	19173	6454
文化、体育用品及器材专门零售	524	186446	16603	1583	9062	4559
医药及医疗器材专门零售	525	236613	5171	2599	15915	6576
汽车、摩托车、零配件和燃料及其他动力销售	526	348563	8053	3672	26034	10603
家用电器及电子产品专门零售	527	391923	22937	2528	16368	9898
五金、家具及室内装饰材料专门零售	528	469835	26183	4141	26185	15796
货摊、无店铺及其他零售业	529	499266	17177	3199	22156	9085
交通运输、仓储和邮政业	**G**	**619744**	**17788**	**14126**	**32205**	**16470**
铁路运输业	53	1238	18	17	60	90
铁路旅客运输	531	190	5	3	5	1
铁路货物运输	532	766	11	10	38	68
铁路运输辅助活动	533	282	2	4	17	21
道路运输业	54	393818	11262	5718	24350	12579
城市公共交通运输	541	15042	307	95	670	420
公路旅客运输	542	10122	97	115	434	230
道路货物运输	543	348093	9649	5306	21839	11156
道路运输辅助活动	544	20561	1209	202	1407	773
水上运输业	55	14306	50	293	405	26
水上旅客运输	551	1398	2	6	60	17
水上货物运输	552	8480	24	158	122	3
水上运输辅助活动	553	4428	24	129	223	6
航空运输业	56	2997	211	74	104	91
航空客货运输	561	1010	57	19	24	21
通用航空服务	562	1118	81	20	55	44
航空运输辅助活动	563	869	73	35	25	26
管道运输业	57	371	8	12	11	12
海底管道运输	571	24	1			
陆地管道运输	572	347	7	12	11	12
多式联运和运输代理业	58	110834	3294	5523	3147	1133
多式联运	581	3008	5	35	218	41
运输代理业	582	107826	3289	5488	2929	1092
装卸搬运和仓储业	59	69855	2310	2201	3497	2133
装卸搬运	591	29461	534	426	1509	1113
通用仓储	592	11604	949	708	476	320

单位：个

内蒙古	辽宁	吉林	黑龙江	上海	江苏	浙江	安徽	福建	江西	山东	河南	代码
1828	9599	1181	2433	15483	73119	118887	11345	51879	6458	53384	21684	513
801	2700	571	872	3892	12779	21471	3261	7315	1574	16686	6812	514
1423	4023	1755	2373	3906	10103	8185	5542	3344	4765	12933	8890	515
17608	32817	4736	9989	25383	120446	78892	35138	35917	22865	129593	60059	516
9204	23413	4203	7276	30624	121652	66432	21819	28427	9311	96842	43511	517
989	6287	688	1350	4004	11500	12483	2848	11491	5606	11940	3008	518
2508	7301	1731	2805	5806	36541	26719	10689	10697	6605	39619	14360	519
48183	63347	26278	27897	43103	239975	245851	128012	134475	67061	272985	214974	52
8464	5213	2253	2402	3590	30210	8666	19078	6712	8256	44523	40289	521
4598	7048	2767	2627	5155	20626	16303	14931	16099	5056	27887	20973	522
2906	6585	1710	1721	6950	31377	35624	11715	22854	5832	27855	19876	523
2206	3065	959	871	3523	17571	11513	6340	7666	3041	16689	13811	524
4677	10364	4380	7219	2365	17191	13070	9353	6147	5994	18044	14830	525
7743	8970	5887	5002	3819	22465	17219	16759	10508	9639	31735	26139	526
5271	6614	2589	2573	4793	26193	16621	14562	8758	7800	26992	28355	527
8103	8997	2797	2784	7781	33615	25079	20573	15018	9749	39651	31976	528
4215	6491	2936	2698	5127	40727	101756	14701	40713	11694	39609	18725	529
11597	**21077**	**5821**	**8765**	**17919**	**64623**	**38722**	**25319**	**19446**	**18593**	**65576**	**26134**	G
103	27	15	24	8	127	28	21	39	23	141	51	53
3	5	3	5	3	9	5	6	5	6	19	10	531
86	18	9	16	3	74	13	12	27	12	87	26	532
14	4	3	3	2	44	10	3	7	5	35	15	533
8425	12730	3685	5500	5174	45830	23846	18755	11081	15400	42401	18586	54
363	659	289	550	207	639	596	392	383	298	3316	715	541
184	463	162	363	84	596	517	400	429	331	478	542	542
7458	11078	3010	4272	4654	43423	21538	17031	9590	14204	37012	15925	543
420	530	224	315	229	1172	1195	932	679	567	1595	1404	544
15	524	16	69	385	2027	1405	1121	1179	295	1384	194	55
6	64	10	24	13	54	96	47	52	27	169	27	551
5	241	5	28	250	1212	911	898	735	221	593	126	552
4	219	1	17	122	761	398	176	392	47	622	41	553
101	147	29	49	80	157	176	50	122	34	223	73	56
20	38	12	18	50	61	69	6	46	8	65	11	561
38	50	9	20	8	56	73	27	33	16	86	39	562
43	59	8	11	22	40	34	17	43	10	72	23	563
10	8	6		73	21	7	7	7	4	50	22	57
1	2	2			1	3	1		1	5	1	571
9	6	4		73	20	4	6	7	3	45	21	572
770	4183	295	620	8932	8917	8512	1622	4338	602	13105	2124	58
8	44	18	36	76	486	48	88	132	40	534	144	581
762	4139	277	584	8856	8431	8464	1534	4206	562	12571	1980	582
1761	2437	1316	1998	2413	6367	3124	2780	1714	1407	6991	3894	59
966	683	167	488	308	3503	1517	1188	801	699	2811	1358	591
164	584	113	137	1081	912	623	266	307	97	871	482	592

2-1 续表 15 (2019年)

行业中类	代码	湖北	湖南	广东	广西	海南
纺织、服装及家庭用品批发	513	12119	6886	144219	7158	1577
文化、体育用品及器材批发	514	3345	2126	30752	2110	427
医药及医疗器材批发	515	4663	3463	11383	3089	599
矿产品、建材及化工产品批发	516	36972	21136	105633	28571	3385
机械设备、五金产品及电子产品批发	517	22217	13787	161782	14933	1801
贸易经纪与代理	518	2070	2330	34141	4511	544
其他批发业	519	8780	5324	60790	4644	860
零售业	52	133449	70137	434194	84046	13427
综合零售	521	21091	7847	18082	12321	1285
食品、饮料及烟草制品专门零售	522	14251	8952	29963	9673	1769
纺织、服装及日用品专门零售	523	12613	6798	66944	6736	1352
文化、体育用品及器材专门零售	524	6581	3200	26093	4317	964
医药及医疗器材专门零售	525	9773	7264	21747	9892	748
汽车、摩托车、零配件和燃料及其他动力销售	526	15103	10920	35650	10875	1286
家用电器及电子产品专门零售	527	16424	7732	90621	11280	2007
五金、家具及室内装饰材料专门零售	528	19224	9433	66068	12354	2792
货摊、无店铺及其他零售业	529	18389	7991	79026	6598	1224
交通运输、仓储和邮政业	**G**	**24911**	**13068**	**77020**	**15391**	**2511**
铁路运输业	53	51	18	95	49	2
铁路旅客运输	531	24	5	26	12	1
铁路货物运输	532	12	8	51	28	1
铁路运输辅助活动	533	15	5	18	9	
道路运输业	54	16584	8850	34638	10063	1231
城市公共交通运输	541	587	555	870	360	84
公路旅客运输	542	793	444	753	325	96
道路货物运输	543	14234	7183	31382	8778	998
道路运输辅助活动	544	970	668	1633	600	53
水上运输业	55	721	392	2008	646	206
水上旅客运输	551	113	105	136	50	27
水上货物运输	552	383	203	1269	456	135
水上运输辅助活动	553	225	84	603	140	44
航空运输业	56	89	52	430	71	48
航空客货运输	561	28	11	197	23	17
通用航空服务	562	34	27	135	33	19
航空运输辅助活动	563	27	14	98	15	12
管道运输业	57	15	8	22	6	4
海底管道运输	571	1		2	1	1
陆地管道运输	572	14	8	20	5	3
多式联运和运输代理业	58	2931	1329	28107	2097	517
多式联运	581	286	23	290	98	11
运输代理业	582	2645	1306	27817	1999	506
装卸搬运和仓储业	59	3114	1479	7614	1713	279
装卸搬运	591	1699	728	4494	798	87
通用仓储	592	392	159	999	245	35

单位：个

重庆	四川	贵州	云南	西藏	陕西	甘肃	青海	宁夏	新疆	代码
5273	8483	4045	4746	133	4559	1436	502	802	3226	513
1586	2414	946	1894	117	1776	801	406	309	1094	514
2968	5259	1122	3038	189	2772	1344	329	581	1370	515
24115	32934	13295	22691	702	19223	8067	2809	5801	13562	516
14901	20377	5550	10411	279	17427	3765	1255	3144	10916	517
996	1422	599	2188	39	1018	219	84	275	912	518
4089	6446	2994	4643	168	3476	1272	712	781	2119	519
100245	87302	58785	80997	3995	78871	26805	10557	14477	24225	52
10362	6196	7787	14737	650	9610	3867	1769	2835	3818	521
15015	11470	8196	12247	566	9685	2888	1654	1538	2225	522
11181	8372	4446	6276	249	6076	1760	684	821	1702	523
4688	4066	2369	5523	414	4580	1624	949	761	1255	524
6018	13337	5271	5816	249	6416	2631	535	793	2228	525
9562	11399	9329	11425	437	7797	3189	1186	2074	4084	526
12911	11553	6703	7875	483	11976	3367	1114	1868	3157	527
20718	12477	10191	10656	481	14928	4600	1502	2438	3545	528
9790	8432	4493	6442	466	7803	2879	1164	1349	2211	529
12532	**18871**	**8157**	**11706**	**569**	**12278**	**4206**	**1661**	**3468**	**9214**	**G**
19	52	9	18		53	11	9	11	49	53
4	5	1	4		4	3	1	2	5	531
12	35	8	9		38	7	3	5	39	532
3	12		5		11	1	5	4	5	533
8320	13226	5776	7605	363	8863	2700	1209	2546	6522	54
195	608	399	346	32	429	242	71	92	273	541
172	537	385	320	41	299	178	70	72	212	542
7541	11237	4513	6347	249	7522	2000	953	2298	5713	543
412	844	479	592	41	613	280	115	84	324	544
368	302	112	111		21	11	5	9	6	55
34	102	69	60		12	6	4	3	3	551
278	146	30	36		4		1	5	2	552
56	54	13	15		5	5		1	1	553
76	118	54	107	14	93	27	10	18	69	56
24	45	20	58	9	23	9	1	4	16	561
34	41	18	26	1	39	13	5	10	28	562
18	32	16	23	4	31	5	4	4	25	563
3	7	6	9		10	4			19	57
									1	571
3	7	6	9		10	4			18	572
1766	1971	476	1539	39	928	357	166	315	1179	58
116	31	27	54		39	5	10	18	47	581
1650	1940	449	1485	39	889	352	156	297	1132	582
1305	2140	840	1137	69	1657	721	188	294	962	59
656	846	353	546	17	419	193	76	176	302	591
296	431	151	140	10	309	104	20	21	202	592

2-1 续表 16 (2019年)

行业中类	代码	企业单位数	北京	天津	河北	山西
低温仓储	593	3396	36	48	105	95
危险品仓储	594	726	8	20	28	13
谷物、棉花等农产品仓储	595	10022	107	48	556	306
中药材仓储	596	126	2	2		2
其他仓储业	599	14520	674	949	823	284
邮政业	60	26325	635	288	631	406
邮政基本服务	601	1182	11	28	21	14
快递服务	602	24658	592	247	602	379
其他寄递服务	609	485	32	13	8	13
住宿和餐饮业	**H**	**446998**	**32094**	**5106**	**15796**	**9991**
住宿业	61	130969	5290	1091	4272	3134
旅游饭店	611	35880	1507	254	1053	600
一般旅馆	612	77599	3040	658	2596	1960
民宿服务	613	5435	270	42	143	153
露营地服务	614	142	6		6	3
其他住宿业	619	11913	467	137	474	418
餐饮业	62	316029	26804	4015	11524	6857
正餐服务	621	250408	20726	3051	9595	5806
快餐服务	622	19972	2293	309	761	308
饮料及冷饮服务	623	9425	905	63	140	78
餐饮配送及外卖送餐服务	624	7637	259	206	248	117
其他餐饮业	629	28587	2621	386	780	548
信息传输、软件和信息技术服务业	**I**	**1039712**	**68446**	**17886**	**42106**	**24985**
电信、广播电视和卫星传输服务	63	25225	1483	316	819	839
电信	631	21892	1275	290	676	715
广播电视传输服务	632	2863	154	23	123	114
卫星传输服务	633	470	54	3	20	10
互联网和相关服务	64	135270	7352	1416	5339	4019
互联网接入及相关服务	641	14222	516	170	515	615
互联网信息服务	642	67391	3021	604	2975	1217
互联网平台	643	12572	1513	149	321	245
互联网安全服务	644	1361	142	38	32	23
互联网数据服务	645	6598	871	74	86	1279
其他互联网服务	649	33126	1289	381	1410	640
软件和信息技术服务业	65	879217	59611	16154	35948	20127
软件开发	651	532077	32658	10861	24086	12586
集成电路设计	652	13296	280	71	539	146
信息系统集成和物联网技术服务	653	50978	3453	558	2433	1885
运行维护服务	654	7742	1110	100	221	153
信息处理和存储支持服务	655	6083	537	107	215	93
信息技术咨询服务	656	191703	16931	3023	6043	3635
数字内容服务	657	14762	723	186	285	157
其他信息技术服务业	659	62576	3919	1248	2126	1472

单位：个

内蒙古	辽宁	吉林	黑龙江	上海	江苏	浙江	安徽	福建	江西	山东	河南	代码
59	238	55	74	62	105	91	290	54	25	967	286	593
7	39	3	4	22	102	66	8	31	6	74	23	594
365	544	832	1099	36	441	143	578	163	365	792	1100	595
6	4	2	4	1	3	1	33	4	2	9	7	596
194	345	144	192	903	1301	683	417	354	213	1467	638	599
412	1021	459	505	854	1177	1624	963	966	828	1281	1190	60
43	35	21	32	7	54	33	49	27	42	65	87	601
355	970	431	472	824	1104	1577	897	922	782	1192	1091	602
14	16	7	1	23	19	14	17	17	4	24	12	609
4371	**8348**	**2418**	**2475**	**19744**	**28130**	**27925**	**17251**	**14678**	**7325**	**34071**	**21222**	**H**
1965	3315	953	1032	4616	6559	9964	4465	5104	2931	7353	6381	61
689	773	329	305	711	1557	2304	1220	1642	895	2238	1802	611
1007	2181	482	620	3525	4117	6215	2694	2802	1594	3988	3921	612
43	103	20	7	159	145	1193	146	250	88	200	70	613
4	3	2	2	4	8	12	7	4	4	9	6	614
222	255	120	98	217	732	240	398	406	350	918	582	619
2406	5033	1465	1443	15128	21571	17961	12786	9574	4394	26718	14841	62
2132	3850	1137	1089	10194	16369	13932	10488	7034	3650	20308	12337	621
97	453	92	145	1491	1564	1288	735	535	142	2699	1144	622
20	130	39	21	1188	502	818	185	483	93	330	103	623
71	180	77	80	245	634	488	214	413	151	646	261	624
86	420	120	108	2010	2502	1435	1164	1109	358	2735	996	629
9488	**27158**	**5828**	**9683**	**25138**	**97542**	**80362**	**34069**	**46247**	**18918**	**80487**	**55892**	**I**
688	951	293	605	454	1400	974	954	631	464	1293	1170	63
616	782	247	533	369	1218	833	769	562	405	1157	959	631
63	159	42	67	51	153	129	180	55	56	120	191	632
9	10	4	5	34	29	12	5	14	3	16	20	633
1714	2083	894	1016	2750	11315	6811	6317	8267	2815	12303	7349	64
209	330	147	139	273	850	379	563	857	293	1425	713	641
793	1040	422	436	943	6956	4036	3142	4226	1489	6294	3658	642
321	141	73	112	545	638	906	306	627	152	1020	392	643
37	25	5	9	68	87	87	62	73	14	77	75	644
130	51	22	29	232	289	274	637	180	63	316	158	645
224	496	225	291	689	2495	1129	1607	2304	804	3171	2353	649
7086	24124	4641	8062	21934	84827	72577	26798	37349	15639	66891	47373	65
3235	17819	2893	5454	10972	52269	52681	14067	19709	8037	34455	29671	651
33	108	18	36	449	2572	365	457	700	202	1709	724	652
763	784	238	380	1322	4905	2566	1546	3107	1125	4344	2053	653
404	100	29	55	348	609	337	239	346	88	667	253	654
72	133	31	49	224	647	462	193	342	118	444	210	655
1800	3988	1106	1528	6072	15517	12398	7415	9033	4441	16349	10332	656
147	328	77	98	389	1241	806	682	530	192	1096	1106	657
632	864	249	462	2158	7067	2962	2199	3582	1436	7827	3024	659

2-1 续表 17 (2019年)

行业中类	代码	湖北	湖南	广东	广西	海南
低温仓储	593	50	56	107	37	19
危险品仓储	594	18	32	95	14	1
谷物、棉花等农产品仓储	595	340	175	295	286	35
中药材仓储	596	6	2	8	1	
其他仓储业	599	609	327	1616	332	102
邮政业	60	1406	940	4106	746	224
邮政基本服务	601	62	59	125	37	5
快递服务	602	1330	875	3880	688	208
其他寄递服务	609	14	6	101	21	11
住宿和餐饮业	**H**	**18129**	**11307**	**55504**	**10170**	**3241**
住宿业	61	5585	4001	14802	3912	1637
旅游饭店	611	1446	1237	4136	1534	827
一般旅馆	612	3192	2287	8805	1832	527
民宿服务	613	350	101	348	191	74
露营地服务	614	4	4	11	1	
其他住宿业	619	593	372	1502	354	209
餐饮业	62	12544	7306	40702	6258	1604
正餐服务	621	10847	6089	30259	4504	1256
快餐服务	622	470	294	2788	505	39
饮料及冷饮服务	623	214	244	1624	140	107
餐饮配送及外卖送餐服务	624	164	171	1520	363	66
其他餐饮业	629	849	508	4511	746	136
信息传输、软件和信息技术服务业	**I**	**49494**	**23719**	**172281**	**23035**	**6357**
电信、广播电视和卫星传输服务	63	1104	961	4170	581	298
电信	631	949	687	3762	544	264
广播电视传输服务	632	131	256	325	23	28
卫星传输服务	633	24	18	83	14	6
互联网和相关服务	64	5859	3975	21758	3109	1376
互联网接入及相关服务	641	688	306	2490	466	171
互联网信息服务	642	3203	2041	10207	1466	603
互联网平台	643	537	651	1778	276	167
互联网安全服务	644	38	27	201	32	19
互联网数据服务	645	180	67	878	92	46
其他互联网服务	649	1213	883	6204	777	370
软件和信息技术服务业	65	42531	18783	146353	19345	4683
软件开发	651	27137	9775	88816	11106	2799
集成电路设计	652	578	150	2424	397	73
信息系统集成和物联网技术服务	653	2865	1910	6242	1047	414
运行维护服务	654	287	117	916	207	40
信息处理和存储支持服务	655	226	142	950	139	23
信息技术咨询服务	656	8795	5156	32741	4728	867
数字内容服务	657	579	432	4048	284	81
其他信息技术服务业	659	2064	1101	10216	1437	386

单位：个

重庆	四川	贵州	云南	西藏	陕西	甘肃	青海	宁夏	新疆	代码
24	70	30	58	1	208	63	4	15	64	593
16	20	14	16	1	13	4	2	4	22	594
37	281	103	85	22	386	251	39	34	178	595
1	9	2		2	3	5	1		4	596
275	483	187	292	16	319	101	46	44	190	599
675	1055	884	1180	84	653	375	74	275	408	60
53	38	27	43	25	34	47	12	9	37	601
609	1002	849	1122	58	596	323	59	258	364	602
13	15	8	15	1	23	5	3	8	7	609
24723	**17149**	**17124**	**14466**	**961**	**11335**	**5274**	**2229**	**1687**	**2754**	H
6116	6419	5097	5293	636	4129	2176	973	583	1185	61
1831	1701	1143	1270	253	1125	597	237	171	493	611
3245	4047	3302	3299	273	2568	1331	582	364	545	612
625	159	162	185	7	121	35	22	7	16	613
3	15	4	5		2	7	3		3	614
412	497	486	534	103	313	206	129	41	128	619
18607	10730	12027	9173	325	7206	3098	1256	1104	1569	62
16447	8717	10633	7708	249	6075	2661	1114	948	1203	621
542	355	200	188	5	245	123	20	38	104	622
387	780	249	277	22	165	75	13	14	16	623
187	163	146	210	6	140	62	31	31	87	624
1044	715	799	790	43	581	177	78	73	159	629
23844	**32183**	**9263**	**16634**	**1025**	**20699**	**3676**	**2178**	**2750**	**8339**	I
601	934	396	502	227	1202	290	169	101	355	63
544	823	345	434	222	1097	265	161	89	300	631
50	93	48	58	4	88	19	4	10	46	632
7	18	3	10	1	17	6	4	2	9	633
2812	3452	2172	2245	100	3819	967	329	464	1073	64
234	355	198	297	9	569	172	69	64	140	641
1440	1753	999	1119	37	2056	342	140	212	521	642
265	405	222	230	11	290	85	26	51	117	643
46	39	17	16		34	11	1	7	19	644
121	134	124	61	4	88	21	7	12	72	645
706	766	612	522	39	782	336	86	118	204	649
20431	27797	6695	13887	698	15678	2419	1680	2185	6911	65
14213	19516	3672	8666	271	9295	1103	787	1124	2344	651
337	276	72	188	4	177	9	58	71	73	652
818	1978	373	1079	101	1271	224	176	192	826	653
194	243	122	152	14	155	44	35	48	109	654
116	191	89	88	1	112	17	14	27	71	655
3554	4106	1506	2688	193	3388	779	372	513	2706	656
262	344	104	107	9	354	35	13	12	55	657
937	1143	757	919	105	926	208	225	198	727	659

2-1 续表 18 (2019年)

行业中类	代码	企业单位数	北京	天津	河北	山西
金融业	J	**129926**	**6910**	**5057**	**4049**	**2431**
货币金融服务	66	37345	983	3577	1475	1147
中央银行服务	661	71			3	2
货币银行服务	662	11140	123	284	473	364
非货币银行服务	663	26058	857	3293	991	780
银行理财服务	664	62	3		8	1
银行监管服务	665	14				
资本市场服务	67	59617	4444	1141	949	231
证券市场服务	671	624	30	9	17	5
公开募集证券投资基金	672	1109	32	3	36	
非公开募集证券投资基金	673	13308	482	238	74	61
期货市场服务	674	604	22	9	10	2
证券期货监管服务	675	22		1	1	
资本投资服务	676	22162	2290	490	660	140
其他资本市场服务	679	21788	1588	391	151	23
保险业	68	17602	812	177	1025	526
人身保险	681	5790	88	40	296	170
财产保险	682	6093	69	24	298	212
再保险	683	22	8	1		
商业养老金	684	241	9	3	13	4
保险中介服务	685	3284	380	60	271	96
保险资产管理	686	73	13		4	1
其他保险活动	689	2099	245	49	143	43
其他金融业	69	15362	671	162	600	527
金融信托与管理服务	691	1541	24	18	81	62
控股公司服务	692	2516	126	14	13	11
非金融机构支付服务	693	286	58	3	14	4
金融信息服务	694	3829	216	7	159	214
金融资产管理公司	695	586	17	8	24	8
其他未列明金融业	699	6604	230	112	309	228
房地产业	K	**806707**	**24986**	**11451**	**46652**	**19938**
房地产业	70	806707	24986	11451	46652	19938
房地产开发经营	701	231702	3850	2195	16449	6082
物业管理	702	253488	9000	4111	14715	7995
房地产中介服务	703	228643	5679	3408	14051	3746
房地产租赁经营	704	78203	5774	1547	1154	1979
其他房地产业	709	14671	683	190	283	136
租赁和商务服务业	L	**2553784**	**160571**	**40561**	**106274**	**52632**
租赁业	71	252245	11342	4226	15408	8241
机械设备经营租赁	711	244706	10594	4157	15215	8081
文体设备和用品出租	712	6670	672	57	181	138
日用品出租	713	869	76	12	12	22
商务服务业	72	2301539	149229	36335	90866	44391
组织管理服务	721	384476	30951	5479	9863	4145
综合管理服务	722	65120	1688	1478	2630	1308

单位：个

内蒙古	辽宁	吉林	黑龙江	上海	江苏	浙江	安徽	福建	江西	山东	河南	代码
1668	**3416**	**1257**	**1391**	**9060**	**5712**	**15428**	**3204**	**3756**	**1640**	**8054**	**2656**	**J**
972	1940	672	684	1099	1805	1625	1160	1319	722	2205	1091	66
2	3	1	1	1	11		5	3	3	16	4	661
349	456	263	293	256	539	495	373	381	374	732	546	662
620	1478	408	390	842	1249	1126	780	931	344	1448	538	663
1	2				3	2	2	3		6	3	664
	1				3	2		1	1	3		665
130	367	177	130	6855	2199	11850	691	1312	337	3076	303	67
7	10	3	3	40	38	16	16	29	6	27	8	671
2	7	15	16	66	46	32	25	16	12	113	15	672
39	80	53	31	4895	266	1553	48	384	72	1094	30	673
1	21	3	5	59	75	13	4	18	12	82	12	674
			1		2	2		6		4	1	675
45	173	72	59	1171	1143	2184	252	609	160	1129	178	676
36	76	31	15	624	629	8050	346	250	75	627	59	679
436	774	290	460	487	1036	792	774	504	393	1554	950	68
152	297	115	188	62	426	250	276	158	155	489	394	681
217	275	117	172	76	330	286	262	186	160	519	351	682
				6						2	1	683
4	10	5	6	8	16	10	12	11	6	21	10	684
43	141	40	49	219	181	183	89	101	39	325	94	685
	1		2	11	3	4		8	1	11	1	686
20	50	13	43	105	80	59	135	40	32	187	99	689
130	335	118	117	619	672	1161	579	621	188	1219	312	69
5	7	16	6	17	79	146	38	49	28	84	34	691
6	11	2	4	34	84	340	30	14	10	85	16	692
3	2	2	2	48	15	20	8	10	2	12	1	693
20	44	25	14	425	212	275	247	187	63	271	119	694
4	6	6	1	23	20	24	15	49	4	161	7	695
92	265	67	90	72	262	356	241	312	81	606	135	699
13156	**22034**	**7211**	**9223**	**21960**	**66694**	**53918**	**27919**	**21712**	**15860**	**61767**	**46894**	**K**
13156	22034	7211	9223	21960	66694	53918	27919	21712	15860	61767	46894	70
4158	6671	2708	2973	3946	15301	12611	7988	6677	6221	18362	16916	701
5239	8024	2579	3922	5858	20311	10912	9023	6506	4530	22435	15790	702
3027	5359	1505	1790	5862	24184	20379	8583	5756	3985	17029	11260	703
661	1750	351	444	6004	5876	9377	1865	2309	826	2756	2265	704
71	230	68	94	290	1022	639	460	464	298	1185	663	709
34019	**58938**	**15321**	**21386**	**73006**	**216855**	**167370**	**96015**	**95932**	**56767**	**217221**	**122904**	**L**
5338	5266	1991	3520	2911	16070	12626	11514	7202	5840	23750	16136	71
5204	5097	1941	3485	2667	15630	12082	11327	6913	5747	23234	15801	711
122	145	43	30	200	365	480	160	252	87	477	294	712
12	24	7	5	44	75	64	27	37	6	39	41	713
28681	53672	13330	17866	70095	200785	154744	84501	88730	50927	193471	106768	72
2622	7978	1320	2022	14638	36023	40594	10627	17682	10259	23037	8007	721
1074	2421	561	772	1954	7966	5179	2048	2875	858	5042	2376	722

2-1 续表 19 (2019年)

行业中类	代码	湖北	湖南	广东	广西	海南
金融业	J	**2778**	**1904**	**29688**	**2759**	**645**
货币金融服务	66	1161	786	4806	782	316
中央银行服务	661		2	1		
货币银行服务	662	371	437	763	307	112
非货币银行服务	663	788	346	4034	473	204
银行理财服务	664	1	1	6	2	
银行监管服务	665	1		2		
资本市场服务	67	732	457	18868	697	161
证券市场服务	671	8	16	258	9	4
公开募集证券投资基金	672	15	53	477	19	24
非公开募集证券投资基金	673	162	179	2551	43	8
期货市场服务	674	8	7	43	46	6
证券期货监管服务	675			2		
资本投资服务	676	350	146	8207	283	79
其他资本市场服务	679	189	56	7330	297	40
保险业	68	593	529	1764	427	115
人身保险	681	258	238	487	141	32
财产保险	682	236	219	450	217	44
再保险	683	1		3		
商业养老金	684	8	9	22	8	3
保险中介服务	685	66	37	431	45	25
保险资产管理	686	2		7	1	
其他保险活动	689	22	26	364	15	11
其他金融业	69	292	132	4250	853	53
金融信托与管理服务	691	33	30	528	64	6
控股公司服务	692	35	6	1127	484	3
非金融机构支付服务	693	5	3	28	10	6
金融信息服务	694	48	15	809	82	16
金融资产管理公司	695	10	2	115	5	2
其他未列明金融业	699	161	76	1643	208	20
房地产业	K	**34770**	**20903**	**122983**	**25982**	**12238**
房地产业	70	34770	20903	122983	25982	12238
房地产开发经营	701	10243	8853	26652	9053	4003
物业管理	702	12105	6584	40567	5177	2052
房地产中介服务	703	9219	4378	33839	8896	5193
房地产租赁经营	704	2444	829	18116	1895	736
其他房地产业	709	759	259	3809	961	254
租赁和商务服务业	L	**108013**	**59327**	**401805**	**72754**	**17743**
租赁业	71	10970	7404	26511	6964	2342
机械设备经营租赁	711	10668	7188	25359	6745	2261
文体设备和用品出租	712	266	194	1030	201	78
日用品出租	713	36	22	122	18	3
商务服务业	72	97043	51923	375294	65790	15401
组织管理服务	721	9901	7954	83412	14024	2616
综合管理服务	722	2092	1725	8729	1803	380

单位：个

重庆	四川	贵州	云南	西藏	陕西	甘肃	青海	宁夏	新疆	代码
1885	**3256**	**1466**	**2813**	**311**	**2338**	**981**	**338**	**741**	**2334**	J
959	1066	736	1076	106	977	572	221	376	929	66
3							1	6	3	661
532	500	303	382	64	319	262	96	98	293	662
420	562	431	691	42	657	310	123	271	631	663
4	4	2	3		1		1	1	2	664
										665
549	797	281	1099	156	469	58	20	192	889	67
11	18	5	11	1	9	2		3	5	671
24	35		7	1	9		1	3	5	672
116	460	69	69	7	172	17	9	11	35	673
95	5	1	12		23	1	1	3	5	674
			1	1						675
98	189	128	809	33	165	17	3	135	765	676
205	90	78	190	113	91	21	6	37	74	679
240	865	274	493	40	525	300	52	92	303	68
87	359	73	130	6	172	90	14	34	113	681
70	318	129	213	30	197	182	34	42	158	682
										683
4	12	3	6		6	6	1	2	3	684
58	107	19	59	2	81	10	2	12	19	685
			2					1		685
21	69	50	83	2	69	12	1	1	10	689
137	528	175	145	9	367	51	45	81	213	69
9	56	24	6	1	57	4	1	17	11	691
6	14	1	7	1	10	1	2	3	16	692
9	5	2	4		4	1		2	3	693
4	116	30	28	1	138	3	1	18	22	694
	18	6	3	1	32	2	3	4	6	695
109	319	112	97	5	126	40	38	37	155	699
17858	**26526**	**12888**	**17606**	**627**	**20544**	**6805**	**2917**	**2856**	**9829**	K
17858	26526	12888	17606	627	20544	6805	2917	2856	9829	70
3582	9146	5505	6274	173	7018	2546	746	883	3917	701
4515	7442	3673	5051	189	7107	2458	1175	1145	3298	702
8373	7591	2558	4776	99	4091	1155	704	612	1556	703
1077	1994	846	1291	143	1887	581	269	200	957	704
311	353	306	214	23	441	65	23	16	101	709
62839	**88133**	**37905**	**51289**	**5121**	**52242**	**16552**	**10885**	**10815**	**22589**	L
9547	10521	4926	6259	589	6349	2900	1276	1857	2449	71
9289	10097	4797	6099	579	6133	2841	1253	1823	2399	711
234	380	103	135	8	189	52	23	30	44	712
24	44	26	25	2	27	7		4	6	713
53292	77612	32979	45030	4532	45893	13652	9609	8958	20140	72
4417	12780	4247	7336	1743	4228	816	636	781	4338	721
1816	2882	763	1765	89	1178	436	221	279	732	722

2-1 续表 20 (2019年)

行业中类	代码	企业单位数	北京	天津	河北	山西
法律服务	723	36592	490	273	1720	567
咨询与调查	724	774875	61617	15626	28911	14997
广告业	725	403165	18771	4634	20519	9520
人力资源服务	726	216339	5859	3640	10725	4865
安全保护服务	727	31108	1006	472	1504	827
会议、展览及相关服务	728	67112	15313	1058	3007	1902
其他商务服务业	729	322752	13534	3675	11987	6260
科学研究和技术服务业	**M**	**1255369**	**134364**	**28015**	**54982**	**24076**
研究和试验发展	73	193241	5953	2785	8224	1803
自然科学研究和试验发展	731	10513	178	164	605	48
工程和技术研究和试验发展	732	138906	2568	1944	5329	1319
农业科学研究和试验发展	733	14101	296	131	1005	212
医学研究和试验发展	734	27882	2816	536	1261	209
社会人文科学研究	735	1839	95	10	24	15
专业技术服务业	74	557766	41411	8139	17575	10990
气象服务	741	1257	41	19	58	24
地震服务	742	258	20	1	20	4
海洋服务	743	896	23	56	19	3
测绘地理信息服务	744	12532	275	115	924	407
质检技术服务	745	45124	1954	861	2207	1246
环境与生态监测检测服务	746	11285	279	181	724	392
地质勘查	747	7414	261	58	459	390
工程技术与设计服务	748	259465	16073	2899	7608	5411
工业与专业设计及其他专业技术服务	749	219535	22485	3949	5556	3113
科技推广和应用服务业	75	504362	87000	17091	29183	11283
技术推广服务	751	395506	71799	14811	22599	9433
知识产权服务	752	23726	2699	343	947	327
科技中介服务	753	11510	970	228	799	185
创业空间服务	754	6939	506	309	421	332
其他科技推广服务业	759	66681	11026	1400	4417	1006
水利、环境和公共设施管理业	**N**	**136261**	**6221**	**1466**	**8336**	**4612**
水利管理业	76	5945	104	39	262	251
防洪除涝设施管理	761	781	5	2	24	25
水资源管理	762	1659	39	10	70	66
天然水收集与分配	763	530	7	5	11	25
水文服务	764	246	6	1	16	13
其他水利管理业	769	2729	47	21	141	122
生态保护和环境治理业	77	18816	824	209	783	743
生态保护	771	1801	28	10	50	74
环境治理业	772	17015	796	199	733	669
公共设施管理业	78	96427	5203	1156	5823	3436
市政设施管理	781	9804	163	128	433	205
环境卫生管理	782	15745	493	138	954	446
城乡市容管理	783	1679	48	24	100	36

单位：个

内蒙古	辽宁	吉林	黑龙江	上海	江苏	浙江	安徽	福建	江西	山东	河南	代码
220	678	146	213	1594	5526	576	1443	1144	852	5668	2448	723
9718	20610	3945	5433	27688	60702	54302	23925	22730	15979	67676	41518	724
5379	8634	3171	3201	9082	38030	24212	19651	16673	8906	32644	21279	725
4312	4350	1450	2350	3826	21951	7987	14018	4439	5248	20248	10454	726
494	815	232	338	434	2426	1651	1385	1436	701	2778	1278	727
1012	1364	221	478	2841	4686	2980	1139	1771	1019	4513	4036	728
3850	6822	2284	3059	8038	23475	17263	10265	19980	7105	31865	15372	729
13909	**26597**	**7005**	**13337**	**30870**	**148757**	**75293**	**39918**	**37610**	**16426**	**108189**	**61369**	**M**
673	5592	1152	1986	2777	43241	12450	5733	7185	1130	15625	4719	73
32	411	57	118	80	2366	356	196	732	46	1226	160	731
386	3928	652	1221	1752	33619	9792	4121	4889	617	10449	2528	732
148	576	189	423	67	1842	459	409	771	130	1552	599	733
92	629	246	210	867	4827	1807	965	739	324	2306	1361	734
15	48	8	14	11	587	36	42	54	13	92	71	735
7316	11657	3648	5941	16497	61497	34712	21059	16043	9711	47315	26224	74
19	39	13	15	6	93	37	51	19	53	70	52	741
5	9	2	3	1	25	7	6	10	5	31	30	742
1	59		1	129	47	62	5	69	2	201	5	743
434	320	201	314	80	741	593	499	366	477	948	859	744
962	1501	581	818	1189	4103	2788	1661	1232	910	3981	2319	745
332	274	93	153	111	1344	735	448	375	278	1113	543	746
443	251	74	198	23	209	104	215	152	271	890	416	747
3646	4756	1561	2084	6570	28990	17135	11211	7965	5151	21214	11365	748
1474	4448	1123	2355	8388	25945	13251	6963	5855	2564	18867	10635	749
5920	9348	2205	5410	11596	44019	28131	13126	14382	5585	45249	30426	75
4267	7809	1705	4310	7274	35655	22605	10592	9402	4129	38356	26995	751
138	280	95	125	707	2714	2124	792	987	298	1607	797	752
260	275	74	119	233	935	907	381	374	179	602	331	753
52	125	46	207	197	519	266	151	1176	57	491	248	754
1203	859	285	649	3185	4196	2229	1210	2443	922	4193	2055	759
3088	**2636**	**941**	**1264**	**1895**	**10623**	**8672**	**5993**	**5137**	**2966**	**12922**	**9214**	**N**
133	155	56	65	123	437	416	380	244	130	550	393	76
3	17	4	8	11	78	85	61	65	12	120	45	761
47	50	15	15	18	89	113	61	51	43	138	132	762
11	26	6	5	6	21	47	19	37	5	47	23	763
12	4	2	4	2	19	15	9	9	2	25	23	764
60	58	29	33	86	230	156	230	82	68	220	170	769
460	335	118	159	249	1650	1462	548	832	423	1472	992	77
103	30	12	26	15	92	86	67	86	36	104	99	771
357	305	106	133	234	1558	1376	481	746	387	1368	893	772
2372	1951	684	967	1466	6583	6346	4531	3628	2174	8639	6820	78
199	249	122	142	220	877	773	437	345	304	962	546	731
241	380	124	172	262	978	1623	987	762	400	991	1149	732
33	39	7	20	62	118	154	62	65	49	135	170	733

2-1 续表 21 (2019年)

行业中类	代码	湖北	湖南	广东	广西	海南
法律服务	723	1631	744	4741	1100	255
咨询与调查	724	29090	15542	147117	18767	3522
广告业	725	18677	9612	43784	12892	2938
人力资源服务	726	18261	6670	15390	5623	1102
安全保护服务	727	1422	880	3648	1111	418
会议、展览及相关服务	728	2405	922	5693	991	806
其他商务服务业	729	13564	7874	62780	9479	3364
科学研究和技术服务业	M	**49661**	**30511**	**193567**	**25802**	**5706**
研究和试验发展	73	6284	5030	45508	2606	493
自然科学研究和试验发展	731	284	142	2781	61	21
工程和技术研究和试验发展	732	4359	3779	36615	1605	206
农业科学研究和试验发展	733	522	514	1625	397	117
医学研究和试验发展	734	1028	558	4090	516	133
社会人文科学研究	735	91	37	397	27	16
专业技术服务业	74	27398	13330	87384	11032	3228
气象服务	741	50	36	176	40	17
地震服务	742	8	3	28	4	1
海洋服务	743	13	3	146	12	27
测绘地理信息服务	744	521	300	920	438	140
质检技术服务	745	1399	1047	5937	919	297
环境与生态监测检测服务	746	418	300	1116	223	64
地质勘查	747	299	177	345	175	35
工程技术与设计服务	748	15728	6902	36142	5900	1720
工业与专业设计及其他专业技术服务	749	8962	4562	42574	3321	927
科技推广和应用服务业	75	15979	12151	60675	12164	1985
技术推广服务	751	13381	10418	34200	10463	1690
知识产权服务	752	481	407	5222	266	76
科技中介服务	753	357	350	2570	334	39
创业空间服务	754	253	88	941	63	23
其他科技推广服务业	759	1507	888	17742	1038	157
水利、环境和公共设施管理业	N	**6797**	**4219**	**10244**	**4306**	**1016**
水利管理业	76	322	213	368	124	40
防洪除涝设施管理	761	50	26	46	21	2
水资源管理	762	81	71	102	34	9
天然水收集与分配	763	33	25	29	12	5
水文服务	764	15	6	8	9	1
其他水利管理业	769	143	85	183	48	23
生态保护和环境治理业	77	829	686	2038	417	154
生态保护	771	102	79	179	47	33
环境治理业	772	727	607	1859	370	121
公共设施管理业	78	4832	3009	7247	2245	701
市政设施管理	781	462	334	856	258	109
环境卫生管理	782	684	530	1048	340	77
城乡市容管理	783	89	44	108	38	15

单位：个

重庆	四川	贵州	云南	西藏	陕西	甘肃	青海	宁夏	新疆	代码
1269	538	578	802	15	658	95	202	192	214	723
16598	22313	6947	13574	862	13096	2569	1810	2084	5607	724
13746	16785	8221	8327	699	12435	3824	1387	1782	3750	725
7554	10019	5709	4087	346	6389	2808	2973	2071	1615	726
614	1013	661	930	37	1084	389	261	228	635	727
1696	2241	568	1597	60	1498	255	265	247	528	728
5582	9041	5285	6612	681	5327	2460	1854	1294	2721	729
20088	**33696**	**9972**	**18590**	**1134**	**24261**	**5201**	**3351**	**2843**	**10269**	**M**
1553	4808	483	1584	107	2802	262	143	157	393	73
68	144	16	88	5	79	7	6	12	24	731
896	3198	211	636	36	1783	125	78	70	195	732
177	548	113	587	28	414	68	28	47	107	733
399	895	131	257	37	480	54	23	25	61	734
13	23	12	16	1	46	8	8	3	6	735
13119	17487	6943	9687	679	14595	3443	2226	1797	5683	74
9	46	56	55	5	88	20	10	14	26	741
2	6	3	7		8	4		1	4	742
4	2	1	1		2			2	1	743
172	693	292	507	21	503	117	72	75	208	744
574	1469	731	1046	61	1454	457	204	270	946	745
210	382	157	235	18	340	119	91	71	166	746
108	266	164	369	41	479	117	125	44	256	747
7444	9554	3561	4915	408	7242	1862	1159	788	2501	748
4596	5069	1978	2552	125	4479	747	565	532	1575	749
5416	11401	2546	7319	348	6864	1496	982	889	4193	75
4134	9122	1976	6405	271	5730	1130	867	728	3250	751
536	659	176	267	4	405	79	25	49	94	752
173	265	84	144	30	140	28	12	25	107	753
104	141	16	30	10	85	29	11	6	36	754
469	1214	294	473	33	504	230	67	81	706	759
3860	**4662**	**2910**	**3361**	**150**	**4483**	**1090**	**952**	**668**	**1557**	**N**
138	184	162	197	6	200	60	25	30	138	76
8	12	5	15		21	4	1		5	761
53	59	76	63	4	63	24	5	7	51	762
19	23	15	23		21	5	1	2	16	763
3	8	7	7		10	2	3	2	3	764
55	82	59	89	2	85	25	15	19	63	769
762	728	282	403	31	529	142	249	86	221	77
28	63	41	62	8	59	46	97	10	29	771
734	665	241	341	23	470	96	152	76	192	772
2345	3253	2145	2367	110	3458	854	577	477	1028	78
201	326	228	217	11	295	109	54	45	194	781
555	684	291	454	15	577	106	79	65	140	782
31	42	42	43	3	40	19	10	6	27	783

2-1 续表 22 (2019年)

行业中类	代码	企业单位数	北京	天津	河北	山西
绿化管理	784	46844	4037	713	2481	1786
城市公园管理	785	1155	60	10	44	25
游览景区管理	786	21200	402	143	1811	938
土地管理业	79	15073	90	62	1468	182
土地整治服务	791	7055	50	18	927	135
土地调查评估服务	792	1996	8	11	55	34
土地登记服务	793	399	3	2	61	2
土地登记代理服务	794	2469	10	6	250	3
其他土地管理服务	799	3154	19	25	175	8
居民服务、修理和其他服务业	**O**	**496578**	**33054**	**7490**	**22084**	**13141**
居民服务业	80	206889	16236	3125	8791	5701
家庭服务	801	51026	2100	1062	3550	2198
托儿所服务	802	3352	34	55	20	39
洗染服务	803	7557	762	146	425	149
理发及美容服务	804	43885	7066	692	1365	865
洗浴和保健养生服务	805	36555	2955	292	1258	696
摄影扩印服务	806	20208	1997	292	481	471
婚姻服务	807	16655	690	153	723	499
殡葬服务	808	6542	191	68	208	138
其他居民服务业	809	21109	441	365	761	646
机动车、电子产品和日用产品修理业	81	193531	7730	2694	8714	4796
汽车、摩托车等修理与维护	811	143566	3472	1746	7106	3598
计算机和办公设备维修	812	22245	1934	427	611	589
家用电器修理	813	21744	1768	415	827	452
其他日用产品修理业	819	5976	556	106	170	157
其他服务业	82	96158	9088	1671	4579	2644
清洁服务	821	63213	4404	965	3537	1652
宠物服务	822	5033	536	104	204	61
其他未列明服务业	829	27912	4148	602	838	931
教育	**P**	**230944**	**14561**	**2853**	**5492**	**4933**
教育	83	230944	14561	2853	5492	4933
学前教育	831	14948	414	235	553	263
初等教育	832	2331	65	17	83	101
中等教育	833	1335	37	8	66	39
高等教育	834	134	3		5	1
特殊教育	835	270	14	1	10	
技能培训、教育辅助及其他教育	839	211926	14028	2592	4775	4529
卫生和社会工作	**Q**	**76683**	**3715**	**1123**	**2518**	**2645**
卫生	84	61600	3014	971	1700	2092
医院	841	19756	460	228	720	867
基层医疗卫生服务	842	35879	2277	677	809	1001
专业公共卫生服务	843	1760	40	18	56	65
其他卫生活动	849	4205	237	48	115	159
社会工作	85	15083	701	152	818	553
提供住宿社会工作	851	13570	537	133	776	512
不提供住宿社会工作	852	1513	164	19	42	41

单位：个

内蒙古	辽宁	吉林	黑龙江	上海	江苏	浙江	安徽	福建	江西	山东	河南	代码
1586	776	286	450	856	3336	2249	2207	1246	747	4777	3380	784
11	28	6	17	32	121	63	31	46	20	132	84	785
302	479	139	166	34	1153	1484	807	1164	654	1642	1491	786
123	195	83	73	57	1953	448	534	433	239	2261	1009	79
34	76	33	22	7	877	309	269	217	115	1111	555	791
37	36	28	23	3	161	49	41	29	17	108	45	792
2	5		3	1	62	11	16	15	12	52	23	793
10	34	7	17	8	420	31	96	94	38	481	181	794
40	44	15	8	38	433	48	112	78	57	509	205	799
7222	**11070**	**3669**	**4185**	**16413**	**38228**	**29112**	**20795**	**17408**	**8947**	**37383**	**23511**	**O**
3065	4852	1423	1631	8917	13849	13059	8128	7391	3178	14821	10225	80
1396	1069	487	421	808	3742	3084	2139	2233	898	4148	3045	801
41	36	5	5	101	374	291	47	194	24	163	54	802
90	194	57	67	291	479	494	311	218	129	424	324	803
253	706	169	148	3676	2304	2485	1213	1210	454	2215	1494	804
282	1188	237	263	2268	2529	2263	1653	1322	443	2417	1889	805
183	406	72	80	901	1061	1599	610	760	242	1410	929	806
303	416	103	132	370	1232	1158	1022	495	243	1485	1181	807
152	336	84	151	191	461	436	435	293	168	365	326	808
365	501	209	364	311	1667	1249	698	666	577	2194	983	809
3104	4721	1450	1485	5782	15455	10758	9174	7079	3494	15107	8795	81
2378	3732	1174	1084	3646	11875	8432	6893	5571	2831	11521	6560	811
370	434	134	206	947	1440	956	876	641	301	1439	971	812
245	408	104	146	888	1618	1136	1185	731	265	1647	1011	813
111	147	38	49	301	522	234	220	136	97	500	253	819
1053	1497	796	1069	1714	8924	5295	3493	2938	2275	7455	4491	82
719	971	431	793	1171	5303	4252	2828	2251	1274	3906	3394	821
42	175	40	43	303	452	272	148	140	41	513	230	822
292	351	325	233	240	3169	771	517	547	960	3036	867	829
3727	**4850**	**1975**	**1950**	**3641**	**20916**	**24922**	**9820**	**7221**	**4197**	**21070**	**10643**	**P**
3727	4850	1975	1950	3641	20916	24922	9820	7221	4197	21070	10643	83
174	527	298	255	321	691	751	687	519	357	1361	542	831
64	55	21	16	25	149	88	113	41	34	284	253	832
58	31	16	18	12	75	55	66	28	14	154	112	833
2	5	1	3	1	7	26	5	4		21	6	834
11	11	7	2	2	18	9	15	18	2	33	11	835
3418	4221	1632	1656	3280	19976	23993	8934	6611	3790	19217	9719	839
937	**3847**	**813**	**1179**	**1865**	**5717**	**5300**	**2226**	**2407**	**1296**	**6029**	**3602**	**Q**
680	3308	567	972	1677	4467	4320	1626	1860	1036	4673	2461	84
370	614	290	410	192	1300	1119	386	501	408	1727	1060	841
225	2486	204	456	1315	2785	2984	986	1140	474	2328	1094	842
15	50	29	48	49	114	65	56	61	45	161	111	843
70	158	44	58	121	268	152	198	158	109	457	196	849
257	539	246	207	188	1250	980	600	547	260	1356	1141	85
238	497	234	199	158	1121	894	534	493	235	1254	1071	851
19	42	12	8	30	129	86	66	54	25	102	70	852

2-1 续表 23 (2019年)

行业中类	代码	湖北	湖南	广东	广西	海南
绿化管理	784	1926	1362	4267	865	266
城市公园管理	785	90	53	78	22	15
游览景区管理	786	1581	686	890	722	219
土地管理业	79	814	311	591	1520	121
土地整治服务	791	381	131	163	292	45
土地调查评估服务	792	56	35	71	846	19
土地登记服务	793	28	3	22	21	1
土地登记代理服务	794	112	35	121	138	30
其他土地管理服务	799	237	107	214	223	26
居民服务、修理和其他服务业	**O**	**19448**	**12124**	**62615**	**13339**	**3668**
居民服务业	80	7505	5303	26033	5866	1530
家庭服务	801	2103	1530	3489	1252	269
托儿所服务	802	79	64	486	685	16
洗染服务	803	292	181	691	144	44
理发及美容服务	804	1168	978	7677	971	218
洗浴和保健养生服务	805	1026	1018	6426	846	274
摄影扩印服务	806	741	393	3341	369	370
婚姻服务	807	818	361	1213	316	127
殡葬服务	808	300	217	323	123	33
其他居民服务业	809	978	561	2387	1160	179
机动车、电子产品和日用产品修理业	81	7516	3999	24212	5144	1313
汽车、摩托车等修理与维护	811	5640	2883	16198	3665	811
计算机和办公设备维修	812	822	437	3792	685	233
家用电器修理	813	819	518	3343	693	213
其他日用产品修理业	819	235	161	879	101	56
其他服务业	82	4427	2822	12370	2329	825
清洁服务	821	2685	1977	9166	1640	587
宠物服务	822	173	56	681	83	22
其他未列明服务业	829	1569	789	2523	606	216
教育	**P**	**8519**	**6415**	**31331**	**5490**	**1519**
教育	83	8519	6415	31331	5490	1519
学前教育	831	857	1013	1694	618	94
初等教育	832	104	73	434	79	15
中等教育	833	71	86	141	31	11
高等教育	834	6	5	7	2	1
特殊教育	835	13	4	41	8	2
技能培训、教育辅助及其他教育	839	7468	5234	29014	4752	1396
卫生和社会工作	**Q**	**3540**	**2501**	**8319**	**1485**	**507**
卫生	84	2879	1848	7374	1215	404
医院	841	931	846	961	450	229
基层医疗卫生服务	842	1678	803	5685	612	93
专业公共卫生服务	843	94	81	202	71	29
其他卫生活动	849	176	118	526	82	53
社会工作	85	661	653	945	270	103
提供住宿社会工作	851	598	604	747	238	97
不提供住宿社会工作	852	63	49	198	32	6

单位：个

重庆	四川	贵州	云南	西藏	陕西	甘肃	青海	宁夏	新疆	代码
1001	1320	629	1102	63	1589	434	322	300	485	784
19	32	24	30	1	43	7	1	4	6	785
538	849	931	521	17	914	179	111	57	176	786
615	497	321	394	3	296	34	101	75	170	79
311	282	179	175	1	174	13	57	43	53	791
28	55	21	77		28	17	7	4	47	792
13	6	7	16		7		4		1	793
132	37	56	49		34		7	13	19	794
131	117	58	77	2	53	4	26	15	50	799
16537	**18652**	**14477**	**14211**	**587**	**13386**	**4999**	**1816**	**2298**	**4709**	**O**
8407	6900	5691	5363	190	4888	1887	736	802	1396	80
2021	1991	1659	1438	33	1383	481	276	282	439	801
174	136	48	67		69	16	5	8	16	802
477	311	296	207	7	191	58	37	20	41	803
1891	1350	1086	869	18	796	231	68	67	182	804
919	906	1036	771	39	749	280	57	81	172	805
866	577	459	646	24	452	227	59	66	124	806
1060	735	301	387	9	535	271	90	112	115	807
303	264	239	332		171	88	32	51	63	808
696	630	567	646	60	542	235	112	115	244	809
5665	8338	6900	6654	301	6176	2519	747	1034	2675	81
4038	6272	6170	5834	244	4634	2092	606	818	2042	811
674	1015	366	457	29	705	213	72	104	365	812
795	846	295	231	8	664	164	38	77	194	813
158	205	69	132	20	173	50	31	35	74	819
2465	3414	1886	2194	96	2322	593	333	462	638	82
1876	2360	1087	1316	43	1392	390	216	266	361	821
191	168	80	90		80	14	8	66	17	822
398	886	719	788	53	850	189	109	130	260	829
6803	**8685**	**4485**	**4687**	**152**	**4235**	**2272**	**462**	**1395**	**1723**	**P**
6803	8685	4485	4687	152	4235	2272	462	1395	1723	83
225	889	704	399	12	255	104	12	74	50	831
40	49	47	21	3	26	12	5	5	9	832
19	47	51	25	1	37	4	5	10	7	833
1	12	4	2		2		1		1	834
9	7	2	5	1	5	3		1	5	835
6509	7681	3677	4235	135	3910	2149	439	1305	1651	839
2652	**5100**	**1820**	**1796**	**92**	**1801**	**601**	**249**	**306**	**695**	**Q**
1943	4173	1608	1551	86	1533	524	195	251	592	84
847	1439	1041	846	45	548	263	111	184	363	841
968	2462	457	553	30	848	191	69	36	153	842
41	94	27	40	3	41	21	1	8	24	843
87	178	83	112	8	96	49	14	23	52	849
709	927	212	245	6	268	77	54	55	103	85
667	865	187	225	4	206	65	46	50	85	851
42	62	25	20	2	62	12	8	5	18	852

2-1 续表 24 (2019年)

行业中类	代码	企业单位数	北京	天津	河北	山西
文化、体育和娱乐业	R	**514276**	**47638**	**7195**	**21899**	**13343**
新闻和出版业	86	5606	1346	73	235	141
新闻业	861	753	49	1	93	19
出版业	862	4853	1297	72	142	122
广播、电视、电影和录音制作业	87	68548	8844	1193	3709	1470
广播	871	7029	649	42	609	151
电视	872	1352	271	22	84	30
影视节目制作	873	41838	6801	911	1892	842
广播电视集成播控	874	358	22	3	22	9
电影和广播电视节目发行	875	2394	616	87	70	39
电影放映	876	10497	242	90	424	324
录音制作	877	5080	243	38	608	75
文化艺术业	88	126186	12411	1962	4945	4789
文艺创作与表演	881	39755	3274	300	2021	1979
艺术表演场馆	882	1086	58	9	56	40
图书馆与档案馆	883	2266	51	13	77	41
文物及非物质文化遗产保护	884	1496	79	6	55	99
博物馆	885	474	32	9	18	16
烈士陵园、纪念馆	886	86	1		1	7
群众文体活动	887	14043	2729	331	882	826
其他文化艺术业	889	66980	6187	1294	1835	1781
体育	89	48944	3717	825	2360	1385
体育组织	891	11643	811	225	750	445
体育场地设施管理	892	3284	213	27	84	72
健身休闲活动	893	30508	2386	522	1256	666
其他体育	899	3509	307	51	270	202
娱乐业	90	264992	21320	3142	10650	5558
室内娱乐活动	901	125552	1906	1124	4723	3111
游乐园	902	4305	171	39	227	135
休闲观光活动	903	18343	171	25	466	242
彩票活动	904	270	28	2	23	14
文化体育娱乐活动与经纪代理服务	905	113397	18997	1927	5081	1995
其他娱乐业	909	3125	47	25	130	61

单位：个

内蒙古	辽宁	吉林	黑龙江	上海	江苏	浙江	安徽	福建	江西	山东	河南	代码
6293	**10592**	**2992**	**4769**	**11257**	**36606**	**38569**	**18898**	**22493**	**9590**	**37028**	**28593**	R
62	161	79	63	188	280	197	159	141	91	307	184	86
5	12	3	6	8	66	23	25	19	16	85	44	861
57	149	76	57	180	214	174	134	122	75	222	140	862
890	1141	373	386	1366	4675	8894	1745	2861	935	5331	2677	87
42	91	24	30	90	645	583	184	492	107	808	486	871
13	30	5	14	56	57	213	33	34	12	67	55	872
575	631	193	160	761	2418	6894	978	1803	370	2841	1194	873
5	6	1		7	38	11	5	9	2	36	16	874
17	45	8	13	73	106	281	52	101	24	118	62	875
195	252	122	141	309	880	787	384	326	371	611	532	876
43	86	20	28	70	531	125	109	96	49	850	332	877
1995	2447	575	990	1827	10516	7384	4893	6965	2593	9987	7732	88
873	692	212	337	362	2318	3177	2031	2076	798	2527	2549	881
16	18	9	9	29	94	64	41	45	24	100	49	882
32	33	9	8	22	159	284	125	121	55	89	89	883
31	15	10	12	9	101	50	62	71	31	98	154	884
8	24	9	7	14	39	37	9	23	7	40	14	885
2	5				4	5	9	4	1	9	6	886
159	206	60	105	140	800	702	394	388	169	921	696	887
874	1454	266	512	1251	7001	3065	2222	4237	1508	6203	4175	889
629	1198	257	360	2364	3755	3762	1378	2816	750	3169	1862	89
249	346	55	96	161	934	768	288	711	163	885	428	891
41	59	33	21	131	204	281	91	209	46	139	66	892
286	726	159	225	1958	2261	2633	903	1649	497	1822	1262	893
53	67	10	18	114	356	80	96	247	44	323	106	899
2717	5645	1708	2970	5512	17380	18332	10723	9710	5221	18234	16138	90
1693	3391	1167	2226	2338	7965	7411	6730	3131	3403	6907	9165	901
49	109	48	57	70	263	234	143	202	114	287	255	902
131	326	115	39	25	1513	817	1145	1056	545	1855	1528	903
	5	4	3	7	13	15	7	8	13	22	4	904
800	1753	350	616	3007	7390	9798	2593	5184	1058	8880	5088	905
44	61	24	29	65	236	57	105	129	88	283	98	909

2–1 续表 25 (2019年)

行业中类	代码	湖北	湖南	广东	广西	海南
文化、体育和娱乐业	R	**20736**	**20722**	**59443**	**10752**	**3527**
新闻和出版业	86	320	141	553	95	55
新闻业	861	23	21	98	28	10
出版业	862	297	120	455	67	45
广播、电视、电影和录音制作业	87	2011	1399	6887	1530	692
广播	871	262	90	590	211	65
电视	872	36	35	104	37	7
影视节目制作	873	1068	562	4210	820	436
广播电视集成播控	874	14	12	44	11	7
电影和广播电视节目发行	875	31	66	235	29	19
电影放映	876	438	488	1160	275	90
录音制作	877	162	146	544	147	68
文化艺术业	88	4632	3529	16665	2298	809
文艺创作与表演	881	1141	1261	4243	636	274
艺术表演场馆	882	41	44	176	20	13
图书馆与档案馆	883	279	86	236	57	14
文物及非物质文化遗产保护	884	54	74	77	29	9
博物馆	885	8	14	45	10	3
烈士陵园、纪念馆	886	11	6	5	2	
群众文体活动	887	427	511	1469	220	43
其他文化艺术业	889	2671	1533	10414	1324	453
体育	89	1573	1240	7071	1092	505
体育组织	891	342	333	1487	314	193
体育场地设施管理	892	138	100	686	105	44
健身休闲活动	893	1001	736	4356	613	247
其他体育	899	92	71	542	60	21
娱乐业	90	12200	14413	28267	5737	1466
室内娱乐活动	901	6047	7713	12080	2921	569
游乐园	902	201	218	446	101	40
休闲观光活动	903	1873	1522	572	374	165
彩票活动	904	14	6	39	7	9
文化体育娱乐活动与经纪代理服务	905	3922	4863	14803	2285	613
其他娱乐业	909	143	91	327	49	70

单位：个

重庆	四川	贵州	云南	西藏	陕西	甘肃	青海	宁夏	新疆	代码
14914	**22071**	**7858**	**12147**	**687**	**11627**	**4349**	**1521**	**1756**	**4411**	R
102	174	62	77	7	174	48	20	40	31	86
20	17	11	9	1	18	6	3	9	5	861
82	157	51	68	6	156	42	17	31	26	862
1545	1854	659	1181	121	1971	490	310	295	1113	87
257	108	53	103	3	124	13	24	23	70	871
20	26	9	6	6	35	6		5	24	872
853	977	330	614	77	1205	286	214	138	784	873
8	12	2	24		12	2	2	5	11	874
33	31	18	24	1	105	13	5	9	63	875
223	554	195	279	25	390	160	44	56	130	876
151	146	52	131	9	100	10	21	59	31	877
4231	3310	1146	2334	158	2473	1274	386	313	617	88
2254	1334	427	684	34	966	537	127	98	213	881
27	29	12	16	3	20	14	2	4	4	882
66	143	43	54	1	40	21	7	3	8	883
20	55	34	65	5	117	39	18	9	8	884
9	23	3	12		19	10	6		6	885
	3		3		2					886
417	457	100	402	10	230	112	55	23	59	887
1438	1266	527	1098	105	1079	541	171	176	319	889
1271	1961	578	1153	28	952	340	136	167	290	89
273	409	137	350	6	211	78	54	52	89	891
134	164	43	60	3	51	9	4	2	24	892
782	1311	347	682	18	645	234	73	102	150	893
82	77	51	61	1	45	19	5	11	27	899
7765	14772	5413	7402	373	6057	2197	669	941	2360	90
4206	9977	3721	4615	293	2941	1496	432	739	1411	901
143	238	126	135	4	139	42	6	25	38	902
1455	671	776	227	3	400	169	23	64	50	903
6	1	5	7		4	1			3	904
1911	3780	690	2330	65	2504	430	199	104	381	905
44	105	95	88	8	69	59	9	9	477	909

2-2 按行业(中类)、东中西部以及东北地区分组的企业法人单位数

(2019年)　　　　单位：个

行业中类	代码	企业单位数	东部地区	中部地区	西部地区	东北地区
总　计	——	**21091270**	**12502571**	**4070450**	**3668323**	**849926**
农、林、牧、渔业	A	**721329**	**185526**	**199367**	**305541**	**30895**
农业	01	326438	88326	91411	133642	13059
谷物种植	011	67125	19581	32516	9399	5629
豆类、油料和薯类种植	012	6384	1620	1852	2274	638
棉、麻、糖、烟草种植	013	2906	372	379	2142	13
蔬菜、食用菌及园艺作物种植	014	110925	36750	27780	42998	3397
水果种植	015	68644	14721	11470	40887	1566
坚果、含油果、香料和饮料作物种植	016	20492	4766	3941	11671	114
中药材种植	017	28391	3690	6106	17538	1057
草种植及割草	018	1537	265	239	954	79
其他农业	019	20034	6561	7128	5779	566
林业	02	62801	20378	18136	21544	2743
林木育种和育苗	021	53352	17795	15639	17712	2206
造林和更新	022	5330	1386	1379	2432	133
森林经营、管护和改培	023	2581	743	721	784	333
木材和竹材采运	024	867	336	181	287	63
林产品采集	025	671	118	216	329	8
畜牧业	03	210889	40076	51312	109552	9949
牲畜饲养	031	142477	25913	33417	76475	6672
家禽饲养	032	53297	11604	15614	23491	2588
狩猎和捕捉动物	033	113	33	24	50	6
其他畜牧业	039	15002	2526	2257	9536	683
渔业	04	55688	17084	13580	22597	2427
水产养殖	041	54480	16156	13494	22507	2323
水产捕捞	042	1208	928	86	90	104
农、林、牧、渔专业及辅助性活动	05	65513	19662	24928	18206	2717
农业专业及辅助性活动	051	51235	14767	19845	14533	2090
林业专业及辅助性活动	052	5333	1876	1864	1463	130
畜牧专业及辅助性活动	053	5234	1425	1901	1580	328
渔业专业及辅助性活动	054	3711	1594	1318	630	169
采矿业	B	**70905**	**13228**	**19851**	**31783**	**6043**
煤炭开采和洗选业	06	12335	779	4821	5901	834
烟煤和无烟煤开采洗选	061	11477	702	4566	5465	744
褐煤开采洗选	062	270	16	34	187	33
其他煤炭采选	069	588	61	221	249	57
石油和天然气开采业	07	492	74	71	257	90
石油开采	071	317	54	16	169	78
天然气开采	072	175	20	55	88	12
黑色金属矿采选业	08	9909	3685	2231	2809	1184

2-2 续表 1 (2019年) 单位：个

行业中类	代码	企业单位数	东部地区	中部地区	西部地区	东北地区
铁矿采选	081	9016	3614	2016	2268	1118
锰矿、铬矿采选	082	601	32	158	353	58
其他黑色金属矿采选	089	292	39	57	188	8
有色金属矿采选业	09	6724	943	1871	3203	707
常用有色金属矿采选	091	4654	438	1171	2577	468
贵金属矿采选	092	1338	405	332	432	169
稀有稀土金属矿采选	093	732	100	368	194	70
非金属矿采选业	10	34977	6752	9889	15572	2764
土砂石开采	101	30587	5813	8698	13829	2247
化学矿开采	102	963	51	322	540	50
采盐	103	298	202	17	69	10
石棉及其他非金属矿采选	109	3129	686	852	1134	457
开采专业及辅助性活动	11	4272	609	331	2972	360
煤炭开采和洗选专业及辅助性活动	111	350	57	150	124	19
石油和天然气开采专业及辅助性活动	112	3526	436	96	2680	314
其他开采专业及辅助性活动	119	396	116	85	168	27
其他采矿业	12	2196	386	637	1069	104
其他采矿业	120	2196	386	637	1069	104
制造业	**C**	**3444243**	**2428014**	**522908**	**360756**	**132565**
农副食品加工业	13	132883	52731	34409	31685	14058
谷物磨制	131	23241	5294	8860	4294	4793
饲料加工	132	14486	6879	3215	2767	1625
植物油加工	133	10257	2947	3194	3430	686
制糖业	134	1056	371	84	566	35
屠宰及肉类加工	135	23555	9734	5030	7041	1750
水产品加工	136	11137	8322	762	441	1612
蔬菜、菌类、水果和坚果加工	137	20235	9355	4004	5203	1673
其他农副食品加工	139	28916	9829	9260	7943	1884
食品制造业	14	74837	36979	17040	16417	4401
焙烤食品制造	141	18790	9235	4456	4047	1052
糖果、巧克力及蜜饯制造	142	5438	3829	762	727	120
方便食品制造	143	13270	5171	3435	3940	724
乳制品制造	144	1781	601	293	726	161
罐头食品制造	145	2790	1571	606	433	180
调味品、发酵制品制造	146	8808	3568	1952	2751	537
其他食品制造	149	23960	13004	5536	3793	1627
酒、饮料和精制茶制造业	15	57439	18620	14161	21317	3341
酒的制造	151	19535	5259	3928	8420	1928
饮料制造	152	18767	6805	5305	5281	1376
精制茶加工	153	19137	6556	4928	7616	37
烟草制品业	16	228	85	65	59	19

2-2 续表 2 (2019年) 单位：个

行业中类	代码	企业单位数	东部地区	中部地区	西部地区	东北地区
烟叶复烤	161	63	11	24	21	7
卷烟制造	162	73	27	16	19	11
其他烟草制品制造	169	92	47	25	19	1
纺织业	17	148422	124547	15440	6705	1730
棉纺织及印染精加工	171	51486	40907	8025	2127	427
毛纺织及染整精加工	172	8376	7232	310	760	74
麻纺织及染整精加工	173	982	414	314	123	131
丝绢纺织及印染精加工	174	2648	1822	209	472	145
化纤织造及印染精加工	175	13043	12313	566	106	58
针织或钩针编织物及其制品制造	176	23399	21348	1313	520	218
家用纺织制成品制造	177	28143	23548	2241	2064	290
产业用纺织制成品制造	178	20345	16963	2462	533	387
纺织服装、服饰业	18	185888	139436	30576	8958	6918
机织服装制造	181	83323	61048	13801	3765	4709
针织或钩针编织服装制造	182	24306	21489	1952	568	297
服饰制造	183	78259	56899	14823	4625	1912
皮革、毛皮、羽毛及其制品和制鞋业	19	84815	70705	9724	3529	857
皮革鞣制加工	191	4877	3603	916	221	137
皮革制品制造	192	29360	25490	2910	743	217
毛皮鞣制及制品加工	193	7088	5838	898	206	146
羽毛(绒)加工及制品制造	194	2393	1280	746	313	54
制鞋业	195	41097	34494	4254	2046	303
木材加工和木、竹、藤、棕、草制品业	20	124114	75115	24151	19507	5341
木材加工	201	62140	34901	13113	11510	2616
人造板制造	202	19779	13666	2954	2652	507
木质制品制造	203	32214	21439	4920	3871	1984
竹、藤、棕、草等制品制造	204	9981	5109	3164	1474	234
家具制造业	21	90002	59344	16137	12180	2341
木质家具制造	211	63090	39236	12525	9497	1832
竹、藤家具制造	212	936	643	191	91	11
金属家具制造	213	8080	6138	1220	609	113
塑料家具制造	214	721	546	91	62	22
其他家具制造	219	17175	12781	2110	1921	363
造纸和纸制品业	22	79341	62464	8972	5967	1938
纸浆制造	221	320	205	50	58	7
造纸	222	15368	11256	2241	1520	351
纸制品制造	223	63653	51003	6681	4389	1580
印刷和记录媒介复制业	23	83723	58871	12432	9398	3022
印刷	231	74875	53827	10822	7619	2607
装订及印刷相关服务	232	8565	4839	1568	1751	407
记录媒介复制	233	283	205	42	28	8

2-2 续表 3 (2019年) 单位：个

行业中类	代码	企业单位数	东部地区	中部地区	西部地区	东北地区
文教、工美、体育和娱乐用品制造业	24	125634	98733	13743	11180	1978
文教办公用品制造	241	11944	9547	1459	659	279
乐器制造	242	3035	2234	526	200	75
工艺美术及礼仪用品制造	243	77649	58181	8644	9414	1410
体育用品制造	244	12986	11535	1042	279	130
玩具制造	245	16114	14032	1537	506	39
游艺器材及娱乐用品制造	246	3906	3204	535	122	45
石油、煤炭及其他燃料加工业	25	11893	4887	2734	2576	1696
精炼石油产品制造	251	5152	2910	684	732	826
煤炭加工	252	4052	963	1307	1457	325
生物质燃料加工	254	2689	1014	743	387	545
化学原料和化学制品制造业	26	117509	69358	24716	16526	6909
基础化学原料制造	261	17012	9143	3760	3052	1057
肥料制造	262	15048	5579	3885	3831	1753
农药制造	263	2163	1102	598	331	132
涂料、油墨、颜料及类似产品制造	264	20697	13551	3692	2375	1079
合成材料制造	265	12586	9172	1924	1075	415
专用化学产品制造	266	29866	18240	6265	3491	1870
炸药、火工及焰火产品制造	267	3056	155	2344	516	41
日用化学产品制造	268	17081	12416	2248	1855	562
医药制造业	27	27294	12375	7863	5052	2004
化学药品原料药制造	271	3189	1651	853	512	173
化学药品制剂制造	272	2740	1450	629	428	233
中药饮片加工	273	5295	1414	1727	1488	666
中成药生产	274	4216	1166	1510	1153	387
兽用药品制造	275	1800	875	538	299	88
生物药品制品制造	276	4536	2564	1024	708	240
卫生材料及医药用品制造	277	4895	2817	1478	408	192
药用辅料及包装材料	278	623	438	104	56	25
化学纤维制造业	28	7166	6177	572	247	170
纤维素纤维原料及纤维制造	281	888	706	96	66	20
合成纤维制造	282	5642	5092	331	124	95
生物基材料制造	283	636	379	145	57	55
橡胶和塑料制品业	29	205187	163903	21821	13393	6070
橡胶制品业	291	35953	29767	3266	1793	1127
塑料制品业	292	169234	134136	18555	11600	4943
非金属矿物制品业	30	275781	134543	71412	56394	13432
水泥、石灰和石膏制造	301	13955	4997	4137	3935	886
石膏、水泥制品及类似制品制造	302	64199	25347	17774	18115	2963
砖瓦、石材等建筑材料制造	303	106862	48977	27360	25685	4840
玻璃制造	304	6440	3955	1298	973	214

2-2 续表 4 (2019年) 单位：个

行业中类	代码	企业单位数	东部地区	中部地区	西部地区	东北地区
玻璃制品制造	305	17560	12326	2993	1786	455
玻璃纤维和玻璃纤维增强塑料制品制造	306	7023	5094	1153	509	267
陶瓷制品制造	307	25411	17953	5358	1749	351
耐火材料制品制造	308	13263	5227	5105	781	2150
石墨及其他非金属矿物制品制造	309	21068	10667	6234	2861	1306
黑色金属冶炼和压延加工业	31	22298	14749	3307	3285	957
炼铁	311	681	208	262	159	52
炼钢	312	451	239	91	85	36
钢压延加工	313	18481	13453	2354	1955	719
铁合金冶炼	314	2685	849	600	1086	150
有色金属冶炼和压延加工业	32	29446	17188	6296	4874	1088
常用有色金属冶炼	321	3691	1272	1077	1134	208
贵金属冶炼	322	540	132	195	174	39
稀有稀土金属冶炼	323	847	187	419	174	67
有色金属合金制造	324	7211	4241	1548	1136	286
有色金属压延加工	325	17157	11356	3057	2256	488
金属制品业	33	348517	272186	38135	28196	10000
结构性金属制品制造	331	128366	86230	19641	17415	5080
金属工具制造	332	26048	21466	2534	1517	531
集装箱及金属包装容器制造	333	7676	5591	974	752	359
金属丝绳及其制品制造	334	17696	15912	899	684	201
建筑、安全用金属制品制造	335	52204	45752	3533	2217	702
金属表面处理及热处理加工	336	14126	11342	1201	949	634
搪瓷制品制造	337	2144	1816	191	107	30
金属制日用品制造	338	20855	18172	1354	1062	267
铸造及其他金属制品制造	339	79402	65905	7808	3493	2196
通用设备制造业	34	353928	275673	39419	21359	17477
锅炉及原动设备制造	341	10035	6570	1343	1088	1034
金属加工机械制造	342	53171	40691	6687	3479	2314
物料搬运设备制造	343	14437	10468	2788	683	498
泵、阀门、压缩机及类似机械制造	344	40660	33417	3998	1282	1963
轴承、齿轮和传动部件制造	345	21601	18507	1544	594	956
烘炉、风机、包装等设备制造	346	34437	28449	3182	1745	1061
文化、办公用机械制造	347	3124	2711	251	114	48
通用零部件制造	348	143023	107607	16294	10955	8167
其他通用设备制造业	349	33440	27253	3332	1419	1436
专用设备制造业	35	247622	192345	30613	15740	8924
采矿、冶金、建筑专用设备制造	351	29919	17439	6934	3165	2381
化工、木材、非金属加工专用设备制造	352	72435	62573	5178	3069	1615
食品、饮料、烟草及饲料生产专用设备制造	353	7134	5066	1261	530	277
印刷、制药、日化及日用品生产专用设备制造	354	9133	7522	944	421	246

2-2 续表 5 (2019年) 单位：个

行业中类	代码	企业单位数	东部地区	中部地区	西部地区	东北地区
纺织、服装和皮革加工专用设备制造	355	11406	10514	632	172	88
电子和电工机械专用设备制造	356	14142	10967	1800	971	404
农、林、牧、渔专用机械制造	357	15215	9314	2939	1934	1028
医疗仪器设备及器械制造	358	21014	16157	2712	1507	638
环保、邮政、社会公共服务及其他专用设备制造	359	67224	52793	8213	3971	2247
汽车制造业	36	85402	57447	15888	8771	3296
汽车整车制造	361	1556	818	409	245	84
汽车用发动机制造	362	417	229	92	64	32
改装汽车制造	363	1183	595	369	151	68
低速汽车制造	364	92	54	21	16	1
电车制造	365	506	319	122	50	15
汽车车身、挂车制造	366	4710	3015	1027	488	180
汽车零部件及配件制造	367	76938	52417	13848	7757	2916
铁路、船舶、航空航天和其他运输设备制造业	37	31919	22908	3545	4094	1372
铁路运输设备制造	371	3910	2101	881	442	486
城市轨道交通设备制造	372	551	317	109	85	40
船舶及相关装置制造	373	8700	6777	982	323	618
航空、航天器及设备制造	374	1894	842	327	575	150
摩托车制造	375	6367	3528	467	2360	12
自行车和残疾人座车制造	376	3735	3593	96	38	8
助动车制造	377	4590	3817	546	206	21
非公路休闲车及零配件制造	378	1112	1032	49	23	8
潜水救捞及其他未列明运输设备制造	379	1060	901	88	42	29
电气机械和器材制造业	38	202301	166282	20408	10565	5046
电机制造	381	15783	12970	1591	775	447
输配电及控制设备制造	382	68781	54522	7448	4364	2447
电线、电缆、光缆及电工器材制造	383	27744	21306	3910	1707	821
电池制造	384	7256	4938	1596	581	141
家用电力器具制造	385	26280	23756	1518	749	257
非电力家用器具制造	386	5522	4186	653	551	132
照明器具制造	387	37771	34148	2161	1071	391
其他电气机械及器材制造	389	13164	10456	1531	767	410
计算机、通信和其他电子设备制造业	39	142589	118011	14613	8192	1773
计算机制造	391	11682	9392	1192	957	141
通信设备制造	392	11161	8774	1171	1041	175
广播电视设备制造	393	2666	2080	387	155	44
雷达及配套设备制造	394	283	185	42	44	12
非专业视听设备制造	395	6757	6200	326	208	23
智能消费设备制造	396	7368	5768	1049	443	108
电子器件制造	397	22564	18293	2662	1330	279
电子元件及电子专用材料制造	398	62377	52397	6127	3146	707
其他电子设备制造	399	17731	14922	1657	868	284

2-2 续表 6 (2019年) 单位：个

行业中类	代码	企业单位数	东部地区	中部地区	西部地区	东北地区
仪器仪表制造业	40	47546	36414	6130	3049	1953
通用仪器仪表制造	401	31477	24227	4041	1777	1432
专用仪器仪表制造	402	6585	4941	870	526	248
钟表与计时仪器制造	403	3134	2940	86	67	41
光学仪器制造	404	2699	1706	574	361	58
衡器制造	405	1078	746	177	112	43
其他仪器仪表制造业	409	2573	1854	382	206	131
其他制造业	41	45458	34924	6880	2505	1149
日用杂品制造	411	16560	13267	2546	583	164
其他未列明制造业	419	28898	21657	4334	1922	985
废弃资源综合利用业	42	16298	7831	4888	2800	779
金属废料和碎屑加工处理	421	7648	3851	2181	1255	361
非金属废料和碎屑加工处理	422	8650	3980	2707	1545	418
金属制品、机械和设备修理业	43	38763	23183	6818	6236	2526
金属制品修理	431	838	566	123	108	41
通用设备修理	432	6125	3722	1060	948	395
专用设备修理	433	6773	3611	1289	1439	434
铁路、船舶、航空航天等运输设备修理	434	6257	4828	469	386	574
电气设备修理	435	3835	1995	826	767	247
仪器仪表修理	436	837	560	105	120	52
其他机械和设备修理业	439	14098	7901	2946	2468	783
电力、热力、燃气及水生产和供应业	**D**	**109072**	**41865**	**32276**	**28165**	**6766**
电力、热力生产和供应业	44	75129	28484	22486	19087	5072
电力生产	441	61113	23045	19752	15819	2497
电力供应	442	5471	2113	1593	1423	342
热力生产和供应	443	8545	3326	1141	1845	2233
燃气生产和供应业	45	8662	3279	2125	2685	573
燃气生产和供应业	451	8084	3053	1954	2559	518
生物质燃气生产和供应业	452	578	226	171	126	55
水的生产和供应业	46	25281	10102	7665	6393	1121
自来水生产和供应	461	15711	4859	5736	4502	614
污水处理及其再生利用	462	8935	4829	1837	1791	478
海水淡化处理	463	57	52	1	1	3
其他水的处理、利用与分配	469	578	362	91	99	26
建筑业	**E**	**1458374**	**766251**	**336837**	**293793**	**61493**
房屋建筑业	47	310789	147889	77679	73539	11682
住宅房屋建筑	471	260252	121293	68031	61038	9890
体育场馆建筑	472	703	452	151	76	24
其他房屋建筑业	479	49834	26144	9497	12425	1768
土木工程建筑业	48	305615	156250	71333	65021	13011

2-2　续表 7　(2019年)　单位：个

行业中类	代码	企业单位数	东部地区	中部地区	西部地区	东北地区
铁路、道路、隧道和桥梁工程建筑	481	111468	53730	28590	24567	4581
水利和水运工程建筑	482	16663	7896	4121	3612	1034
海洋工程建筑	483	441	393	18	15	15
工矿工程建筑	484	5490	2110	1690	1452	238
架线和管道工程建筑	485	22772	11310	4853	4957	1652
节能环保工程施工	486	7962	4288	1528	1791	355
电力工程施工	487	8470	3833	2020	2187	430
其他土木工程建筑	489	132349	72690	28513	26440	4706
建筑安装业	49	206573	120474	39852	34746	11501
电气安装	491	55341	30435	11303	9921	3682
管道和设备安装	492	53610	31863	10062	8815	2870
其他建筑安装业	499	97622	58176	18487	16010	4949
建筑装饰、装修和其他建筑业	50	635397	341638	147973	120487	25299
建筑装饰和装修业	501	473375	259339	103295	90200	20541
建筑物拆除和场地准备活动	502	31647	18003	6995	5430	1219
提供施工设备服务	503	10136	4657	3426	1777	276
其他未列明建筑业	509	120239	59639	34257	23080	3263
批发和零售业	**F**	**6980244**	**4206470**	**1339873**	**1157161**	**276740**
批发业	51	3803192	2464158	641143	538673	159218
农、林、牧、渔产品批发	511	155990	62482	43616	36018	13874
食品、饮料及烟草制品批发	512	377751	217378	69050	74082	17241
纺织、服装及家庭用品批发	513	616913	498094	63415	42191	13213
文化、体育用品及器材批发	514	146110	108498	19215	14254	4143
医药及医疗器材批发	515	127519	66069	29815	23484	8151
矿产品、建材及化工产品批发	516	1055709	607208	211581	189378	47542
机械设备、五金产品及电子产品批发	517	882725	599988	135683	112162	34892
贸易经纪与代理	518	136840	98214	17049	13252	8325
其他批发业	519	303635	206227	51719	33852	11837
零售业	52	3177052	1742312	698730	618488	117522
综合零售	521	360918	157904	110730	82416	9868
食品、饮料及烟草制品专门零售	522	318657	154340	72120	79755	12442
纺织、服装及日用品专门零售	523	364831	240318	63288	51209	10016
文化、体育用品及器材专门零售	524	186446	111267	37532	32752	4895
医药及医疗器材专门零售	525	236613	102997	53790	57863	21963
汽车、摩托车、零配件和燃料及其他动力销售	526	348563	160441	89163	79100	19859
家用电器及电子产品专门零售	527	391923	217818	84771	77558	11776
五金、家具及室内装饰材料专门零售	528	469835	246513	106751	101993	14578
货摊、无店铺及其他零售业	529	499266	350714	80585	55842	12125
交通运输、仓储和邮政业	**G**	**619744**	**349936**	**124495**	**109650**	**35663**
铁路运输业	53	1238	535	254	383	66
铁路旅客运输	531	190	81	52	44	13

2-2 续表 8 (2019年) 单位：个

行业中类	代码	企业单位数	东部地区	中部地区	西部地区	东北地区
铁路货物运输	532	766	315	138	270	43
铁路运输辅助活动	533	282	139	64	69	10
道路运输业	54	393818	205531	90754	75618	21915
城市公共交通运输	541	15042	7167	2967	3410	1498
公路旅客运输	542	10122	3599	2740	2795	988
道路货物运输	543	348093	185391	79733	64609	18360
道路运输辅助活动	544	20561	9374	5314	4804	1069
水上运输业	55	14306	9342	2749	1606	609
水上旅客运输	551	1398	615	336	349	98
水上货物运输	552	8480	5409	1834	963	274
水上运输辅助活动	553	4428	3318	579	294	237
航空运输业	56	2997	1625	389	758	225
航空客货运输	561	1010	605	85	252	68
通用航空服务	562	1118	566	187	286	79
航空运输辅助活动	563	869	454	117	220	78
管道运输业	57	371	215	68	74	14
海底管道运输	571	24	13	4	3	4
陆地管道运输	572	347	202	64	71	10
多式联运和运输代理业	58	110834	84392	9741	11603	5098
多式联运	581	3008	1835	622	453	98
运输代理业	582	107826	82557	9119	11150	5000
装卸搬运和仓储业	59	69855	36510	14807	12787	5751
装卸搬运	591	29461	15990	6785	5348	1338
通用仓储	592	11604	6961	1716	2093	834
低温仓储	593	3396	1594	802	633	367
危险品仓储	594	726	447	100	133	46
谷物、棉花等农产品仓储	595	10022	2616	2864	2067	2475
中药材仓储	596	126	30	52	34	10
其他仓储业	599	14520	8872	2488	2479	681
邮政业	60	26325	11786	5733	6821	1985
邮政基本服务	601	1182	376	313	405	88
快递服务	602	24658	11148	5354	6283	1873
其他寄递服务	609	485	262	66	133	24
住宿和餐饮业	**H**	**446998**	**236289**	**85225**	**112243**	**13241**
住宿业	61	130969	60688	26497	38484	5300
旅游饭店	611	35880	16229	7200	11044	1407
一般旅馆	612	77599	36273	15648	22395	3283
民宿服务	613	5435	2824	908	1573	130
露营地服务	614	142	60	28	47	7
其他住宿业	619	11913	5302	2713	3425	473
餐饮业	62	316029	175601	58728	73759	7941

2-2 续表 9 (2019年) 单位：个

行业中类	代码	企 业 单位数	东部地区	中部地区	西部地区	东北地区
正餐服务	621	250408	132724	49217	62391	6076
快餐服务	622	19972	13767	3093	2422	690
饮料及冷饮服务	623	9425	6160	917	2158	190
餐饮配送及外卖送餐服务	624	7637	4725	1078	1497	337
其他餐饮业	629	28587	18225	4423	5291	648
信息传输、软件和信息技术服务业	**I**	**1039712**	**636852**	**207077**	**153114**	**42669**
电信、广播电视和卫星传输服务	63	25225	11838	5492	6046	1849
电信	631	21892	10406	4484	5440	1562
广播电视传输服务	632	2863	1161	928	506	268
卫星传输服务	633	470	271	80	100	19
互联网和相关服务	64	135270	78687	30334	22256	3993
互联网接入及相关服务	641	14222	7646	3178	2782	616
互联网信息服务	642	67391	39865	14750	10878	1898
互联网平台	643	12572	7664	2283	2299	326
互联网安全服务	644	1361	824	239	259	39
互联网数据服务	645	6598	3246	2384	866	102
其他互联网服务	649	33126	19442	7500	5172	1012
软件和信息技术服务业	65	879217	546327	171251	124812	36827
软件开发	651	532077	329306	101273	75332	26166
集成电路设计	652	13296	9182	2257	1695	162
信息系统集成和物联网技术服务	653	50978	29344	11384	8848	1402
运行维护服务	654	7742	4694	1137	1727	184
信息处理和存储支持服务	655	6083	3951	982	937	213
信息技术咨询服务	656	191703	118974	39774	26333	6622
数字内容服务	657	14762	9385	3148	1726	503
其他信息技术服务业	659	62576	41491	11296	8214	1575
金融业	**J**	**129926**	**88359**	**14613**	**20890**	**6064**
货币金融服务	66	37345	19210	6067	8772	3296
中央银行服务	661	71	35	16	15	5
货币银行服务	662	11140	4158	2465	3505	1012
非货币银行服务	663	26058	14975	3576	5231	2276
银行理财服务	664	62	31	8	21	2
银行监管服务	665	14	11	2		1
资本市场服务	67	59617	50855	2751	5337	674
证券市场服务	671	624	468	59	81	16
公开募集证券投资基金	672	1109	845	120	106	38
非公开募集证券投资基金	673	13308	11545	552	1047	164
期货市场服务	674	604	337	45	193	29
证券期货监管服务	675	22	18	1	2	1
资本投资服务	676	22162	17962	1226	2670	304
其他资本市场服务	679	21788	19680	748	1238	122

2-2 续表 10 (2019年) 单位：个

行业中类	代码	企业单位数	东部地区	中部地区	西部地区	东北地区
保险业	68	17602	8266	3765	4047	1524
人身保险	681	5790	2328	1491	1371	600
财产保险	682	6093	2282	1440	1807	564
再保险	683	22	20	2		
商业养老金	684	241	116	49	55	21
保险中介服务	685	3284	2176	421	457	230
保险资产管理	686	73	61	5	4	3
其他保险活动	689	2099	1283	357	353	106
其他金融业	69	15362	10028	2030	2734	570
金融信托与管理服务	691	1541	1032	225	255	29
控股公司服务	692	2516	1840	108	551	17
非金融机构支付服务	693	286	214	23	43	6
金融信息服务	694	3829	2577	706	463	83
金融资产管理公司	695	586	443	46	84	13
其他未列明金融业	699	6604	3922	922	1338	422
房地产业	**K**	**806707**	**444361**	**166284**	**157594**	**38468**
房地产业	70	806707	444361	166284	157594	38468
房地产开发经营	701	231702	110046	56303	53001	12352
物业管理	702	253488	136467	56027	46469	14525
房地产中介服务	703	228643	135380	41171	43438	8654
房地产租赁经营	704	78203	53649	10208	11801	2545
其他房地产业	709	14671	8819	2575	2885	392
租赁和商务服务业	**L**	**2553784**	**1497338**	**495658**	**465143**	**95645**
租赁业	71	252245	122388	60105	58975	10777
机械设备经营租赁	711	244706	118112	58812	57259	10523
文体设备和用品出租	712	6670	3792	1139	1521	218
日用品出租	713	869	484	154	195	36
商务服务业	72	2301539	1374950	435553	406168	84868
组织管理服务	721	384476	264295	50893	57968	11320
综合管理服务	722	65120	37921	10407	13038	3754
法律服务	723	36592	21987	7685	5883	1037
咨询与调查	724	774875	489891	141051	113945	29988
广告业	725	403165	211287	87645	89227	15006
人力资源服务	726	216339	95167	59516	53506	8150
安全保护服务	727	31108	15773	6493	7457	1385
会议、展览及相关服务	728	67112	42668	11423	10958	2063
其他商务服务业	729	322752	195961	60440	54186	12165
科学研究和技术服务业	**M**	**1255369**	**817353**	**221961**	**169116**	**46939**
研究和试验发展	73	193241	144241	24699	15571	8730
自然科学研究和试验发展	731	10513	8509	876	542	586
工程和技术研究和试验发展	732	138906	107163	16723	9219	5801

2-2　续表 11　(2019年)　单位：个

行业中类	代码	企业单位数	东部地区	中部地区	西部地区	东北地区
农业科学研究和试验发展	733	14101	7865	2386	2662	1188
医学研究和试验发展	734	27882	19382	4445	2970	1085
社会人文科学研究	735	1839	1322	269	178	70
专业技术服务业	74	557766	333801	108712	94007	21246
气象服务	741	1257	536	266	388	67
地震服务	742	258	144	56	44	14
海洋服务	743	896	779	31	26	60
测绘地理信息服务	744	12532	5102	3063	3532	835
质检技术服务	745	45124	24549	8582	9093	2900
环境与生态监测检测服务	746	11285	6042	2379	2344	520
地质勘查	747	7414	2536	1768	2587	523
工程技术与设计服务	748	259465	146316	55768	48980	8401
工业与专业设计及其他专业技术服务	749	219535	147797	36799	27013	7926
科技推广和应用服务业	75	504362	339311	88550	59538	16963
技术推广服务	751	395506	258391	74948	48343	13824
知识产权服务	752	23726	17426	3102	2698	500
科技中介服务	753	11510	7657	1783	1602	468
创业空间服务	754	6939	4849	1129	583	378
其他科技推广服务业	759	66681	50988	7588	6312	1793
水利、环境和公共设施管理业	**N**	**136261**	**66532**	**33801**	**31087**	**4841**
水利管理业	76	5945	2583	1689	1397	276
防洪除涝设施管理	761	781	438	219	95	29
水资源管理	762	1659	639	454	486	80
天然水收集与分配	763	530	215	130	148	37
水文服务	764	246	102	68	66	10
其他水利管理业	769	2729	1189	818	602	120
生态保护和环境治理业	77	18816	9673	4221	4310	612
生态保护	771	1801	683	457	593	68
环境治理业	772	17015	8990	3764	3717	544
公共设施管理业	78	96427	46792	24802	21231	3602
市政设施管理	781	9804	4866	2288	2137	513
环境卫生管理	782	15745	7326	4196	3547	676
城乡市容管理	783	1679	829	450	334	66
绿化管理	784	46844	24228	11408	9696	1512
城市公园管理	785	1155	601	303	200	51
游览景区管理	786	21200	8942	6157	5317	784
土地管理业	79	15073	7484	3089	4149	351
土地整治服务	791	7055	3724	1586	1614	131
土地调查评估服务	792	1996	514	228	1167	87
土地登记服务	793	399	230	84	77	8
土地登记代理服务	794	2469	1451	465	495	58
其他土地管理服务	799	3154	1565	726	796	67

2-2 续表 12 (2019年) 单位：个

行业中类	代码	企业单位数	东部地区	中部地区	西部地区	东北地区
居民服务、修理和其他服务业	O	**496578**	**267455**	**97966**	**112233**	**18924**
居民服务业	80	206889	113752	40040	45191	7906
家庭服务	801	51026	24485	11913	12651	1977
托儿所服务	802	3352	1734	307	1265	46
洗染服务	803	7557	3974	1386	1879	318
理发及美容服务	804	43885	28908	6172	7782	1023
洗浴和保健养生服务	805	36555	22004	6725	6138	1688
摄影扩印服务	806	20208	12212	3386	4052	558
婚姻服务	807	16655	7646	4124	4234	651
殡葬服务	808	6542	2569	1584	1818	571
其他居民服务业	809	21109	10220	4443	5372	1074
机动车、电子产品和日用产品修理业	81	193531	98844	37774	49257	7656
汽车、摩托车等修理与维护	811	143566	70378	28405	38793	5990
计算机和办公设备维修	812	22245	12420	3996	5055	774
家用电器修理	813	21744	12586	4250	4250	658
其他日用产品修理业	819	5976	3460	1123	1159	234
其他服务业	82	96158	54859	20152	17785	3362
清洁服务	821	63213	35542	13810	11666	2195
宠物服务	822	5033	3227	709	839	258
其他未列明服务业	829	27912	16090	5633	5280	909
教育	P	**230944**	**133526**	**44527**	**44116**	**8775**
教育	83	230944	133526	44527	44116	8775
学前教育	831	14948	6633	3719	3516	1080
初等教育	832	2331	1201	678	360	92
中等教育	833	1335	587	388	295	65
高等教育	834	134	75	23	27	9
特殊教育	835	270	148	45	57	20
技能培训、教育辅助及其他教育	839	211926	124882	39674	39861	7509
卫生和社会工作	Q	**76683**	**37500**	**15810**	**17534**	**5839**
卫生	84	61600	30460	11942	14351	4847
医院	841	19756	7437	4498	6507	1314
基层医疗卫生服务	842	35879	20093	6036	6604	3146
专业公共卫生服务	843	1760	795	452	386	127
其他卫生活动	849	4205	2135	956	854	260
社会工作	85	15083	7040	3868	3183	992
提供住宿社会工作	851	13570	6210	3554	2876	930
不提供住宿社会工作	852	1513	830	314	307	62
文化、体育和娱乐业	R	**514276**	**285655**	**111882**	**98386**	**18353**
新闻和出版业	86	5606	3375	1036	892	303

2-2　续表 13　(2019年)　单位：个

行业中类	代码	企业单位数	东部地区	中部地区	西部地区	东北地区
新闻业	861	753	452	148	132	21
出版业	862	4853	2923	888	760	282
广播、电视、电影和录音制作业	87	68548	44452	10237	11959	1900
广播	871	7029	4573	1280	1031	145
电视	872	1352	915	201	187	49
影视节目制作	873	41838	28967	5014	6873	984
广播电视集成播控	874	358	199	58	94	7
电影和广播电视节目发行	875	2394	1706	274	348	66
电影放映	876	10497	4919	2537	2526	515
录音制作	877	5080	3173	873	900	134
文化艺术业	88	126186	73471	28168	20535	4012
文艺创作与表演	881	39755	20572	9759	8183	1241
艺术表演场馆	882	1086	644	239	167	36
图书馆与档案馆	883	2266	1066	675	475	50
文物及非物质文化遗产保护	884	1496	555	474	430	37
博物馆	885	474	260	68	106	40
烈士陵园、纪念馆	886	86	29	40	12	5
群众文体活动	887	14043	8405	3023	2244	371
其他文化艺术业	889	66980	41940	13890	8918	2232
体育	89	48944	30344	8188	8597	1815
体育组织	891	11643	6925	1999	2222	497
体育场地设施管理	892	3284	2018	513	640	113
健身休闲活动	893	30508	19090	5065	5243	1110
其他体育	899	3509	2311	611	492	95
娱乐业	90	264992	134013	64253	56403	10323
室内娱乐活动	901	125552	48154	36169	34445	6784
游乐园	902	4305	1979	1066	1046	214
休闲观光活动	903	18343	6665	6855	4343	480
彩票活动	904	270	166	58	34	12
文化体育娱乐活动与经纪代理服务	905	113397	75680	19519	15479	2719
其他娱乐业	909	3125	1369	586	1056	114

2-3 按行业(大类)、直辖市和省会城市以及

(2019年)

行业大类	代码	企业单位数				
			北京	天津	石家庄	太原
总　　计	——	**8948341**	**870824**	**293307**	**245388**	**151218**
农、林、牧、渔业	A	**158362**	**3978**	**2843**	**5476**	**1631**
农业	01	75854	2165	1050	2741	703
林业	02	14231	504	342	785	349
畜牧业	03	38715	911	890	1423	466
渔业	04	18754	149	408	45	13
农、林、牧、渔专业及辅助性活动	05	10808	249	153	482	100
采矿业	B	**6052**	**57**	**82**	**349**	**363**
煤炭开采和洗选业	06	793	4	5	34	225
石油和天然气开采业	07	96	3	7	1	8
黑色金属矿采选业	08	572	9	7	129	44
有色金属矿采选业	09	385	3		8	2
非金属矿采选业	10	3541	17	21	163	63
开采专业及辅助性活动	11	370	19	37	6	15
其他采矿业	12	295	2	5	8	6
制造业	C	**918260**	**23565**	**41856**	**29523**	**6024**
农副食品加工业	13	26550	566	1184	1273	195
食品制造业	14	19525	626	937	716	249
酒、饮料和精制茶制造业	15	8827	272	221	279	74
烟草制品业	16	80	1	1	4	1
纺织业	17	23770	302	655	2389	37
纺织服装、服饰业	18	48410	1245	1156	1241	82
皮革、毛皮、羽毛及其制品和制鞋业	19	19207	174	241	2335	13
木材加工和木、竹、藤、棕、草制品业	20	18691	428	686	1637	68
家具制造业	21	23546	667	784	834	107
造纸和纸制品业	22	25345	567	1283	544	70
印刷和记录媒介复制业	23	27851	1129	920	632	285
文教、工美、体育和娱乐用品制造业	24	30075	567	1434	671	85
石油、煤炭及其他燃料加工业	25	2366	127	193	128	95
化学原料和化学制品制造业	26	33979	1075	1734	2722	209
医药制造业	27	8219	538	347	385	68
化学纤维制造业	28	1273	20	29	103	3
橡胶和塑料制品业	29	57304	846	2327	1216	157
非金属矿物制品业	30	53629	1551	2104	3118	599
黑色金属冶炼和压延加工业	31	5619	101	1136	107	67
有色金属冶炼和压延加工业	32	6835	130	420	174	64
金属制品业	33	93771	2421	5852	1979	627

计划单列市分组的企业法人单位数

单位：个

呼和浩特	沈阳	长春	哈尔滨	上海	南京	杭州	合肥	福州	南昌	济南	郑州	武汉	长沙	代码
45061	**155125**	**63649**	**83309**	**447643**	**242516**	**410512**	**262864**	**153772**	**71579**	**260871**	**368158**	**292392**	**159102**	--
1017	**2862**	**2084**	**1289**	**1216**	**842**	**4088**	**6449**	**4435**	**2679**	**1676**	**3117**	**2330**	**5500**	A
435	1473	1015	411	718	343	2269	3002	2035	1167	798	1800	851	2986	01
129	193	139	101	217	153	745	1046	433	342	165	411	412	514	02
331	814	648	491	96	54	371	898	421	592	265	463	160	901	03
11	175	107	55	92	113	523	1136	1188	369	40	42	416	567	04
111	207	175	231	93	179	180	367	358	209	408	401	491	532	05
92	**85**	**112**	**240**	**6**	**26**	**137**	**66**	**51**	**31**	**194**	**365**	**59**	**117**	B
14	24	14	3			2	3	1		21	143		6	06
		5	2	2	2					3	1	3		07
7	7		8		2	4	10	4		67	9	5	8	08
7	1	2	7		3	10	18		1	7	33	1	8	09
57	47	81	200	4	15	117	26	43	23	80	164	41	87	10
2	3	5	12		3	3	4	2	2	7	9	4	2	11
5	3	5	8		1	1	5	1	5	9	6	5	6	12
2459	**20135**	**7829**	**10283**	**52501**	**20484**	**49935**	**19208**	**13451**	**9220**	**23110**	**19646**	**21945**	**13343**	C
344	1108	707	1493	459	277	764	768	768	579	854	574	616	607	13
182	534	305	525	814	375	705	668	486	345	560	629	528	482	14
89	256	161	280	143	86	456	180	239	109	261	230	137	203	15
1	1	2	4	2	2	1	1	2	1	4	2	6	2	16
74	195	32	93	1287	213	4257	406	1561	295	478	183	393	153	17
92	341	127	135	3406	969	4460	916	483	1110	447	345	868	198	18
10	136	16	48	541	121	957	231	538	67	62	72	71	41	19
40	583	228	431	830	265	922	387	426	223	970	407	972	301	20
26	842	176	222	1139	448	973	806	496	256	369	329	468	393	21
46	426	108	130	1860	268	2153	388	333	175	341	432	432	287	22
105	602	281	372	1694	813	1255	725	462	327	719	664	759	620	23
33	378	86	153	1055	549	2194	375	1099	307	518	348	343	302	24
17	129	60	113	80	20	78	37	32	16	93	66	78	25	25
121	808	278	492	2049	548	1700	591	340	338	745	1082	752	1179	26
60	177	189	175	490	288	298	161	112	248	266	268	316	214	27
2	19	12	11	70	22	336	33	53	5	56	16	8	6	28
73	1081	383	390	3661	831	3201	1106	714	397	822	677	936	469	29
356	1391	696	835	1701	1133	2306	1734	1046	822	1524	4166	1849	1305	30
13	81	34	37	346	84	258	98	70	38	189	115	186	55	31
23	193	32	45	435	168	326	90	55	162	132	420	101	167	32
221	1862	553	850	7248	2337	5410	1910	745	775	2145	1285	2498	1380	33

2-3 续表 1 (2019年)

行业大类	代码	广州	南宁	海口	重庆	成都
总　计	——	**750346**	**152560**	**58182**	**516287**	**288561**
农、林、牧、渔业	A	**2332**	**5369**	**1458**	**59723**	**5376**
农业	01	1192	2050	836	28041	3348
林业	02	179	344	96	2685	528
畜牧业	03	177	1776	120	17224	895
渔业	04	244	531	120	9593	291
农、林、牧、渔专业及辅助性活动	05	540	668	286	2180	314
采矿业	B	**56**	**282**	**42**	**1292**	**88**
煤炭开采和洗选业	06		2		174	3
石油和天然气开采业	07			2	22	4
黑色金属矿采选业	08	2	21	3	69	5
有色金属矿采选业	09	10	15	1	21	4
非金属矿采选业	10	31	181	15	950	47
开采专业及辅助性活动	11	9	6	4	26	18
其他采矿业	12	4	57	17	30	7
制造业	C	**79762**	**8662**	**1879**	**53484**	**24896**
农副食品加工业	13	853	676	105	3453	893
食品制造业	14	1428	569	104	1617	1022
酒、饮料和精制茶制造业	15	316	318	62	1450	584
烟草制品业	16	3	2	1	7	4
纺织业	17	1723	114	16	1316	298
纺织服装、服饰业	18	10960	157	78	1762	470
皮革、毛皮、羽毛及其制品和制鞋业	19	7806	51	1	829	552
木材加工和木、竹、藤、棕、草制品业	20	869	761	34	1922	501
家具制造业	21	2445	347	88	2090	1868
造纸和纸制品业	22	3313	268	27	848	561
印刷和记录媒介复制业	23	1988	386	162	1381	855
文教、工美、体育和娱乐用品制造业	24	3567	197	69	1109	357
石油、煤炭及其他燃料加工业	25	107	35	4	147	71
化学原料和化学制品制造业	26	4925	498	81	1440	914
医药制造业	27	559	157	123	432	443
化学纤维制造业	28	52	5		20	25
橡胶和塑料制品业	29	4910	384	68	2061	1296
非金属矿物制品业	30	1990	1015	198	5574	2008
黑色金属冶炼和压延加工业	31	159	40	11	423	173
有色金属冶炼和压延加工业	32	276	49	9	543	160
金属制品业	33	6333	685	194	5322	2447

单位：个

贵阳	昆明	拉萨	西安	兰州	西宁	银川	乌鲁木齐	大连	宁波	厦门	青岛	深圳	代码
86298	**156965**	**12891**	**220737**	**43255**	**38028**	**44129**	**59349**	**162884**	**304145**	**182683**	**399457**	**894294**	——
6122	**6564**	**120**	**1612**	**2749**	**1082**	**1698**	**210**	**3716**	**2602**	**672**	**3136**	**309**	A
3296	3531	51	600	603	416	697	61	1448	1596	394	1597	135	01
647	909	31	219	191	184	152	31	376	254	82	321	22	02
1777	1813	24	394	1837	428	639	46	708	252	66	329	15	03
219	125	1	17	44	3	62	9	938	365	91	574	78	04
183	186	13	382	74	51	148	63	246	135	39	315	59	05
271	**618**	**60**	**123**	**91**	**74**	**74**	**110**	**122**	**83**	**10**	**173**	**51**	B
27	23		5	12	2	18	22	1			3	2	05
2	2		8	2		5	3				6	3	07
9	91	4	5	5	6		4	6			22		08
64	109	19	5	2	6		6	5			3	4	09
146	370	30	17	62	38	34	53	102	81	10	108	17	10
11	5	2	74	1	5	16	11	2	2		21	22	11
12	18	5	9	7	17	1	11	6			10	3	12
5393	**9821**	**659**	**15782**	**3163**	**1954**	**3531**	**2888**	**22795**	**90978**	**21747**	**64892**	**121457**	C
347	612	57	447	248	143	277	136	1738	669	296	2158	306	13
244	527	33	444	125	120	186	121	554	416	482	1351	516	14
268	386	29	135	41	56	131	38	245	246	122	569	155	15
2	5		4	2			1			2	1	8	16
57	107	15	117	26	20	98	50	273	2690	578	2056	1213	17
73	119	15	173	47	37	48	48	1699	4694	1280	5198	3931	18
20	42	6	15	3	3	25	13	113	751	476	1221	1606	19
374	303	3	240	45	69	87	36	755	720	391	1205	572	20
216	656	42	468	129	42	131	119	321	1057	716	1658	1818	21
69	299	8	329	46	17	57	69	374	2462	951	1569	4235	22
218	439	17	511	157	63	121	147	413	2062	737	2282	3548	23
142	258	63	273	55	106	66	61	276	3338	933	3695	5013	24
19	53	2	50	22	6	31	21	99	98	26	104	84	25
224	557	47	684	210	70	235	179	934	1501	652	1919	2146	26
124	164	23	272	47	70	51	41	125	157	119	346	366	27
2	4		11	4		6	4	14	177	28	84	33	28
216	569	21	464	180	53	157	176	1030	10216	2227	4100	9889	29
963	1267	125	1275	585	293	439	347	1185	1920	703	3232	2274	30
40	77	7	141	34	27	39	36	131	503	69	218	476	31
73	123	18	167	34	74	44	14	102	748	132	249	883	32
447	1054	62	1314	400	281	479	392	1993	10836	2562	7111	11761	33

2-3 续表 2 (2019年)

行业大类	代码	企业单位数	北京	天津	石家庄	太原
通用设备制造业	34	102380	2256	5839	2280	974
专用设备制造业	35	75645	2110	3537	1543	608
汽车制造业	36	27347	607	1257	392	64
铁路、船舶、航空航天和其他运输设备制造业	37	11334	230	1530	71	52
电气机械和器材制造业	38	59683	1439	2061	1278	286
计算机、通信和其他电子设备制造业	39	57625	1209	1280	391	142
仪器仪表制造业	40	19237	837	880	206	129
其他制造业	41	10162	135	365	393	56
废弃资源综合利用业	42	3014	33	270	153	31
金属制品、机械和设备修理业	43	16961	1356	1193	329	527
电力、热力、燃气及水生产和供应业	D	**16672**	**1138**	**856**	**725**	**442**
电力、热力生产和供应业	44	10097	789	512	461	301
燃气生产和供应业	45	1711	77	101	112	72
水的生产和供应业	46	4864	272	243	152	69
建筑业	E	**561514**	**33309**	**20734**	**22257**	**14523**
房屋建筑业	47	106242	5818	4107	4415	2674
土木工程建筑业	48	111868	5497	4845	4996	2856
建筑安装业	49	85451	3541	4043	3620	1948
建筑装饰、装修和其他建筑业	50	257953	18453	7739	9226	7045
批发和零售业	F	**3006440**	**258428**	**84602**	**87182**	**52980**
批发业	51	1779459	103510	59799	54310	29581
零售业	52	1226981	154918	24803	32872	23399
交通运输、仓储和邮政业	G	**245063**	**17788**	**14126**	**6704**	**2942**
铁路运输业	53	444	18	17	12	14
道路运输业	54	134808	11262	5718	5140	2016
水上运输业	55	4624	50	293	9	3
航空运输业	56	1764	211	74	31	30
管道运输业	57	181	8	12	2	2
多式联运和运输代理业	58	65354	3294	5523	652	346
装卸搬运和仓储业	59	27727	2310	2201	745	439
邮政业	60	10161	635	288	113	92
住宿和餐饮业	H	**216827**	**32094**	**5106**	**2789**	**4337**
住宿业	61	56306	5290	1091	662	1119
餐饮业	62	160521	26804	4015	2127	3218
信息传输、软件和信息技术服务业	I	**647330**	**68446**	**17886**	**14583**	**13970**
电信、广播电视和卫星传输服务	63	12727	1483	316	250	198
互联网和相关服务	64	65338	7352	1416	1067	879
软件和信息技术服务业	65	569265	59611	16154	13266	12893

单位：个

呼和浩特	沈阳	长春	哈尔滨	上海	南京	杭州	合肥	福州	南昌	济南	郑州	武汉	长沙	代码
129	3726	780	1374	7724	2949	5367	1804	683	541	4567	2075	1905	1405	34
109	1570	556	672	4951	2171	2760	1568	639	609	3335	2246	2166	1156	35
18	540	978	191	1850	607	1694	712	311	369	608	426	1171	429	36
1	238	130	84	456	352	457	69	91	49	131	100	211	75	37
104	1466	301	454	3294	1429	3054	1393	526	367	876	1104	1187	554	38
44	424	145	146	1707	1351	1778	871	469	315	476	474	1359	523	39
19	359	164	167	1447	893	981	412	194	87	513	332	760	246	40
22	264	127	122	474	486	378	149	175	129	446	134	251	121	41
16	55	50	44	104	79	133	119	89	31	101	89	92	60	42
69	350	132	195	1184	350	323	500	214	128	502	356	526	385	43
252	**462**	**294**	**382**	**221**	**279**	**684**	**463**	**641**	**162**	**508**	**418**	**338**	**390**	**D**
188	367	195	257	83	131	426	281	440	76	296	232	160	231	44
12	28	45	43	28	44	56	26	26	28	67	55	38	30	45
52	67	54	82	110	104	202	156	175	58	145	131	140	129	46
4267	**11134**	**4591**	**6097**	**18472**	**19775**	**19115**	**26963**	**11547**	**6686**	**20914**	**31611**	**30121**	**9001**	**E**
782	1379	834	1019	2266	4049	2357	4606	4596	1578	4057	5318	6474	1714	47
1113	2588	1045	1282	3196	4849	4337	5527	2045	1362	5201	5952	7627	1755	48
752	2404	1034	1188	3947	3456	2192	3961	781	983	3078	3328	3711	1239	49
1620	4763	1678	2608	9063	7421	10229	12869	4125	2763	8578	17013	12309	4293	50
13814	**54682**	**21503**	**26227**	**142459**	**63656**	**139149**	**82556**	**52510**	**21583**	**101420**	**141355**	**85175**	**43101**	**F**
4888	37409	9466	16356	99356	35522	86432	38244	37734	14964	69310	82003	42360	26749	51
8926	17273	12037	9871	43103	28134	52717	44312	14776	6619	32110	59352	42815	16352	52
1361	**5048**	**2406**	**3148**	**17919**	**6016**	**8104**	**6276**	**4097**	**1839**	**4950**	**6104**	**7257**	**3661**	**G**
24	8	8	6	8	18	5	8	12	8	27	21	17	9	53
998	3714	1617	2127	5174	3996	5850	4615	2327	1226	3600	4143	4251	2480	54
	4	4	28	385	212	99	83	505	37	29	2	144	45	55
15	75	23	31	80	29	66	22	21	16	41	22	39	33	56
	2	4		73	3	1		1	1	11	2	8	1	57
61	347	116	276	8932	1048	1102	611	724	148	533	798	1389	522	58
180	581	455	536	2413	563	575	741	334	297	567	918	989	389	59
83	317	179	144	854	147	406	196	173	106	142	198	420	182	60
775	**1839**	**1140**	**1258**	**19744**	**5592**	**10016**	**6387**	**3210**	**1221**	**4722**	**6175**	**5990**	**3560**	**H**
266	641	385	543	4616	1368	3305	1314	1127	515	857	1915	1887	1132	61
509	1198	755	715	15128	4224	6711	5073	2083	706	3865	4260	4103	2428	62
2963	**11244**	**3859**	**5544**	**25138**	**27999**	**42981**	**20916**	**12694**	**4852**	**18038**	**30384**	**29976**	**13748**	**I**
112	436	129	167	454	303	485	378	119	96	304	387	396	244	63
344	740	454	390	2750	2671	2934	3053	1446	440	1521	2368	2007	1504	64
2507	10068	3276	4987	21934	25025	39562	17485	11129	4316	16213	27629	27573	12000	65

2-3 续表 3 (2019年)

行业大类	代码	广州	南宁	海口	重庆	成都
通用设备制造业	34	4752	279	36	4473	2561
专用设备制造业	35	4317	483	69	3133	2033
汽车制造业	36	1549	64	41	4370	898
铁路、船舶、航空航天和其他运输设备制造业	37	535	49	17	2418	338
电气机械和器材制造业	38	4492	316	86	1549	1290
计算机、通信和其他电子设备制造业	39	6095	302	35	1716	1000
仪器仪表制造业	40	1026	74	13	716	430
其他制造业	41	851	52	14	370	169
废弃资源综合利用业	42	284	60	10	271	66
金属制品、机械和设备修理业	43	1279	269	123	722	609
电力、热力、燃气及水生产和供应业	D	**683**	**278**	**75**	**2226**	**704**
电力、热力生产和供应业	44	353	155	27	1335	389
燃气生产和供应业	45	73	26	9	222	100
水的生产和供应业	46	257	97	39	669	215
建筑业	E	**28324**	**9871**	**6642**	**21726**	**25178**
房屋建筑业	47	3593	1835	829	5260	6852
土木工程建筑业	48	3364	1805	930	2529	4758
建筑安装业	49	6403	1217	1198	2907	3811
建筑装饰、装修和其他建筑业	50	14964	5014	3685	11030	9757
批发和零售业	F	**271922**	**49330**	**16298**	**169301**	**86782**
批发业	51	208830	27183	7739	69056	51190
零售业	52	63092	22147	8559	100245	35592
交通运输、仓储和邮政业	G	**19973**	**3667**	**1242**	**12532**	**7948**
铁路运输业	53	23	16	1	19	24
道路运输业	54	9282	2604	597	8320	5431
水上运输业	55	417	83	63	368	21
航空运输业	56	130	29	28	76	71
管道运输业	57	5	1	1	3	4
多式联运和运输代理业	58	6344	363	309	1766	1089
装卸搬运和仓储业	59	2811	379	149	1305	935
邮政业	60	961	192	94	675	373
住宿和餐饮业	H	**16226**	**3342**	**1296**	**24723**	**7881**
住宿业	61	3954	1080	463	6116	2790
餐饮业	62	12272	2262	833	18607	5091
信息传输、软件和信息技术服务业	I	**60051**	**10693**	**3545**	**23844**	**21395**
电信、广播电视和卫星传输服务	63	1440	252	180	601	481
互联网和相关服务	64	7444	1149	705	2812	1354
软件和信息技术服务业	65	51167	9292	2660	20431	19560

单位：个

贵阳	昆明	拉萨	西安	兰州	西宁	银川	乌鲁木齐	大连	宁波	厦门	青岛	深圳	代码
388	537	11	2363	167	94	232	155	5364	14318	1935	9485	8852	34
218	439	13	1456	161	74	144	172	1519	7396	2266	6149	13297	35
91	124		280	21	9	25	45	354	4865	333	1212	842	36
21	22	1	375	15	6	10	13	582	806	110	1128	561	37
178	441	10	1269	120	92	129	224	731	10857	1141	2140	13445	38
88	101	6	1001	37	30	37	69	308	3941	1337	1551	26867	39
43	189		692	29	9	41	15	401	1714	339	775	4105	40
52	81	6	106	16	17	28	13	170	1205	444	861	1480	41
32	71	6	82	33	15	32	9	97	145	31	146	75	42
144	195	13	624	124	58	145	124	895	470	329	1119	1100	43
158	**355**	**60**	**482**	**127**	**162**	**245**	**185**	**453**	**683**	**170**	**595**	**376**	**D**
59	186	45	299	98	124	172	142	282	454	101	309	141	44
25	52	3	48	7	15	26	12	52	44	8	59	42	45
74	117	12	135	22	23	47	31	119	185	61	227	193	46
5737	**14480**	**1284**	**31936**	**3518**	**4398**	**3598**	**3475**	**12429**	**12934**	**8884**	**33318**	**22665**	**E**
901	2260	507	7944	757	969	890	501	1575	2073	1238	6805	3410	47
1159	3512	262	7756	884	1232	1005	872	1860	2631	1459	6836	2941	48
829	1612	99	4876	617	493	369	714	2485	1777	1379	5637	3822	49
2848	7096	416	11360	1260	1704	1334	1388	6509	6453	4808	14040	12492	50
30528	**52927**	**3316**	**71990**	**15492**	**12401**	**16601**	**25836**	**50999**	**90922**	**68952**	**140141**	**360320**	**F**
14366	31429	1213	37877	9247	5844	8737	19535	34828	68751	47975	106291	181375	51
16162	21498	2103	34113	6245	6557	7864	6301	16171	22171	20977	33850	178945	52
1896	**3990**	**258**	**4254**	**1160**	**813**	**1638**	**1756**	**6522**	**9448**	**5148**	**17577**	**25495**	**G**
4	9		9	5	8	7	19	6	6	9	19	20	53
1239	2440	170	3052	718	565	1116	903	2623	4782	2249	8759	9704	54
15	11		2	1	1			304	316	284	297	509	55
25	69	7	60	10	7	10	28	36	23	68	63	165	56
2	1		3	3			8	3	1	3	8	4	57
124	613	18	496	157	109	221	468	2624	3358	1926	6745	12202	58
260	518	39	507	213	91	124	234	715	762	381	1524	1547	59
227	329	24	125	53	32	160	96	211	200	228	162	1344	60
3664	**4461**	**418**	**4751**	**1598**	**954**	**954**	**795**	**2966**	**3908**	**4116**	**6606**	**12213**	**H**
1085	1528	232	1794	482	412	318	267	1031	1319	1356	1692	2354	61
2579	2933	186	2957	1116	542	636	528	1935	2589	2760	4914	9859	62
4663	**10098**	**759**	**15126**	**1654**	**1790**	**1922**	**3753**	**10941**	**10390**	**15814**	**19183**	**66488**	**I**
118	232	86	626	79	83	54	127	174	123	203	251	1360	63
664	781	57	2264	275	219	276	333	443	676	2915	2670	6965	64
3881	9085	616	12236	1300	1488	1592	3293	10324	9591	12696	16262	58163	65

2-3 续表 4 (2019年)

行业大类	代码	企业单位数	北京	天津	石家庄	太原
金融业	J	**78905**	**6910**	**5057**	**1260**	**871**
货币金融服务	66	17829	983	3577	253	236
资本市场服务	67	44671	4444	1141	397	129
保险业	68	6482	812	177	297	141
其他金融业	69	9923	671	162	313	365
房地产业	K	**339611**	**24986**	**11451**	**11696**	**6862**
房地产业	70	339611	24986	11451	11696	6862
租赁和商务服务业	L	**1361386**	**160571**	**40561**	**31688**	**23656**
租赁业	71	112721	11342	4226	2676	2530
商务服务业	72	1248665	149229	36335	29012	21126
科学研究和技术服务业	M	**724978**	**134364**	**28015**	**18618**	**11163**
研究和试验发展	73	108563	5953	2785	4261	1261
专业技术服务业	74	316576	41411	8139	5315	4954
科技推广和应用服务业	75	299839	87000	17091	9042	4948
水利、环境和公共设施管理业	N	**46270**	**6221**	**1466**	**1333**	**846**
水利管理业	76	1822	104	39	95	54
生态保护和环境治理业	77	7578	824	209	168	218
公共设施管理业	78	32427	5203	1156	859	532
土地管理业	79	4443	90	62	211	42
居民服务、修理和其他服务业	O	**234285**	**33054**	**7490**	**4209**	**4743**
居民服务业	80	104306	16236	3125	1720	2247
机动车、电子产品和日用产品修理业	81	85131	7730	2694	1707	1582
其他服务业	82	44848	9088	1671	782	914
教育	P	**102373**	**14561**	**2853**	**870**	**1101**
教育	83	102373	14561	2853	870	1101
卫生和社会工作	Q	**35046**	**3715**	**1123**	**759**	**746**
卫生	84	29465	3014	971	519	635
社会工作	85	5581	701	152	240	111
文化、体育和娱乐业	R	**248930**	**47638**	**7195**	**5367**	**4018**
新闻和出版业	86	4293	1346	73	134	103
广播、电视、电影和录音制作业	87	36366	8844	1193	1384	559
文化艺术业	88	64506	12411	1962	948	1180
体育	89	25713	3717	825	543	522
娱乐业	90	118052	21320	3142	2358	1654

单位：个

呼和浩特	沈阳	长春	哈尔滨	上海	南京	杭州	合肥	福州	南昌	济南	郑州	武汉	长沙	代码
273	**777**	**486**	**487**	**9060**	**956**	**3294**	**1232**	**1259**	**386**	**1334**	**723**	**1315**	**610**	J
137	399	222	224	1099	252	350	354	520	124	365	226	409	174	66
34	125	120	92	6855	362	2266	332	396	112	394	135	600	276	67
84	170	98	116	487	221	234	209	130	94	290	213	158	120	68
18	83	46	55	619	121	444	337	213	56	285	149	148	40	69
2506	**5943**	**2931**	**3400**	**21960**	**8452**	**16083**	**8794**	**4593**	**3304**	**8512**	**16077**	**14475**	**5895**	K
2506	5943	2931	3400	21960	8452	16083	8794	4593	3304	8512	16077	14475	5895	70
7236	**20740**	**7812**	**11573**	**73006**	**37785**	**57499**	**42539**	**24196**	**11024**	**36119**	**60646**	**47347**	**27695**	L
940	1729	901	1696	2911	2559	3606	4209	1852	1108	3248	5613	3270	2922	71
6296	19011	6911	9877	70095	35226	53893	38330	22344	9916	32871	55033	44077	24773	72
4094	**10910**	**4238**	**7807**	**30870**	**30264**	**29819**	**21336**	**9963**	**3828**	**23524**	**30287**	**26252**	**16594**	M
172	3054	801	847	2777	7731	3409	3813	2447	313	3277	2590	4337	3820	73
1974	4363	2169	3680	16497	13653	14986	10820	4423	2211	10279	13175	15076	6939	74
1948	3493	1268	3280	11596	8880	11424	6703	3093	1304	9968	14522	6839	5835	75
446	**513**	**294**	**548**	**1895**	**1313**	**1835**	**1634**	**793**	**437**	**1453**	**1786**	**1674**	**1175**	N
35	28	23	29	123	54	95	61	41	19	143	87	58	36	76
57	76	42	64	249	189	361	194	152	55	198	300	225	198	77
343	363	199	424	1466	698	1315	1172	563	313	846	1124	1209	858	78
11	46	30	31	57	372	64	207	37	50	266	275	182	83	79
1309	**3120**	**1841**	**2171**	**16413**	**6092**	**9263**	**7495**	**3920**	**1722**	**4775**	**7591**	**6520**	**4301**	O
526	1273	572	783	8917	2266	4644	2887	1735	528	1996	3402	2635	1905	80
541	1294	792	734	5782	2243	3213	3508	1438	820	1828	2844	2425	1260	81
242	553	477	654	1714	1583	1406	1100	747	374	951	1345	1460	1136	82
463	**1230**	**674**	**452**	**3641**	**3679**	**5954**	**3828**	**1039**	**596**	**2626**	**2873**	**2952**	**1906**	P
463	1230	674	452	3641	3679	5954	3828	1039	596	2626	2873	2952	1906	83
156	**703**	**262**	**553**	**1865**	**1075**	**1534**	**669**	**902**	**315**	**732**	**665**	**1141**	**701**	Q
114	582	198	487	1677	902	1307	522	744	290	574	477	1035	538	84
42	121	64	66	188	173	227	147	158	25	158	188	106	163	85
1578	**3697**	**1293**	**1850**	**11257**	**8229**	**11022**	**6052**	**4471**	**1692**	**6261**	**8331**	**7522**	**7804**	R
39	105	63	44	188	142	132	107	45	54	96	93	183	95	86
254	383	172	166	1366	1132	2156	770	454	195	819	954	670	586	87
678	1217	288	515	1827	3600	1907	1515	1285	341	1793	2619	1579	1309	88
141	353	118	200	2364	678	1168	592	541	174	480	572	799	548	89
466	1639	652	925	5512	2677	5659	3068	2146	928	3073	4093	4291	5266	90

2-3 续表 5 (2019年)

行业大类	代码	广州	南宁	海口	重庆	成都
金融业	**J**	**4791**	**1363**	**309**	**1885**	**1661**
货币金融服务	66	1398	221	150	959	392
资本市场服务	67	2459	314	64	549	685
保险业	68	358	94	59	240	229
其他金融业	69	576	734	36	137	355
房地产业	**K**	**30162**	**8073**	**5740**	**17858**	**12074**
房地产业	70	30162	8073	5740	17858	12074
租赁和商务服务业	**L**	**120039**	**28302**	**10202**	**62839**	**47036**
租赁业	71	8872	2203	1045	9547	4469
商务服务业	72	111167	26099	9157	53292	42567
科学研究和技术服务业	**M**	**69514**	**11707**	**4066**	**20088**	**20578**
研究和试验发展	73	19908	1352	338	1553	3546
专业技术服务业	74	23332	4541	2350	13119	11355
科技推广和应用服务业	75	26274	5814	1378	5416	5677
水利、环境和公共设施管理业	**N**	**2006**	**929**	**558**	**3860**	**1775**
水利管理业	76	67	27	22	138	44
生态保护和环境治理业	77	565	113	102	762	304
公共设施管理业	78	1284	450	369	2345	1246
土地管理业	79	90	339	65	615	181
居民服务、修理和其他服务业	**O**	**15887**	**4676**	**1956**	**16537**	**9372**
居民服务业	80	7447	1843	649	8407	3195
机动车、电子产品和日用产品修理业	81	5549	1846	875	5665	4313
其他服务业	82	2891	987	432	2465	1864
教育	**P**	**7951**	**1904**	**854**	**6803**	**3708**
教育	83	7951	1904	854	6803	3708
卫生和社会工作	**Q**	**2121**	**358**	**220**	**2652**	**2582**
卫生	84	1740	294	175	1943	2282
社会工作	85	381	64	45	709	300
文化、体育和娱乐业	**R**	**18545**	**3754**	**1798**	**14914**	**9527**
新闻和出版业	86	305	48	48	102	131
广播、电视、电影和录音制作业	87	2577	699	319	1545	840
文化艺术业	88	8438	1017	466	4231	1248
体育	89	2511	356	261	1271	1071
娱乐业	90	4714	1634	704	7765	6237

单位：个

贵阳	昆明	拉萨	西安	兰州	西宁	银川	乌鲁木齐	大连	宁波	厦门	青岛	深圳	代码
417	**1537**	**226**	**1287**	**271**	**188**	**396**	**535**	**940**	**8522**	**1216**	**2570**	**14501**	J
121	336	65	429	141	114	163	224	590	280	265	449	1628	66
144	977	141	400	48	19	138	179	170	8057	681	1670	9766	67
86	147	14	178	65	25	42	70	93	89	83	159	400	68
66	77	6	280	17	30	53	62	87	96	187	292	2707	69
3687	**6189**	**404**	**11564**	**2513**	**2058**	**1574**	**2932**	**7457**	**7600**	**4903**	**11460**	**25443**	K
3687	6189	404	11564	2513	2058	1574	2932	7457	7600	4903	11460	25443	70
12217	**22885**	**3616**	**30122**	**5181**	**6812**	**6437**	**8686**	**23739**	**35510**	**24319**	**55151**	**136600**	L
1268	2452	326	2792	703	846	772	715	1827	2372	1815	4640	8719	71
10949	20433	3290	27330	4478	5966	5665	7971	21912	33138	22504	50511	127881	72
3920	**9918**	**798**	**15806**	**2181**	**2657**	**1854**	**4596**	**9201**	**12818**	**10473**	**24124**	**58733**	M
267	1152	78	2106	155	120	109	183	1723	3134	1842	5414	11935	73
2521	5019	466	9526	1458	1820	1192	2548	3956	5936	4290	9736	33347	74
1132	3747	254	4174	568	717	553	1865	3522	3748	4341	8974	13451	75
480	**874**	**74**	**1271**	**247**	**504**	**353**	**319**	**754**	**1112**	**874**	**2531**	**2087**	N
27	35	1	52	8	13	18	21	26	49	27	64	59	76
72	152	18	205	36	142	51	54	101	222	275	217	408	77
310	592	53	941	187	281	238	220	604	809	493	1879	1483	78
71	95	2	73	16	68	46	24	23	32	79	371	137	79
4151	**5017**	**306**	**5941**	**1456**	**947**	**1250**	**1616**	**3698**	**4782**	**5285**	**7459**	**17920**	O
1892	1926	111	2326	565	431	463	564	1755	2130	2245	3207	7753	80
1783	2315	157	2702	741	370	559	843	1437	1706	2448	2770	6617	81
476	776	38	913	150	146	228	209	506	946	592	1482	3550	82
1097	**1521**	**62**	**1655**	**532**	**209**	**845**	**431**	**1265**	**4031**	**3289**	**2849**	**12069**	P
1097	1521	62	1655	532	209	845	431	1265	4031	3289	2849	12069	83
327	**601**	**43**	**977**	**208**	**127**	**151**	**218**	**1947**	**851**	**517**	**816**	**2714**	Q
278	520	38	898	180	101	117	181	1765	730	467	646	2524	84
49	81	5	79	28	26	34	37	182	121	50	170	190	85
1570	**5109**	**428**	**6058**	**1114**	**896**	**1008**	**1008**	**2939**	**6970**	**6293**	**6873**	**14849**	R
43	53	6	141	35	16	36	15	21	19	52	54	126	86
176	518	89	1228	201	225	213	151	316	1071	1043	1100	1998	87
280	945	101	1184	214	187	191	230	666	2182	1510	1917	2525	88
181	520	23	605	118	102	102	131	499	653	585	632	1757	89
890	3073	209	2900	546	366	466	481	1437	3045	3103	3170	8443	90

2–4 按行业（中类）、登记注册类型

(2019年)

行业中类	代码	企 业 单位数	内资企业			
				国有企业	集体企业	股份合作 企 业
总 计	——	**21091270**	**20840125**	**74547**	**103163**	**28333**
农、林、牧、渔业	A	**721329**	**718936**	**4027**	**5884**	**705**
农业	01	326438	325119	1272	2464	309
谷物种植	011	67125	67028	489	463	60
豆类、油料和薯类种植	012	6384	6368	47	25	11
棉、麻、糖、烟草种植	013	2906	2900	95	36	2
蔬菜、食用菌及园艺作物种植	014	110925	110305	188	812	120
水果种植	015	68644	68345	177	473	64
坚果、含油果、香料和饮料作物种植	016	20492	20396	99	189	15
中药材种植	017	28391	28329	18	195	20
草种植及割草	018	1537	1531	5	13	
其他农业	019	20034	19917	154	258	17
林业	02	62801	62538	1360	697	73
林木育种和育苗	021	53352	53162	460	366	54
造林和更新	022	5330	5287	191	94	3
森林经营、管护和改培	023	2581	2560	552	180	10
木材和竹材采运	024	867	864	110	33	
林产品采集	025	671	665	47	24	6
畜牧业	03	210889	210549	337	923	188
牲畜饲养	031	142477	142248	242	592	125
家禽饲养	032	53297	53207	47	270	50
狩猎和捕捉动物	033	113	113	1		
其他畜牧业	039	15002	14981	47	61	13
渔业	04	55688	55440	286	397	62
水产养殖	041	54480	54235	273	368	60
水产捕捞	042	1208	1205	13	29	2
农、林、牧、渔专业及辅助性活动	05	65513	65290	772	1403	73
农业专业及辅助性活动	051	51235	51063	451	1252	58
林业专业及辅助性活动	052	5333	5324	182	60	6
畜牧专业及辅助性活动	053	5234	5211	82	37	6
渔业专业及辅助性活动	054	3711	3692	57	54	3
采矿业	B	**70905**	**70540**	**411**	**1125**	**114**
煤炭开采和洗选业	06	12335	12274	149	246	41
烟煤和无烟煤开采洗选	061	11477	11420	139	233	38
褐煤开采洗选	062	270	268	10	7	1
其他煤炭采选	069	588	586		6	2
石油和天然气开采业	07	492	473	19	1	
石油开采	071	317	307	6		
天然气开采	072	175	166	13	1	
黑色金属矿采选业	08	9909	9863	37	233	13
铁矿采选	081	9016	8980	25	202	9
锰矿、铬矿采选	082	601	593	8	21	4
其他黑色金属矿采选	089	292	290	4	10	

分组的企业法人单位数

单位：个

国有联营企业	集体联营企业	国有与集体联营	其他联营	国有独资公司	其他有限责任公司	股份有限公司	私营独资	私营合伙	私营有限责任公司	代码
862	**2297**	**660**	**1838**	**61817**	**1484419**	**121544**	**1717046**	**234268**	**16802635**	——
47	**189**	**22**	**215**	**1382**	**36925**	**3698**	**296785**	**7722**	**351348**	A
20	70	7	99	596	17420	1693	130700	3061	162723	01
7	19	1	42	97	2846	251	40080	544	21233	011
			5	22	375	21	2542	72	3147	012
2	1	1		21	90	12	1861	36	701	013
8	20	2	24	206	6442	601	31726	1007	67570	014
3	13	1	12	83	2570	300	33643	802	29335	015
	9	1	6	40	904	87	8558	235	9983	016
	3		3	28	1973	222	8350	203	16923	017
				12	147	15	221	9	1083	018
	5	1	7	87	2073	184	3719	153	12748	019
9	21	5	14	216	3718	320	14322	767	40243	02
2	12	3	11	111	3212	252	12344	560	35166	021
1	4	1	1	36	286	35	1307	108	3117	022
4	4	1	1	57	148	26	378	79	1084	023
1	1		1	7	29	5	135	12	516	024
1				5	43	2	158	8	360	025
6	38	4	60	178	8151	906	114174	2249	80697	03
1	26	2	43	141	5540	623	77073	1547	54487	031
4	11	1	14	35	2039	233	28519	575	20723	032
					4	1	36		64	033
1	1	1	3	2	568	49	8546	127	5423	039
5	12		17	47	2327	262	25595	947	24897	04
5	12		17	43	2225	251	25475	937	24002	041
				4	102	11	120	10	895	042
7	48	6	25	345	5309	517	11994	698	42788	05
6	37	5	20	283	4328	424	8458	508	34178	051
1	5	1	1	40	343	26	524	39	3997	052
	2		2	15	384	38	1705	86	2756	053
	4		2	7	254	29	1307	65	1857	054
5	**20**	**6**	**18**	**604**	**8674**	**976**	**11682**	**2501**	**43256**	B
2	2		1	242	2832	258	1109	352	6833	06
2	2		1	222	2682	244	1002	332	6331	061
				13	75	8	20	1	129	062
				7	75	6	87	19	373	069
				17	129	31	7	2	262	07
				12	75	22	7	2	180	071
				5	54	9			82	072
	2	1	2	55	1073	91	1660	338	6216	08
	2		1	49	992	76	1567	321	5612	081
			1	5	49	12	56	10	414	082
		1		1	32	3	37	7	190	089

2-4 续表 1

(2019年)

行业中类	代码	私营股份有限公司	其他	港、澳、台商投资企业	与港、澳、台商合资经营	与港、澳、台商合作经营
总　　计	——	**167979**	**38717**	**133752**	**26496**	**2590**
农、林、牧、渔业	A	**5220**	**4767**	**1692**	**386**	**35**
农业	01	2155	2530	985	215	20
谷物种植	011	306	590	67	20	1
豆类、油料和薯类种植	012	51	50	10	1	
棉、麻、糖、烟草种植	013	7	35	4	1	1
蔬菜、食用菌及园艺作物种植	014	782	797	450	94	10
水果种植	015	404	465	232	47	4
坚果、含油果、香料和饮料作物种植	016	130	140	75	12	2
中药材种植	017	246	145	49	16	1
草种植及割草	018	18	8	3	1	
其他农业	019	211	300	95	23	1
林业	02	514	259	191	35	7
林木育种和育苗	021	414	195	143	31	6
造林和更新	022	65	38	28	1	1
森林经营、管护和改培	023	21	15	13	2	
木材和竹材采运	024	8	6	3		
林产品采集	025	6	5	4	1	
畜牧业	03	1287	1351	190	57	2
牲畜饲养	031	902	904	126	35	1
家禽饲养	032	304	382	51	17	1
狩猎和捕捉动物	033	1	6			
其他畜牧业	039	80	59	13	5	
渔业	04	326	260	181	39	3
水产养殖	041	316	251	180	39	3
水产捕捞	042	10	9	1		
农、林、牧、渔专业及辅助性活动	05	938	367	145	40	3
农业专业及辅助性活动	051	747	308	115	31	2
林业专业及辅助性活动	052	74	25	7	1	
畜牧专业及辅助性活动	053	73	25	10	2	1
渔业专业及辅助性活动	054	44	9	13	6	
采矿业	B	**1004**	**144**	**212**	**83**	**9**
煤炭开采和洗选业	06	194	13	27	12	
烟煤和无烟煤开采洗选	061	180	12	24	10	
褐煤开采洗选	062	3	1	2	2	
其他煤炭采选	069	11		1		
石油和天然气开采业	07	3	2	9	1	1
石油开采	071	1	2	5	1	1
天然气开采	072	2		4		
黑色金属矿采选业	08	128	14	29	16	1
铁矿采选	081	110	14	24	14	
锰矿、铬矿采选	082	13		4	2	1
其他黑色金属矿采选	089	5		1		

单位：个

			外商投资企业						代码
港、澳、台商独资	港、澳、台商投资股份有限公司	其他港、澳、台投资		中外合资经营	中外合作经营	外资企业	外商投资股份有限公司	其他外商投资	
100718	**1813**	**2135**	**117393**	**31795**	**1655**	**76472**	**2817**	**4654**	——
1192	**22**	**57**	**701**	**231**	**27**	**363**	**47**	**33**	A
704	14	32	334	114	13	174	21	12	01
41	2	3	30	10	2	15	3		011
9			6	2		4			012
1		1	2	1			1		013
331	5	10	170	55	9	97	5	4	014
169	4	8	67	25	1	32	6	3	015
59		2	21	8		9	2	2	016
23	2	7	13	7	1	3	1	1	017
2			3	1		1		1	018
69	1	1	22	5		13	3	1	019
144	3	2	72	19	4	44	4	1	02
104	2		47	16	2	27	2		021
26			15	1	1	10	2	1	022
9		2	8		1	7			023
2	1								024
3			2	2					025
120	1	10	150	47	7	77	11	8	03
83	1	6	103	28	4	55	10	6	031
29		4	39	16	2	18	1	2	032
									033
8			8	3	1	4			039
132	2	5	67	25		34	4	4	04
131	2	5	65	24		34	3	4	041
1			2	1			1		042
92	2	8	78	26	3	34	7	8	05
76	2	4	57	19	2	24	6	6	051
4		2	2	1		1			052
6		1	13	2	1	7	1	2	053
6		1	6	4		2			054
100	**5**	**15**	**153**	**64**	**19**	**45**	**9**	**16**	B
10	2	3	34	20	4	8	2		06
9	2	3	33	20	4	7	2		061
									062
1			1			1			069
6		1	10	1	3	5		1	07
3			5		3	2			071
3		1	5	1		3		1	072
10	1	1	17	9	1	2	1	4	08
9	1		12	7		1		4	081
		1	4	2	1	1			082
1			1				1		089

2-4 续表 2

(2019年)

行业中类	代码	企业单位数	内资企业	国有企业	集体企业	股份合作企业
有色金属矿采选业	09	6724	6647	54	133	16
常用有色金属矿采选	091	4654	4597	35	63	11
贵金属矿采选	092	1338	1323	11	56	4
稀有稀土金属矿采选	093	732	727	8	14	1
非金属矿采选业	10	34977	34844	124	484	44
土砂石开采	101	30587	30492	80	367	38
化学矿开采	102	963	953	11	27	2
采盐	103	298	292	22	46	
石棉及其他非金属矿采选	109	3129	3107	11	44	4
开采专业及辅助性活动	11	4272	4249	23	12	
煤炭开采和洗选专业及辅助性活动	111	350	347	6	2	
石油和天然气开采专业及辅助性活动	112	3526	3506	13	9	
其他开采专业及辅助性活动	119	396	396	4	1	
其他采矿业	12	2196	2190	5	16	
其他采矿业	120	2196	2190	5	16	
制造业	**C**	**3444243**	**3351229**	**5760**	**18521**	**10811**
农副食品加工业	13	132883	130384	1157	711	251
谷物磨制	131	23241	23105	136	86	28
饲料加工	132	14486	14007	36	38	29
植物油加工	133	10257	10104	51	74	8
制糖业	134	1056	1030	16	2	2
屠宰及肉类加工	135	23555	23239	802	233	55
水产品加工	136	11137	10638	31	86	72
蔬菜、菌类、水果和坚果加工	137	20235	19687	19	50	25
其他农副食品加工	139	28916	28574	66	142	32
食品制造业	14	74837	72670	198	268	139
焙烤食品制造	141	18790	18298	33	62	31
糖果、巧克力及蜜饯制造	142	5438	5267	9	20	18
方便食品制造	143	13270	12939	43	33	8
乳制品制造	144	1781	1669	10	2	3
罐头食品制造	145	2790	2645	7	17	7
调味品、发酵制品制造	146	8808	8565	30	53	16
其他食品制造	149	23960	23287	66	81	56
酒、饮料和精制茶制造业	15	57439	56299	202	518	101
酒的制造	151	19535	19209	56	134	59
饮料制造	152	18767	18091	57	117	28
精制茶加工	153	19137	18999	89	267	14
烟草制品业	16	228	221	20	10	1
烟叶复烤	161	63	59	6	1	
卷烟制造	162	73	71	8	1	
其他烟草制品制造	169	92	91	6	8	1
纺织业	17	148422	144374	186	573	273
棉纺织及印染精加工	171	51486	50072	84	225	92
毛纺织及染整精加工	172	8376	8123	11	53	26

单位：个

国有联营企业	集体联营企业	国有与集体联营	其他联营	国有独资公司	其他有限责任公司	股份有限公司	私营独资	私营合伙	私营有限责任公司	代码
1	2		1	63	1258	177	605	150	4056	09
1			1	32	753	116	507	116	2874	091
	2			19	310	45	72	19	760	092
				12	195	16	26	15	422	093
2	14	5	14	194	2729	350	8021	1612	20702	10
1	11	5	13	153	2120	283	7460	1510	17970	101
	1			6	190	18	85	14	586	102
1	1			22	69	12	12	1	105	103
	1		1	13	350	37	464	87	2041	109
				24	397	34	126	10	3568	11
				6	50	2	42	7	230	111
				16	307	27	49	2	3032	112
				2	40	5	35	1	306	119
				9	256	35	154	37	1619	12
				9	256	35	154	37	1619	120
75	**368**	**94**	**303**	**3732**	**236044**	**24234**	**432303**	**35339**	**2542292**	**C**
13	31	19	34	294	12243	1412	23303	1336	87359	13
1	2	1	9	90	2201	273	6007	277	13597	131
	4	2	2	25	2124	203	1068	58	10152	132
	5	1		26	992	122	2395	94	6164	133
				14	167	23	231	12	546	134
10	14	10	9	72	2084	240	3769	417	15166	135
	1	2	1	11	868	124	1532	104	7664	136
		1	4	22	1618	184	3345	146	13905	137
2	5	2	9	34	2189	243	4956	228	20165	139
1	6	3	5	108	5902	744	11958	587	51594	14
	2	1	2	10	1138	97	3810	153	12753	141
		1	1	1	347	37	1231	55	3469	142
	3			13	885	101	3310	119	8251	143
		1		22	370	56	67	5	1087	144
				8	259	46	283	55	1904	145
				12	680	109	1489	60	5957	146
1	1		2	42	2223	298	1768	140	18173	149
7	22		6	132	4871	672	12793	693	35346	15
3	4		3	57	1768	292	4733	190	11541	151
2	1			46	1720	216	2824	241	12550	152
2	17		3	29	1383	164	5236	262	11255	153
				32	68	4	21		64	16
				5	23	2	14		8	161
				20	28		2		12	162
				7	17	2	5		44	169
1	17	3	9	67	6227	704	20012	1190	113348	17
	4	1	3	35	2656	320	6818	466	38768	171
	3		1	7	358	37	1329	78	6129	172

2-4 续表 3 (2019年)

行业中类	代码	私营股份有限公司	其他	港、澳、台商投资企业	与港、澳、台商合资经营	与港、澳、台商合作经营
有色金属矿采选业	09	121	10	40	18	3
常用有色金属矿采选	091	81	7	34	17	3
贵金属矿采选	092	23	2	5	1	
稀有稀土金属矿采选	093	17	1	1		
非金属矿采选业	10	466	83	91	34	3
土砂石开采	101	405	76	64	20	3
化学矿开采	102	13		7	3	
采盐	103	1		3	1	
石棉及其他非金属矿采选	109	47	7	17	10	
开采专业及辅助性活动	11	53	2	11		1
煤炭开采和洗选专业及辅助性活动	111	1	1	2		
石油和天然气开采专业及辅助性活动	112	50	1	9		1
其他开采专业及辅助性活动	119	2				
其他采矿业	12	39	20	5	2	
其他采矿业	120	39	20	5	2	
制造业	**C**	**34764**	**6589**	**47077**	**10843**	**864**
农副食品加工业	13	1933	288	970	346	22
谷物磨制	131	353	44	62	20	
饲料加工	132	244	22	166	63	3
植物油加工	133	157	15	49	16	
制糖业	134	16	1	9	4	
屠宰及肉类加工	135	311	47	150	47	7
水产品加工	136	134	8	170	74	3
蔬菜、菌类、水果和坚果加工	137	306	62	212	70	4
其他农副食品加工	139	412	89	152	52	5
食品制造业	14	1028	129	978	291	16
焙烤食品制造	141	184	22	286	71	7
糖果、巧克力及蜜饯制造	142	65	13	91	22	1
方便食品制造	143	149	24	158	59	3
乳制品制造	144	44	2	25	3	
罐头食品制造	145	47	12	55	20	1
调味品、发酵制品制造	146	151	8	77	24	1
其他食品制造	149	388	48	286	92	3
酒、饮料和精制茶制造业	15	862	74	472	162	14
酒的制造	151	339	30	106	45	3
饮料制造	152	269	20	268	93	9
精制茶加工	153	254	24	98	24	2
烟草制品业	16		1	4	3	
烟叶复烤	161			4	3	
卷烟制造	162					
其他烟草制品制造	169		1			
纺织业	17	1512	252	2540	674	44
棉纺织及印染精加工	171	531	69	964	288	17
毛纺织及染整精加工	172	72	19	177	54	2

单位：个

港、澳、台商独资	港、澳、台商投资股份有限公司	其他港、澳、台投资	外商投资企业	中外合资经营	中外合作经营	外资企业	外商投资股份有限公司	其他外商投资	代码
17	1	1	37	14	9	7	3	4	09
13		1	23	9	5	5	2	2	091
3	1		10	3	4	1		2	092
1			4	2		1	1		093
46		8	42	17	2	16	2	5	10
36		5	31	11	2	14	1	3	101
2		2	3				1	2	102
2			3	1		2			103
6		1	5	5					109
9		1	12	3		6	1	2	11
1		1	1					1	111
8			11	3		6	1	1	112
									119
2	1		1			1			12
2	1		1			1			120
34091	**782**	**497**	**45937**	**14854**	**669**	**28876**	**780**	**758**	C
576	19	7	1529	689	58	726	30	26	13
39	2	1	74	34	2	33	1	4	131
95	4	1	313	117	14	176	5	1	132
32	1		104	42	3	57	1	1	133
5			17	9		5	2	1	134
88	6	2	166	80	1	80	4	1	135
91	2		329	162	28	127	7	5	136
136		2	336	165	5	153	5	8	137
90	4	1	190	80	5	95	5	5	139
637	21	13	1189	420	19	698	24	28	14
200	4	4	206	48	5	141	6	6	141
66	2		80	17	3	54	1	5	142
90	5	1	173	71	3	93	4	2	143
20		2	87	49	1	29	4	4	144
34			90	51		37	1	1	145
46	5	1	166	50	4	109		3	146
181	5	5	387	134	3	235	8	7	149
283	6	7	668	331	9	301	15	12	15
54	1	3	220	94	2	111	8	5	151
159	5	2	408	225	7	164	5	7	152
70		2	40	12		26	2		153
		1	3	2				1	16
		1							161
			2	1				1	162
			1	1					169
1775	32	15	1508	570	16	884	26	12	17
643	12	4	450	170	5	255	14	6	171
121			76	38	1	36		1	172

2-4 续表 4 (2019年)

行业中类	代码	企业单位数	内资企业	国有企业	集体企业	股份合作企业
麻纺织及染整精加工	173	982	947	9	7	6
丝绢纺织及印染精加工	174	2648	2567	17	26	9
化纤织造及印染精加工	175	13043	12720	8	14	15
针织或钩针编织物及其制品制造	176	23399	22764	23	80	31
家用纺织制成品制造	177	28143	27523	21	66	35
产业用纺织制成品制造	178	20345	19658	13	102	59
纺织服装、服饰业	18	185888	179710	135	691	288
机织服装制造	181	83323	79929	74	390	130
针织或钩针编织服装制造	182	24306	22978	8	59	71
服饰制造	183	78259	76803	53	242	87
皮革、毛皮、羽毛及其制品和制鞋业	19	84815	81702	58	256	361
皮革鞣制加工	191	4877	4681	6	28	58
皮革制品制造	192	29360	28078	13	71	45
毛皮鞣制及制品加工	193	7088	7006	8	24	4
羽毛(绒)加工及制品制造	194	2393	2323	6	13	1
制鞋业	195	41097	39614	25	120	253
木材加工和木、竹、藤、棕、草制品业	20	124114	123233	202	392	109
木材加工	201	62140	61989	124	169	38
人造板制造	202	19779	19590	24	28	8
木质制品制造	203	32214	31828	26	132	46
竹、藤、棕、草等制品制造	204	9981	9826	28	63	17
家具制造业	21	90002	88398	33	152	76
木质家具制造	211	63090	62221	21	116	56
竹、藤家具制造	212	936	916	3	1	
金属家具制造	213	8080	7789	8	14	12
塑料家具制造	214	721	689		2	1
其他家具制造	219	17175	16783	1	19	7
造纸和纸制品业	22	79341	77593	70	601	378
纸浆制造	221	320	308	3	3	
造纸	222	15368	14952	24	145	74
纸制品制造	223	63653	62333	43	453	304
印刷和记录媒介复制业	23	83723	82583	611	1598	751
印刷	231	74875	73806	506	1291	655
装订及印刷相关服务	232	8565	8511	103	303	92
记录媒介复制	233	283	266	2	4	4
文教、工美、体育和娱乐用品制造业	24	125634	120915	92	476	333
文教办公用品制造	241	11944	11533	19	74	40
乐器制造	242	3035	2880	2	16	9
工艺美术及礼仪用品制造	243	77649	75525	59	309	235
体育用品制造	244	12986	12243	8	23	20
玩具制造	245	16114	14916	4	48	21
游艺器材及娱乐用品制造	246	3906	3818		6	8
石油、煤炭及其他燃料加工业	25	11893	11641	28	87	23
精炼石油产品制造	251	5152	4978	15	58	15

单位：个

国有联营企业	集体联营企业	国有与集体联营	其他联营	国有独资公司	其他有限责任公司	股份有限公司	私营独资	私营合伙	私营有限责任公司	代码
				2	99	15	107	10	668	173
	1			5	216	29	460	23	1737	174
	1				269	59	1952	76	10038	175
	3		2	5	715	66	2682	172	18773	176
	1	2	2	8	920	86	3709	147	22266	177
1	4		1	5	994	92	2955	218	14969	178
	13	1	15	172	9065	721	27192	1369	138393	18
	6		12	122	4715	374	13236	735	59306	181
	3		1	10	1083	100	2823	160	18488	182
	4	1	2	40	3267	247	11133	474	60599	183
	8	1	4	19	4414	276	11139	703	63657	19
	3			1	492	25	424	33	3567	191
	3		1	3	1375	86	3161	173	22832	192
				2	145	16	665	28	6077	193
	2		1	2	205	16	325	25	1694	194
		1	2	11	2197	133	6564	444	29487	195
	10	1	9	59	4969	542	38933	1210	75540	20
	3		5	26	1959	203	25130	443	33345	201
	1	1		17	1042	149	6410	198	11476	202
	2		1	12	1547	142	4742	276	24523	203
	4		3	4	421	48	2651	293	6196	204
	3		19	7	4680	367	11005	494	70233	21
	3		9	7	3289	281	8069	344	49141	211
			1		51	2	134	7	699	212
			4		336	29	808	53	6416	213
					46	3	91	9	528	214
			5		958	52	1903	81	13449	219
	9	2	9	34	4739	369	11586	1265	57701	22
				2	98	7	23	5	162	221
	4	1	4	21	1114	132	2096	225	10911	222
	5	1	5	11	3527	230	9467	1035	46628	223
9	25	9	8	96	5038	476	14335	1251	57506	23
8	23	7	7	90	4548	429	12484	1115	51859	231
1	2	2	1	5	460	44	1827	133	5454	232
				1	30	3	24	3	193	233
	17	1	9	44	6011	534	18323	1129	92870	24
	2		2	4	567	41	1370	127	9188	241
				2	143	22	391	31	2229	242
	11		6	28	3553	311	12651	783	56942	243
	2	1	1	6	762	72	938	71	10211	244
	2			1	851	73	2760	101	10904	245
				3	135	15	213	16	3396	245
1			1	50	1549	206	1058	81	8366	25
1			1	26	703	125	293	29	3621	251

2–4 续表 5 (2019年)

行业中类	代码	私营股份有限公司	其他	港、澳、台商投资企业	与港、澳、台商合资经营	与港、澳、台商合作经营
麻纺织及染整精加工	173	23	1	27	6	1
丝绢纺织及印染精加工	174	41	3	43	21	
化纤织造及印染精加工	175	281	7	208	58	1
针织或钩针编织物及其制品制造	176	172	40	444	76	10
家用纺织制成品制造	177	185	75	280	83	10
产业用纺织制成品制造	178	207	38	397	88	3
纺织服装、服饰业	18	1252	403	3860	822	58
机织服装制造	181	621	208	2132	451	31
针织或钩针编织服装制造	182	135	37	894	173	14
服饰制造	183	496	158	834	198	13
皮革、毛皮、羽毛及其制品和制鞋业	19	536	270	2085	302	53
皮革鞣制加工	191	31	13	123	27	8
皮革制品制造	192	186	129	882	98	27
毛皮鞣制及制品加工	193	29	8	48	14	2
羽毛(绒)加工及制品制造	194	30	3	44	16	3
制鞋业	195	260	117	988	147	13
木材加工和木、竹、藤、棕、草制品业	20	981	276	494	125	17
木材加工	201	369	175	93	22	3
人造板制造	202	206	30	117	43	3
木质制品制造	203	323	56	194	37	7
竹、藤、棕、草等制品制造	204	83	15	90	23	4
家具制造业	21	1164	165	929	156	12
木质家具制造	211	815	70	512	82	5
竹、藤家具制造	212	15	3	13	3	1
金属家具制造	213	73	36	172	39	3
塑料家具制造	214	5	4	21	4	
其他家具制造	219	256	52	211	28	3
造纸和纸制品业	22	614	216	1208	269	29
纸浆制造	221	4	1	9	2	
造纸	222	158	43	273	92	8
纸制品制造	223	452	172	926	175	21
印刷和记录媒介复制业	23	680	190	770	165	25
印刷	231	606	178	732	154	23
装订及印刷相关服务	232	72	12	29	8	1
记录媒介复制	233	2		9	3	1
文教、工美、体育和娱乐用品制造业	24	827	249	2903	426	60
文教办公用品制造	241	78	21	222	54	6
乐器制造	242	31	4	57	17	
工艺美术及礼仪用品制造	243	494	143	1267	198	21
体育用品制造	244	88	40	393	63	3
玩具制造	245	111	40	919	88	30
游艺器材及娱乐用品制造	246	25	1	45	6	
石油、煤炭及其他燃料加工业	25	176	15	106	47	4
精炼石油产品制造	251	82	9	70	27	2

单位：个

港、澳、台商独资	港、澳、台商投资股份有限公司	其他港、澳、台投　资	外商投资企业	中外合资经营	中外合作经营	外资企业	外商投资股份有限公　　司	其他外商投资	代码
20			8	4		4			173
21	1		38	23		13	2		174
144	4	1	115	48	1	62	1	3	175
346	7	5	191	72	3	114	1	1	176
179	5	3	340	133	3	198	6		177
301	3	2	290	82	3	202	2	1	178
2924	34	22	2318	890	45	1320	22	41	18
1620	20	10	1262	496	27	707	10	22	181
695	6	6	434	171	7	250	2	4	182
609	8	6	622	223	11	363	10	15	183
1674	35	21	1028	272	11	716	12	17	19
84	3	1	73	22	1	49		1	191
730	20	7	400	104	4	283	5	4	192
30		2	34	17		16		1	193
22	1	2	26	14		12			194
808	11	9	495	115	6	356	7	11	195
337	9	6	387	127	10	230	4	16	20
67		1	58	8		44		6	201
65	4	2	72	23	2	41	3	3	202
144	4	2	192	70	2	115	1	4	203
61	1	1	65	26	6	30		3	204
747	7	7	675	206	6	431	10	22	21
418	4	3	357	117	4	215	6	15	211
9			7	4		3			212
126	2	2	119	28	1	88		2	213
17			11	5		6			214
177	1	2	181	52	1	119	4	5	219
875	15	20	540	177	7	334	12	10	22
6		1	3			1	2		221
160	8	5	143	65	2	70	3	3	222
709	7	14	394	112	5	263	7	7	223
554	15	11	370	126	15	218	6	5	23
531	15	9	337	110	13	203	6	5	231
18		2	25	12		13			232
5			8	4	2	2			233
2331	43	43	1816	478	37	1237	27	37	24
155	3	4	189	59	3	120	3	4	241
37	1	2	98	34	3	60	1		242
1014	17	17	857	238	12	574	12	21	243
317	4	6	350	73	5	262	3	7	244
771	16	14	279	62	14	191	7	5	245
37	2		43	12		30	1		246
53	2		146	75	4	63	2	2	25
40	1		104	46	4	50	2	2	251

2–4 续表 6 (2019年)

行业中类	代码	企业单位数	内资企业	国有企业	集体企业	股份合作企业
煤炭加工	252	4052	3990	13	29	7
生物质燃料加工	254	2689	2673			1
化学原料和化学制品制造业	26	117509	112495	271	1103	444
基础化学原料制造	261	17012	16164	68	246	76
肥料制造	262	15048	14812	46	67	31
农药制造	263	2163	2079	14	23	17
涂料、油墨、颜料及类似产品制造	264	20697	19759	26	172	75
合成材料制造	265	12586	11797	11	65	36
专用化学产品制造	266	29866	28594	76	332	130
炸药、火工及焰火产品制造	267	3056	3033	7	89	17
日用化学产品制造	268	17081	16257	23	109	62
医药制造业	27	27294	25959	90	94	61
化学药品原料药制造	271	3189	2997	9	11	14
化学药品制剂制造	272	2740	2446	16	8	4
中药饮片加工	273	5295	5227	13	11	7
中成药生产	274	4216	4056	20	16	4
兽用药品制造	275	1800	1756	12	13	8
生物药品制品制造	276	4536	4247	9	7	9
卫生材料及医药用品制造	277	4895	4660	10	24	14
药用辅料及包装材料	278	623	570	1	4	1
化学纤维制造业	28	7166	6807	4	24	9
纤维素纤维原料及纤维制造	281	888	823	1	2	1
合成纤维制造	282	5642	5372	2	20	7
生物基材料制造	283	636	612	1	2	1
橡胶和塑料制品业	29	205187	198743	110	1070	937
橡胶制品业	291	35953	34820	35	280	180
塑料制品业	292	169234	163923	75	790	757
非金属矿物制品业	30	275781	272408	443	2106	534
水泥、石灰和石膏制造	301	13955	13751	92	188	37
石膏、水泥制品及类似制品制造	302	64199	63703	96	335	91
砖瓦、石材等建筑材料制造	303	106862	106089	118	881	186
玻璃制造	304	6440	6263	6	19	13
玻璃制品制造	305	17560	17134	20	73	45
玻璃纤维和玻璃纤维增强塑料制品制造	306	7023	6843	10	60	25
陶瓷制品制造	307	25411	24866	48	114	54
耐火材料制品制造	308	13263	13074	21	268	34
石墨及其他非金属矿物制品制造	309	21068	20685	32	168	49
黑色金属冶炼和压延加工业	31	22298	21734	42	155	114
炼铁	311	681	668	8	13	2
炼钢	312	451	425	4	2	
钢压延加工	313	18481	17992	23	118	100
铁合金冶炼	314	2685	2649	7	22	12
有色金属冶炼和压延加工业	32	29446	28559	52	224	98
常用有色金属冶炼	321	3691	3601	14	36	16

单位：个

										代码
国有联营企业	集体联营企业	国有与集体联营	其他联营	国有独资公司	其他有限责任公司	股份有限公司	私营独资	私营合伙	私营有限责任公司	
				21	583	60	622	42	2549	252
				3	263	21	143	10	2196	254
3	24	4	24	278	12421	1746	9530	1381	83285	26
1	4	2	8	89	2465	389	1105	186	11209	261
	5		2	40	1830	222	766	82	11409	262
	1			10	339	78	79	10	1447	263
	6		2	19	1779	211	2128	197	14848	264
	2		1	41	1485	192	713	86	8935	265
2	3	2	6	47	2990	452	2583	345	21111	266
				25	238	65	812	359	1377	267
	3		5	7	1295	137	1344	116	12949	268
1	4	4		74	4663	1024	986	125	18071	27
				11	638	149	71	16	1967	271
	1	2		11	674	173	43	7	1426	272
	3	1		14	952	120	322	32	3606	273
		1		17	901	313	121	16	2516	274
				3	251	39	61	6	1320	275
				13	735	138	72	17	3112	276
1				4	452	81	270	26	3675	277
				1	60	11	26	5	449	278
				12	496	108	561	66	5431	28
				3	101	24	63	2	609	281
				8	310	76	462	64	4351	282
				1	85	8	36		471	283
2	15	2	15	76	13427	1022	27866	3011	148822	29
	1		6	23	2437	204	3963	479	26822	291
2	14	2	9	53	10990	818	23903	2532	122000	292
14	51	14	43	470	21457	2158	45248	4182	192213	30
3	8	2	4	118	1911	248	1995	189	8759	301
6	4	5	11	170	6313	529	11570	665	43079	302
2	24	4	16	92	6698	670	20508	2371	73137	303
	1	1		9	523	57	398	24	5129	304
	1		1	14	1220	95	1684	132	13650	305
	1		1	1	417	47	631	80	5500	306
3	1		3	25	1390	183	3907	331	18548	307
	3	1	2	3	1108	126	1726	155	9450	308
	8	1	5	38	1877	203	2829	235	14961	309
1	4	2	2	68	1938	223	2081	261	16580	31
				2	80	6	87	12	449	311
	1			3	94	11	30	5	268	312
1	2	2	1	52	1407	167	1759	213	13948	313
	1		1	11	357	39	205	31	1915	314
2	2	1	5	106	3117	393	2830	308	20984	32
			1	32	644	102	322	50	2299	321

2-4 续表 7 (2019年)

行业中类	代码	私营股份有限公司	其他	港、澳、台商投资企业	与港、澳、台商合资经营	与港、澳、台商合作经营
煤炭加工	252	60	4	26	17	1
生物质燃料加工	254	34	2	10	3	1
化学原料和化学制品制造业	26	1821	160	2182	644	43
基础化学原料制造	261	287	29	320	131	8
肥料制造	262	291	21	107	44	3
农药制造	263	60	1	27	15	
涂料、油墨、颜料及类似产品制造	264	267	29	484	108	8
合成材料制造	265	198	32	323	93	4
专用化学产品制造	266	490	25	493	160	5
炸药、火工及焰火产品制造	267	43	1	11	6	
日用化学产品制造	268	185	22	417	87	15
医药制造业	27	718	44	589	259	4
化学药品原料药制造	271	107	4	76	43	1
化学药品制剂制造	272	77	4	124	50	2
中药饮片加工	273	139	7	31	13	
中成药生产	274	120	11	100	55	1
兽用药品制造	275	42	1	18	9	
生物药品制品制造	276	128	7	127	51	
卫生材料及医药用品制造	277	93	10	92	29	
药用辅料及包装材料	278	12		21	9	
化学纤维制造业	28	88	8	207	84	
纤维素纤维原料及纤维制造	281	14	3	40	12	
合成纤维制造	282	67	5	157	69	
生物基材料制造	283	7		10	3	
橡胶和塑料制品业	29	1927	441	3788	635	72
橡胶制品业	291	325	65	551	94	5
塑料制品业	292	1602	376	3237	541	67
非金属矿物制品业	30	3087	388	1796	566	67
水泥、石灰和石膏制造	301	171	26	119	42	6
石膏、水泥制品及类似制品制造	302	740	89	311	129	6
砖瓦、石材等建筑材料制造	303	1214	168	446	115	10
玻璃制造	304	76	7	107	46	1
玻璃制品制造	305	173	26	223	63	3
玻璃纤维和玻璃纤维增强塑料制品制造	306	63	7	78	17	
陶瓷制品制造	307	227	32	302	73	37
耐火材料制品制造	308	168	9	56	21	
石墨及其他非金属矿物制品制造	309	255	24	154	60	4
黑色金属冶炼和压延加工业	31	232	31	288	126	10
炼铁	311	7	2	7	4	
炼钢	312	6	1	17	11	2
钢压延加工	313	176	23	248	103	7
铁合金冶炼	314	43	5	16	8	1
有色金属冶炼和压延加工业	32	402	35	430	141	12
常用有色金属冶炼	321	78	7	42	22	2

单位：个

港、澳、台商独资	港、澳、台商投资股份有限公司	其他港、澳、台投资	外商投资企业	中外合资经营	中外合作经营	外资企业	外商投资股份有限公司	其他外商投资	代码
8			36	26		10			252
5	1		6	3		3			254
1430	46	19	2832	977	52	1688	68	47	26
164	13	4	528	222	11	269	18	8	261
56	2	2	129	68	5	46	7	3	262
10	1	1	57	40		17			263
362	6		454	132	10	293	12	7	264
212	8	6	466	138	6	305	10	7	265
313	10	5	779	251	10	490	12	16	266
5			12	5	3	4			267
308	6	1	407	121	7	264	9	6	268
290	29	7	746	362	17	341	20	6	27
32			116	67	3	41	5		271
57	13	2	170	80	5	78	5	2	272
14	3	1	37	21		14	2		273
43		1	60	29	1	28	1	1	274
7	1	1	26	18		8			275
67	9		162	80	4	74	4		276
58	3	2	143	55	3	80	2	3	277
12			32	12	1	18	1		278
114	6	3	152	63		84	2	3	28
28			25	12		12	1		281
81	6	1	113	45		65	1	2	282
5		2	14	6		7		1	283
2980	56	45	2656	637	38	1894	42	45	29
429	11	12	582	134	10	420	10	8	291
2551	45	33	2074	503	28	1474	32	37	292
1097	34	32	1577	648	55	809	39	26	30
67	3	1	85	40	4	32	6	3	301
162	6	8	185	85	9	80	6	5	302
300	8	13	327	143	9	163	5	7	303
57		3	70	25	1	41	1	2	304
148	8	1	203	64	3	130	4	2	305
58	1	2	102	46	3	50	2	1	306
187	3	2	243	90	20	125	7	1	307
33	2		133	65	2	60	4	2	308
85	3	2	229	90	4	128	4	3	309
148	2	2	276	127	2	131	9	7	31
2	1		6	3		2		1	311
4			9	4		2	2	1	312
136	1	1	241	107	1	121	7	5	313
6		1	20	13	1	6			314
269	3	5	457	170	10	264	3	10	32
16	1	1	48	29		18	1		321

2-4 续表 8 (2019年)

行业中类	代码	企业单位数	内资企业	国有企业	集体企业	股份合作企业
贵金属冶炼	322	540	526	13	12	
稀有稀土金属冶炼	323	847	818	2	11	
有色金属合金制造	324	7211	6978	5	48	15
有色金属压延加工	325	17157	16636	18	117	67
金属制品业	33	348517	342347	213	1877	1068
结构性金属制品制造	331	128366	127123	69	628	241
金属工具制造	332	26048	25400	30	152	66
集装箱及金属包装容器制造	333	7676	7345	11	82	24
金属丝绳及其制品制造	334	17696	17434	14	89	52
建筑、安全用金属制品制造	335	52204	51137	11	181	180
金属表面处理及热处理加工	336	14126	13644	11	141	157
搪瓷制品制造	337	2144	2106	5	16	1
金属制日用品制造	338	20855	20235	7	67	52
铸造及其他金属制品制造	339	79402	77923	55	521	295
通用设备制造业	34	353928	346561	427	2097	1606
锅炉及原动设备制造	341	10035	9773	24	110	60
金属加工机械制造	342	53171	52133	94	313	179
物料搬运设备制造	343	14437	13910	19	49	42
泵、阀门、压缩机及类似机械制造	344	40660	39360	42	259	439
轴承、齿轮和传动部件制造	345	21601	20999	20	71	100
烘炉、风机、包装等设备制造	346	34437	33279	26	147	125
文化、办公用机械制造	347	3124	2827	2	5	12
通用零部件制造	348	143023	141354	163	1064	589
其他通用设备制造业	349	33440	32926	37	79	60
专用设备制造业	35	247622	241019	310	873	818
采矿、冶金、建筑专用设备制造	351	29919	29352	69	218	87
化工、木材、非金属加工专用设备制造	352	72435	70417	29	168	211
食品、饮料、烟草及饲料生产专用设备制造	353	7134	6973	13	50	65
印刷、制药、日化及日用品生产专用设备制造	354	9133	8805	11	45	46
纺织、服装和皮革加工专用设备制造	355	11406	10989	19	66	119
电子和电工机械专用设备制造	356	14142	13586	24	44	20
农、林、牧、渔专用机械制造	357	15215	14963	43	84	45
医疗仪器设备及器械制造	358	21014	19876	31	61	111
环保、邮政、社会公共服务及其他专用设备制造	359	67224	66058	71	137	114
汽车制造业	36	85402	80682	93	263	398
汽车整车制造	361	1556	1448	9	1	1
汽车用发动机制造	362	417	359	1		
改装汽车制造	363	1183	1150	10	4	2
低速汽车制造	364	92	90	1	2	
电车制造	365	506	500		1	
汽车车身、挂车制造	366	4710	4580	4	5	3
汽车零部件及配件制造	367	76938	72555	68	250	392
铁路、船舶、航空航天和其他运输设备制造业	37	31919	30848	93	263	160
铁路运输设备制造	371	3910	3802	18	136	17

单位：个

国有联营企业	集体联营企业	国有与集体联营	其他联营	国有独资公司	其他有限责任公司	股份有限公司	私营独资	私营合伙	私营有限责任公司	代码
1			2	14	115	28	35	2	293	322
	1			10	157	28	51	9	535	323
1				11	630	68	811	65	5231	324
	1	1	2	39	1571	167	1611	182	12626	325
4	30	5	28	198	21901	1591	43381	3608	265051	33
	8	1	9	79	9030	584	14327	753	100254	331
	4		4	13	1364	115	3941	291	19129	332
1	1			19	653	72	631	54	5671	333
	1			12	478	106	1244	123	15213	334
	3	1	4	10	2361	165	7697	882	39229	335
	2	1	1	8	897	56	2165	305	9769	336
	1				75	6	232	17	1738	337
			2	5	1114	93	2944	152	15597	338
3	10	2	8	52	5929	394	10200	1031	58451	339
2	29	10	18	253	18872	1942	39645	3841	274182	34
	2		1	25	1425	137	874	65	6914	341
	5	3	2	44	3022	340	5176	463	41875	342
			3	27	973	127	853	77	11557	343
	4		2	43	1932	284	3949	472	31405	344
	3	2		26	875	143	2817	362	16376	345
	3		3	22	1950	243	2640	242	27501	346
	1			1	262	42	164	12	2270	347
2	9	5	4	44	5349	453	21538	1962	109088	348
	2		3	21	3084	173	1634	186	27196	349
7	11	5	10	247	16739	1816	17828	1847	197517	35
1	2	1		108	2451	299	1886	164	23662	351
1	1	1	4	24	4733	285	6998	737	56511	352
	3	1	1	8	389	53	609	47	5639	353
	2			6	677	74	618	100	7096	354
1			1	3	384	55	1709	253	8267	355
1	1			20	1428	117	542	75	11094	356
		1	2	14	929	116	1502	117	11897	357
2				14	1572	245	1356	141	16013	358
1	2	1	2	50	4176	572	2608	213	57338	359
1	4	2	3	185	6479	719	6657	919	63943	36
				29	393	76	23	3	884	361
				4	54	11	11	1	271	362
				12	236	32	16	3	802	363
				2	12		2	1	69	364
					53	9	26	2	404	365
			1	12	343	24	187	22	3934	366
1	4	2	2	126	5388	567	6392	887	57579	367
	2	3	1	132	2561	318	3136	286	23544	37
		1		46	501	78	226	19	2696	371

2–4 续表 9 (2019年)

行业中类	代码	私营股份有限公司	其他	港、澳、台商投资企业	与港、澳、台商合资经营	与港、澳、台商合作经营
贵金属冶炼	322	10	1	7	6	
稀有稀土金属冶炼	323	14		8	5	1
有色金属合金制造	324	89	4	99	29	
有色金属压延加工	325	211	23	274	79	9
金属制品业	33	2678	714	3374	713	86
结构性金属制品制造	331	995	145	656	140	12
金属工具制造	332	210	81	344	85	14
集装箱及金属包装容器制造	333	114	12	159	55	4
金属丝绳及其制品制造	334	73	29	123	30	4
建筑、安全用金属制品制造	335	332	81	591	132	15
金属表面处理及热处理加工	336	111	20	238	59	4
搪瓷制品制造	337	11	4	20	4	2
金属制日用品制造	338	158	44	408	66	17
铸造及其他金属制品制造	339	674	298	835	142	14
通用设备制造业	34	3177	460	2799	702	37
锅炉及原动设备制造	341	121	15	77	29	1
金属加工机械制造	342	526	91	404	85	8
物料搬运设备制造	343	171	12	202	75	
泵、阀门、压缩机及类似机械制造	344	503	26	390	112	6
轴承、齿轮和传动部件制造	345	194	10	196	63	2
烘炉、风机、包装等设备制造	346	344	33	445	123	6
文化、办公用机械制造	347	45	11	153	19	1
通用零部件制造	348	989	95	725	146	9
其他通用设备制造业	349	284	167	207	50	4
专用设备制造业	35	2503	488	2887	655	47
采矿、冶金、建筑专用设备制造	351	366	38	171	60	2
化工、木材、非金属加工专用设备制造	352	475	239	1015	159	12
食品、饮料、烟草及饲料生产专用设备制造	353	85	10	65	15	3
印刷、制药、日化及日用品生产专用设备制造	354	104	26	153	35	3
纺织、服装和皮革加工专用设备制造	355	103	9	233	55	7
电子和电工机械专用设备制造	356	176	44	258	48	4
农、林、牧、渔专用机械制造	357	192	21	74	16	1
医疗仪器设备及器械制造	358	293	37	491	129	11
环保、邮政、社会公共服务及其他专用设备制造	359	709	64	427	138	4
汽车制造业	36	960	56	1170	405	12
汽车整车制造	361	27	2	29	18	1
汽车用发动机制造	362	6		8	3	
改装汽车制造	363	30	3	11	7	
低速汽车制造	364	1				
电车制造	365	4	1	1		
汽车车身、挂车制造	366	28	17	33	10	1
汽车零部件及配件制造	367	864	33	1088	367	10
铁路、船舶、航空航天和其他运输设备制造业	37	320	29	396	123	5
铁路运输设备制造	371	62	2	31	17	1

单位：个

港、澳、台商独资	港、澳、台商投资股份有限公司	其他港、澳、台投资	外商投资企业	中外合资经营	中外合作经营	外资企业	外商投资股份有限公司	其他外商投资	代码
1			7	1	3	3			322
2			21	16	2	3			323
68	2		134	43	2	85		4	324
182		4	247	81	3	155	2	6	325
2481	58	36	2796	846	54	1811	44	41	33
480	17	7	587	200	13	353	7	14	331
233	9	3	304	88	5	199	7	5	332
95	3	2	172	72	2	95	3		333
86	1	2	139	49	3	84	2	1	334
430	10	4	476	122	5	334	9	6	335
170	5		244	51	4	180	5	4	336
14			18	3		15			337
315	5	5	212	56	8	142	2	4	338
658	8	13	644	205	14	409	9	7	339
1981	49	30	4568	1394	42	3022	59	51	34
46	1		185	98	2	80	3	2	341
304	6	1	634	183	6	431	7	7	342
122	4	1	325	131	5	180	6	3	343
258	11	3	910	264	3	627	8	8	344
129		2	406	128	5	268	3	2	345
301	11	4	713	209	5	480	13	6	346
128	2	3	144	32	1	107		4	347
546	9	15	944	241	14	662	13	14	348
147	5	1	307	108	1	187	6	5	349
2110	50	25	3716	1158	40	2394	59	65	35
105	3	1	396	158	3	221	6	8	351
814	19	11	1003	225	11	738	15	14	352
46	1		96	23	2	67	2	2	353
112	2	1	175	44	2	122	3	4	354
168	2	1	184	57	3	115	5	4	355
201	3	2	298	74	4	211	1	8	356
52	5		178	53		116	4	5	357
337	7	7	647	261	8	360	11	7	358
275	8	2	739	263	7	444	12	13	359
716	21	16	3550	1186	22	2240	62	40	36
9	1		79	66		10	3		361
5			50	32		18			362
3	1		22	16		6			363
			2	1		1			364
1			5	3		2			365
22			97	41	1	52	1	2	366
676	19	16	3295	1027	21	2151	58	38	367
257	8	3	675	285	6	367	9	8	37
11	2		77	49	1	26		1	371

2-4 续表 10 (2019年)

行业中类	代码	企业单位数	内资企业			
				国有企业	集体企业	股份合作企业
城市轨道交通设备制造	372	551	533		2	
船舶及相关装置制造	373	8700	8404	44	64	35
航空、航天器及设备制造	374	1894	1788	10	5	2
摩托车制造	375	6367	6225	7	28	91
自行车和残疾人座车制造	376	3735	3481	6	22	10
助动车制造	377	4590	4543	2	3	2
非公路休闲车及零配件制造	378	1112	1051		1	
潜水救捞及其他未列明运输设备制造	379	1060	1021	6	2	3
电气机械和器材制造业	38	202301	195254	192	843	786
电机制造	381	15783	15104	31	68	84
输配电及控制设备制造	382	68781	66565	69	356	386
电线、电缆、光缆及电工器材制造	383	27744	26664	25	195	122
电池制造	384	7256	6797	11	10	9
家用电力器具制造	385	26280	25257	11	83	64
非电力家用器具制造	386	5522	5379	8	9	4
照明器具制造	387	37771	36579	14	77	84
其他电气机械及器材制造	389	13164	12909	23	45	33
计算机、通信和其他电子设备制造业	39	142589	133578	122	238	226
计算机制造	391	11682	10652	8	19	9
通信设备制造	392	11161	10503	16	22	21
广播电视设备制造	393	2666	2458	7	6	2
雷达及配套设备制造	394	283	271	3		2
非专业视听设备制造	395	6757	6196	7	7	5
智能消费设备制造	396	7368	7070	1	4	8
电子器件制造	397	22564	20739	23	26	27
电子元件及电子专用材料制造	398	62377	58666	49	130	115
其他电子设备制造	399	17731	17023	8	24	37
仪器仪表制造业	40	47546	45656	86	264	235
通用仪器仪表制造	401	31477	30536	40	159	161
专用仪器仪表制造	402	6585	6308	23	48	27
钟表与计时仪器制造	403	3134	2750	7	20	11
光学仪器制造	404	2699	2535	4	8	11
衡器制造	405	1078	1038	5	14	7
其他仪器仪表制造业	409	2573	2489	7	15	18
其他制造业	41	45458	44379	57	144	106
日用杂品制造	411	16560	15914	19	72	71
其他未列明制造业	419	28898	28465	38	72	35
废弃资源综合利用业	42	16298	16064	26	74	20
金属废料和碎屑加工处理	421	7648	7528	11	45	4
非金属废料和碎屑加工处理	422	8650	8536	15	29	16
金属制品、机械和设备修理业	43	38763	38413	137	476	107
金属制品修理	431	838	822	1	13	3
通用设备修理	432	6125	6083	17	56	11
专用设备修理	433	6773	6712	35	113	19

单位：个

国有联营企业	集体联营企业	国有与集体联营	其他联营	国有独资公司	其他有限责任公司	股份有限公司	私营独资	私营合伙	私营有限责任公司	代码
				9	113	6	10	3	387	372
	1	1		32	748	107	712	74	6487	373
				33	369	45	26	8	1251	374
				8	312	37	1137	106	4444	375
		1			143	14	440	36	2787	376
	1		1	3	243	23	398	29	3787	377
				1	44	3	63	6	926	378
					88	5	124	5	779	379
1	19	1	7	179	14360	1745	14214	1592	158736	38
	1		1	27	1084	163	1285	185	11913	381
1	9		3	88	5272	702	3733	536	54470	382
	5		2	19	2120	278	1942	214	21368	383
				14	1120	128	180	18	5185	384
				11	1549	128	2080	288	20783	385
				5	425	60	450	29	4303	386
	1		1	10	1922	197	3993	261	29628	387
	3	1		5	868	89	551	61	11086	389
1	2	1	15	170	15714	1390	6376	714	106656	39
			1	11	1653	132	253	54	8364	391
			1	28	1170	184	319	40	8529	392
1				5	247	42	182	13	1900	393
				8	43	9	8	3	189	394
			1	8	474	59	471	29	5073	395
				3	1284	103	124	24	5413	396
			2	27	2901	286	763	103	16180	397
	2	1	8	70	4991	410	3587	335	48290	398
			2	10	2951	165	669	113	12718	399
	1		1	67	3643	547	2335	321	37449	40
				37	2383	340	1408	202	25351	401
	1			13	539	123	282	36	5101	402
			1	4	240	17	198	15	2203	403
				8	226	34	137	34	2031	404
					75	9	77	11	821	405
				5	180	24	233	23	1942	409
	1			19	4479	190	4211	1264	33216	41
				5	1222	53	2108	1068	11148	411
	1			14	3257	137	2103	196	22068	419
3	2		2	35	1621	116	1244	88	12591	42
2	2		1	15	803	58	482	34	5970	421
1			1	20	818	58	762	54	6621	422
1	6		1	49	2380	159	2516	217	32044	43
				1	119	5	67	5	596	431
				2	348	24	260	17	5310	432
1	3		1	4	401	27	475	38	5530	433

2-4 续表 11 (2019年)

行业中类	代码	私营股份有限公司	其他	港、澳、台商投资企业	与港、澳、台商合资经营	与港、澳、台商合作经营
城市轨道交通设备制造	372	2	1	2	2	
船舶及相关装置制造	373	88	11	80	29	1
航空、航天器及设备制造	374	35	4	28	12	
摩托车制造	375	51	4	62	26	2
自行车和残疾人座车制造	376	21	1	133	21	1
助动车制造	377	46	5	21	3	
非公路休闲车及零配件制造	378	7		23	9	
潜水救捞及其他未列明运输设备制造	379	8	1	16	4	
电气机械和器材制造业	38	2296	283	3616	858	52
电机制造	381	245	17	275	83	7
输配电及控制设备制造	382	852	88	1089	236	9
电线、电缆、光缆及电工器材制造	383	323	51	583	109	7
电池制造	384	112	10	222	77	2
家用电力器具制造	385	230	30	567	142	13
非电力家用器具制造	386	73	13	57	21	2
照明器具制造	387	344	47	699	159	10
其他电气机械及器材制造	389	117	27	124	31	2
计算机、通信和其他电子设备制造业	39	1524	429	4535	808	45
计算机制造	391	110	38	534	57	3
通信设备制造	392	158	15	313	56	5
广播电视设备制造	393	50	3	108	22	
雷达及配套设备制造	394	5	1	5	3	
非专业视听设备制造	395	44	18	330	48	2
智能消费设备制造	396	96	10	134	32	
电子器件制造	397	319	82	824	197	6
电子元件及电子专用材料制造	398	570	108	1896	327	26
其他电子设备制造	399	172	154	391	66	3
仪器仪表制造业	40	625	82	832	152	9
通用仪器仪表制造	401	422	33	316	84	3
专用仪器仪表制造	402	102	13	85	23	1
钟表与计时仪器制造	403	17	17	331	17	5
光学仪器制造	404	38	4	59	23	
衡器制造	405	15	4	10	1	
其他仪器仪表制造业	409	31	11	31	4	
其他制造业	41	359	333	614	85	5
日用杂品制造	411	115	33	413	51	4
其他未列明制造业	419	244	300	201	34	1
废弃资源综合利用业	42	202	40	112	55	1
金属废料和碎屑加工处理	421	81	20	51	29	
非金属废料和碎屑加工处理	422	121	20	61	26	1
金属制品、机械和设备修理业	43	280	40	143	44	3
金属制品修理	431	8	4	12	2	1
通用设备修理	432	33	5	20	3	
专用设备修理	433	59	6	21	5	

单位：个

港、澳、台商独资	港、澳、台商投资股份有限公司	其他港、澳、台投资	外商投资企业	中外合资经营	中外合作经营	外资企业	外商投资股份有限公司	其他外商投资	代码
			16	12		2	1	1	372
48	1	1	216	97	1	114	2	2	373
16			78	42	1	33	1	1	374
33	1		80	34	1	43	1	1	375
106	3	2	121	22	1	93	3	2	376
18			26	12		14			377
14			38	11		26	1		378
11	1		23	6	1	16			379
2591	78	37	3431	1089	39	2176	55	72	38
177	6	2	404	121	8	268	3	4	381
799	33	12	1127	365	11	706	24	21	382
450	9	8	497	127	6	340	9	15	383
139	4		237	107	4	113	5	8	384
395	14	3	456	146	6	286	9	9	385
32		2	86	38	2	42	2	2	386
509	12	9	493	137	2	338	3	13	387
90		1	131	48		83			389
3550	86	46	4476	1001	36	3272	80	87	39
455	15	4	496	83	8	385	11	9	391
236	11	5	345	84	4	234	11	12	392
82	1	3	100	21		77	2		393
2			7	3		3		1	394
273	6	1	231	56	3	167	3	2	395
99	2	1	164	63	1	98		2	396
595	16	10	1001	287	3	684	16	11	397
1504	24	15	1815	341	16	1382	32	44	398
304	11	7	317	63	1	242	5	6	399
654	9	8	1058	300	9	719	21	9	40
221	7	1	625	186	2	418	14	5	401
60		1	192	47	1	141	3		402
303	1	5	53	9	2	40		2	403
34	1	1	105	37		66	2		404
9			30	9	2	17	2		405
27			53	12	2	37		2	409
511	5	8	465	122	4	320	11	8	41
351	3	4	233	57	2	162	9	3	411
160	2	4	232	65	2	158	2	5	419
53	2	1	122	53	2	64	1	2	42
21	1		69	33		35		1	421
32	1	1	53	20	2	29	1	1	422
93	2	1	207	73	4	122	6	2	43
8	1		4	1		3			431
17			22	2		18	1	1	432
15	1		40	13	1	25	1		433

2–4 续表 12 (2019年)

行业中类	代码	企业单位数	内资企业	国有企业	集体企业	股份合作企业
铁路、船舶、航空航天等运输设备修理	434	6257	6157	41	116	40
电气设备修理	435	3835	3817	7	63	10
仪器仪表修理	436	837	818	5	15	4
其他机械和设备修理业	439	14098	14004	31	100	20
电力、热力、燃气及水生产和供应业	D	**109072**	**106414**	**4627**	**5907**	**481**
电力、热力生产和供应业	44	75129	73758	2039	3815	410
电力生产	441	61113	59909	1231	3624	398
电力供应	442	5471	5416	575	136	5
热力生产和供应	443	8545	8433	233	55	7
燃气生产和供应业	45	8662	7989	105	37	9
燃气生产和供应业	451	8084	7423	104	33	8
生物质燃气生产和供应业	452	578	566	1	4	1
水的生产和供应业	46	25281	24667	2483	2055	62
自来水生产和供应	461	15711	15514	2002	1929	33
污水处理及其再生利用	462	8935	8533	469	123	4
海水淡化处理	463	57	52	1	1	
其他水的处理、利用与分配	469	578	568	11	2	25
建筑业	E	**1458374**	**1455869**	**3075**	**4753**	**575**
房屋建筑业	47	310789	310412	770	2487	186
住宅房屋建筑	471	260252	259957	658	2203	162
体育场馆建筑	472	703	698	5	7	2
其他房屋建筑业	479	49834	49757	107	277	22
土木工程建筑业	48	305615	305123	1639	950	89
铁路、道路、隧道和桥梁工程建筑	481	111468	111316	756	380	38
水利和水运工程建筑	482	16663	16633	497	119	9
海洋工程建筑	483	441	438		1	
工矿工程建筑	484	5490	5480	36	29	4
架线和管道工程建筑	485	22772	22717	102	132	9
节能环保工程施工	486	7962	7934	8	3	5
电力工程施工	487	8470	8449	20	24	1
其他土木工程建筑	489	132349	132156	220	262	23
建筑安装业	49	206573	206022	295	648	128
电气安装	491	55341	55160	79	189	31
管道和设备安装	492	53610	53468	103	234	49
其他建筑安装业	499	97622	97394	113	225	48
建筑装饰、装修和其他建筑业	50	635397	634312	371	668	172
建筑装饰和装修业	501	473375	472457	145	418	138
建筑物拆除和场地准备活动	502	31647	31624	103	85	8
提供施工设备服务	503	10136	10118	10	21	2
其他未列明建筑业	509	120239	120113	113	144	24
批发和零售业	F	**6980244**	**6923993**	**15021**	**28660**	**5988**
批发业	51	3803192	3758729	9002	12774	2827
农、林、牧、渔产品批发	511	155990	155369	1986	1227	116
食品、饮料及烟草制品批发	512	377751	374254	2544	1171	214

单位：个

国有联营企业	集体联营企业	国有与集体联营	其他联营	国有独资公司	其他有限责任公司	股份有限公司	私营独资	私营合伙	私营有限责任公司	代码
	2			21	438	42	571	73	4762	434
				8	230	14	236	14	3197	435
					59	5	24	5	695	436
	1			13	785	42	883	65	11954	439
63	**177**	**46**	**84**	**3961**	**22936**	**1973**	**10028**	**7823**	**46822**	D
39	110	24	50	2377	15765	1447	6953	7310	32388	44
23	108	21	50	1690	12663	1186	6651	7246	24179	441
13	2	3		336	1103	107	143	53	2868	442
3				351	1999	154	159	11	5341	443
1	1			154	2322	177	417	56	4548	45
1	1			153	2222	167	375	53	4152	451
				1	100	10	42	3	396	452
23	66	22	34	1430	4849	349	2658	457	9886	46
20	63	19	33	996	2682	222	2435	414	4484	461
3	3	3	1	415	2071	124	169	21	5024	462
				3	14	1	1		30	463
				16	82	2	53	22	348	469
19	**62**	**21**	**53**	**4105**	**102750**	**6958**	**28283**	**2014**	**1289997**	E
6	29	12	19	1005	29241	2432	8781	478	261518	47
5	25	10	17	820	25228	2181	4871	327	220490	471
				6	108	12	7		548	472
1	4	2	2	179	3905	239	3903	151	40480	479
7	16	5	7	2378	24709	1672	6042	426	264334	48
4	4	1	2	1455	10369	737	1844	147	94420	481
2	2	1		298	2085	175	598	31	12617	482
				3	46	4	7	1	372	483
	3	1		66	632	35	79	8	4529	484
	2		2	163	2175	154	341	14	19433	485
1				16	603	54	46	8	7118	486
				51	789	46	63	8	7363	487
	5	2	3	326	8010	467	3064	209	118482	489
3	6	1	7	323	14157	901	3187	276	184210	49
1			3	100	4320	300	767	74	48802	491
1	1	1	1	118	3367	230	879	75	47953	492
1	5		3	105	6470	371	1541	127	87455	499
3	11	3	20	399	34643	1953	10273	834	579935	50
1	6	3	18	120	25170	1420	7316	598	433369	501
2	1		1	111	2283	125	757	59	27840	502
	1			18	628	36	289	19	9007	503
	3		1	150	6562	372	1911	158	109719	509
218	**690**	**188**	**572**	**6464**	**368144**	**23883**	**517850**	**24774**	**5876753**	F
109	305	85	258	4391	207098	12699	180032	9979	3289602	51
19	44	7	35	684	11151	997	26569	999	109601	511
16	23	13	33	922	21888	1699	23118	1327	317850	512

2-4 续表 13 (2019年)

行业中类	代码	私营股份有限公司	其他	港、澳、台商投资企业	与港、澳、台商合资经营	与港、澳、台商合作经营
铁路、船舶、航空航天等运输设备修理	434	47	4	30	22	2
电气设备修理	435	32	6	10	3	
仪器仪表修理	436	4	2	12	1	
其他机械和设备修理业	439	97	13	38	8	
电力、热力、燃气及水生产和供应业	**D**	**1208**	**278**	**1491**	**667**	**47**
电力、热力生产和供应业	44	849	182	836	324	23
电力生产	441	692	147	763	281	19
电力供应	442	55	17	24	9	2
热力生产和供应	443	102	18	49	34	2
燃气生产和供应业	45	141	21	341	199	12
燃气生产和供应业	451	135	19	335	196	12
生物质燃气生产和供应业	452	6	2	6	3	
水的生产和供应业	46	218	75	314	144	12
自来水生产和供应	461	132	50	116	65	10
污水处理及其再生利用	462	79	24	188	74	2
海水淡化处理	463		1	4		
其他水的处理、利用与分配	469	7		6	5	
建筑业	**E**	**11009**	**2195**	**1685**	**375**	**36**
房屋建筑业	47	2996	452	266	72	4
住宅房屋建筑	471	2638	322	217	54	4
体育场馆建筑	472	1	2	2	1	
其他房屋建筑业	479	357	128	47	17	
土木工程建筑业	48	2353	496	302	73	10
铁路、道路、隧道和桥梁工程建筑	481	931	228	83	30	7
水利和水运工程建筑	482	168	31	19	7	
海洋工程建筑	483	2	2	2	1	
工矿工程建筑	484	52	6	1		
架线和管道工程建筑	485	166	24	28	10	1
节能环保工程施工	486	66	6	11	4	
电力工程施工	487	77	7	13	4	1
其他土木工程建筑	489	891	192	145	17	1
建筑安装业	49	1592	288	301	76	7
电气安装	491	435	59	96	22	3
管道和设备安装	492	396	60	73	25	2
其他建筑安装业	499	761	169	132	29	2
建筑装饰、装修和其他建筑业	50	4068	959	816	154	15
建筑装饰和装修业	501	3114	621	707	134	11
建筑物拆除和场地准备活动	502	223	26	17	2	1
提供施工设备服务	503	68	19	11	4	
其他未列明建筑业	509	663	293	81	14	3
批发和零售业	**F**	**45301**	**9487**	**27530**	**2994**	**181**
批发业	51	24409	5159	20569	2050	107
农、林、牧、渔产品批发	511	1649	285	320	62	4
食品、饮料及烟草制品批发	512	2943	493	1891	312	17

单位：个

港、澳、台商独资	港、澳、台商投资股份有限公司	其他港、澳、台投资	外商投资企业	中外合资经营	中外合作经营	外资企业	外商投资股份有限公司	其他外商投资	代码
5		1	70	41	2	26	1		434
7			8	2		6			435
11			7	2		5			436
30			56	12	1	39	3	1	439
734	**28**	**15**	**1167**	**591**	**68**	**428**	**37**	**43**	D
461	20	8	535	273	36	180	18	28	44
436	19	8	441	227	32	147	12	23	441
13			31	11		14	3	3	442
12	1		63	35	4	19	3	2	443
122	7	1	332	194	8	111	11	8	45
119	7	1	326	191	8	108	11	8	451
3			6	3		3			452
151	1	6	300	124	24	137	8	7	46
40		1	81	39	18	19	3	2	461
106	1	5	214	83	6	115	5	5	462
4			1	1					463
1			4	1		3			469
1222	**22**	**30**	**820**	**308**	**28**	**409**	**26**	**49**	E
181	2	7	111	33	4	56	5	13	47
154	1	4	78	24	3	37	3	11	471
1			3	1		2			472
26	1	3	30	8	1	17	2	2	479
208	3	8	190	94	13	67	4	12	48
43	2	1	69	39	10	15	1	4	481
11		1	11	5	1	5			482
1			1			1			483
1			9	3		4	1	1	484
16	1		27	14	1	11	1		485
7			17	10		6		1	486
8			8	2		5	1		487
121		6	48	21	1	20		6	489
208	5	5	250	84	6	145	7	8	49
67	2	2	85	33		47	2	3	491
44	1	1	69	23	5	39		2	492
97	2	2	96	28	1	59	5	3	499
625	12	10	269	97	5	141	10	16	50
543	11	8	211	80	3	112	7	9	501
12		2	6	4			1	1	502
7			7	2	1	4			503
63	1		45	11	1	25	2	6	509
23623	**291**	**441**	**28721**	**4215**	**132**	**21952**	**545**	**1877**	F
17936	203	273	23894	3169	82	18750	345	1548	51
236	6	12	301	64	4	209	11	13	511
1508	23	31	1606	370	13	1137	36	50	512

2-4 续表 14 (2019年)

行业中类	代码	企业单位数	内资企业	国有企业	集体企业	股份合作企业
纺织、服装及家庭用品批发	513	616913	605118	353	835	267
文化、体育用品及器材批发	514	146110	144044	226	216	156
医药及医疗器材批发	515	127519	126445	311	119	62
矿产品、建材及化工产品批发	516	1055709	1049274	1867	6465	967
机械设备、五金产品及电子产品批发	517	882725	869576	889	1371	753
贸易经纪与代理	518	136840	133657	369	167	55
其他批发业	519	303635	300992	457	1203	237
零售业	52	3177052	3165264	6019	15886	3161
综合零售	521	360918	359314	1233	7258	448
食品、饮料及烟草制品专门零售	522	318657	317571	1671	1616	386
纺织、服装及日用品专门零售	523	364831	362640	341	1348	301
文化、体育用品及器材专门零售	524	186446	185599	584	642	281
医药及医疗器材专门零售	525	236613	236388	510	507	330
汽车、摩托车、零配件和燃料及其他动力销售	526	348563	347182	676	1722	407
家用电器及电子产品专门零售	527	391923	390239	171	374	256
五金、家具及室内装饰材料专门零售	528	469835	468637	405	1259	474
货摊、无店铺及其他零售业	529	499266	497694	428	1160	278
交通运输、仓储和邮政业	**G**	**619744**	**614043**	**6010**	**3697**	**563**
铁路运输业	53	1238	1233	31	27	1
铁路旅客运输	531	190	190	2	1	
铁路货物运输	532	766	762	24	9	
铁路运输辅助活动	533	282	281	5	17	1
道路运输业	54	393818	392417	1738	1804	346
城市公共交通运输	541	15042	14945	333	209	43
公路旅客运输	542	10122	10012	306	207	34
道路货物运输	543	348093	347106	396	828	219
道路运输辅助活动	544	20561	20354	703	560	50
水上运输业	55	14306	14007	128	389	19
水上旅客运输	551	1398	1376	28	74	3
水上货物运输	552	8480	8400	50	266	11
水上运输辅助活动	553	4428	4231	50	49	5
航空运输业	56	2997	2925	50	3	2
航空客货运输	561	1010	979	19	2	
通用航空服务	562	1118	1107	10		
航空运输辅助活动	563	869	839	21	1	2
管道运输业	57	371	344	4	1	1
海底管道运输	571	24	21		1	
陆地管道运输	572	347	323	4		1
多式联运和运输代理业	58	110834	108742	183	193	91
多式联运	581	3008	2982	6	7	3
运输代理业	582	107826	105760	177	186	88
装卸搬运和仓储业	59	69855	68094	3081	1255	91
装卸搬运	591	29461	29295	80	796	40
通用仓储	592	11604	10877	101	163	15

单位：个

国有联营企业	集体联营企业	国有与集体联营	其他联营	国有独资公司	其他有限责任公司	股份有限公司	私营独资	私营合伙	私营有限责任公司	代码
6	18	7	12	182	24365	1329	17343	1232	555793	513
4	2	2	4	152	6684	450	4364	352	130506	514
4	1	1	5	155	10078	701	5845	299	107466	515
38	142	32	90	1643	59571	3734	66023	2845	897782	516
15	29	13	41	373	45565	2267	18083	1741	792407	517
2	4	3	16	139	8843	524	2289	296	119669	518
5	42	7	22	141	18953	998	16398	888	258528	519
109	385	103	314	2073	161046	11184	337818	14795	2587151	52
24	121	17	73	222	18956	1369	34101	1597	290788	521
16	60	10	35	485	17808	1361	36326	1515	253328	522
3	26	5	25	51	15204	929	40542	1351	300024	523
3	22	4	8	467	9301	731	11972	612	159579	524
8	30	12	47	131	10793	1002	93122	2361	125465	525
32	62	41	61	385	27806	2108	38556	3105	268795	526
4	11	2	19	71	20032	1203	18412	990	345648	527
5	33	5	12	101	21023	1172	37232	1694	401820	528
14	20	7	34	160	20123	1309	27555	1570	441704	529
51	**87**	**40**	**62**	**3985**	**51618**	**3879**	**19334**	**1910**	**516790**	**G**
	1			57	436	34	26	4	606	53
				11	98	9	5		63	531
				34	287	20	7	4	371	532
	1			12	51	5	14		172	533
17	48	16	34	1917	29460	2300	11704	1113	338238	54
2	5	2	4	604	2700	238	184	58	10341	541
4	5	4	6	277	2096	277	247	70	6315	542
4	19	6	10	421	21966	1579	9954	776	307847	543
7	19	4	14	615	2698	206	1319	209	13735	544
2	6	1	1	231	2079	203	276	56	10440	55
				35	233	19	34	19	906	551
2	5		1	78	1111	117	161	16	6478	552
	1	1		118	735	67	81	21	3056	553
1				176	616	58	24	4	1949	56
				34	174	17	9	1	708	561
				26	226	19	10		798	562
1				116	216	22	5	3	443	563
				10	114	13	9	1	188	57
					3	1	1		15	571
				10	111	12	8	1	173	572
4	3	1	15	300	9565	498	2859	355	93604	58
				6	164	7	164	9	2575	581
4	3	1	15	294	9401	491	2695	346	91029	582
14	28	20	11	1244	7436	512	3741	327	49641	59
2	12	6	3	53	2157	130	1677	188	23908	591
	1	3	3	116	1487	81	413	27	8368	592

2-4 续表 15 (2019年)

行业中类	代码					
		私营股份有限公司	其他	港、澳、台商投资企业	与港、澳、台商合资经营	与港、澳、台商合作经营
纺织、服装及家庭用品批发	513	2853	523	4599	369	18
文化、体育用品及器材批发	514	779	147	1085	87	6
医药及医疗器材批发	515	1271	127	408	104	2
矿产品、建材及化工产品批发	516	6762	1313	3169	426	22
机械设备、五金产品及电子产品批发	517	4943	1086	6608	438	20
贸易经纪与代理	518	1041	240	1225	103	9
其他批发业	519	2168	945	1264	149	9
零售业	52	20892	4328	6961	944	74
综合零售	521	2314	793	882	122	13
食品、饮料及烟草制品专门零售	522	2537	417	606	124	6
纺织、服装及日用品专门零售	523	2091	399	1269	159	8
文化、体育用品及器材专门零售	524	1212	181	461	44	4
医药及医疗器材专门零售	525	1651	419	92	33	2
汽车、摩托车、零配件和燃料及其他动力销售	526	3012	414	684	154	22
家用电器及电子产品专门零售	527	2647	399	1257	82	6
五金、家具及室内装饰材料专门零售	528	2853	549	810	75	7
货摊、无店铺及其他零售业	529	2575	757	900	151	6
交通运输、仓储和邮政业	**G**	**5121**	**896**	**3336**	**711**	**464**
铁路运输业	53	2	8	2	1	
铁路旅客运输	531		1			
铁路货物运输	532	2	4	1	1	
铁路运输辅助活动	533		3	1		
道路运输业	54	3198	484	882	160	374
城市公共交通运输	541	196	26	55	22	15
公路旅客运输	542	144	20	89	15	60
道路货物运输	543	2695	386	643	113	251
道路运输辅助活动	544	163	52	95	10	48
水上运输业	55	143	33	150	86	16
水上旅客运输	551	23	2	13	10	2
水上货物运输	552	88	16	46	14	9
水上运输辅助活动	553	32	15	91	62	5
航空运输业	56	36	6	32	14	1
航空客货运输	561	14	1	14	4	
通用航空服务	562	15	3	5	3	
航空运输辅助活动	563	7	2	13	7	1
管道运输业	57	3		11	7	
海底管道运输	571			1	1	
陆地管道运输	572	3		10	6	
多式联运和运输代理业	58	852	219	1273	196	49
多式联运	581	15	26	12	2	
运输代理业	582	837	193	1261	194	49
装卸搬运和仓储业	59	593	100	958	243	24
装卸搬运	591	211	32	90	54	3
通用仓储	592	96	3	402	81	8

单位：个

港、澳、台商独资	港、澳、台商投资股份有限公司	其他港、澳、台投资	外商投资企业	中外合资经营	中外合作经营	外资企业	外商投资股份有限公司	其他外商投资	代码
4102	55	55	7196	609	16	5610	67	894	513
977	6	9	981	140	6	730	17	88	514
287	7	8	666	169	4	471	9	13	515
2652	29	40	3266	560	17	2530	55	104	516
6031	55	64	6541	836	18	5365	92	230	517
1075	8	30	1958	209	2	1617	30	100	518
1068	14	24	1379	212	2	1081	28	56	519
5687	88	168	4827	1046	50	3202	200	329	52
700	15	32	722	116	14	527	31	34	521
453	7	16	480	112	8	306	18	36	522
1052	13	37	922	143	4	702	36	37	523
396	9	8	386	56	3	234	13	80	524
49	1	7	133	39	1	74	8	11	525
473	17	18	697	230	7	368	53	39	526
1146	7	16	427	85	2	298	15	27	527
693	13	22	388	78	8	266	10	26	528
725	6	12	672	187	3	427	16	39	529
2074	**48**	**39**	**2365**	**764**	**142**	**1323**	**59**	**77**	**G**
1			3	1		2			53
									531
			3	1		2			532
1									533
322	10	16	519	164	115	197	18	25	54
15		3	42	15	7	13	5	2	541
10	3	1	21	5	12	3		1	542
264	4	11	344	119	30	165	11	19	543
33	3	1	112	25	66	16	2	3	544
43	4	1	149	110	2	36	1		55
1			9	6		3			551
22		1	34	20		14			552
20	4		106	84	2	19	1		553
14	3		40	12	1	24	2	1	56
8	2		17	5		10	1	1	561
2			6	2		4			562
4	1		17	5	1	10	1		563
4			16	6		8	2		57
			2	1		1			571
4			14	5		7	2		572
997	23	8	819	212	12	548	20	27	58
10			14	4		9	1		581
987	23	8	805	208	12	539	19	27	582
669	8	14	803	255	11	499	16	22	59
33			76	44	2	27		3	591
305	4	4	325	80	5	226	7	7	592

2-4 续表 16 (2019年)

行业中类	代码	企业单位数	内资企业	国有企业	集体企业	股份合作企业
低温仓储	593	3396	3340	22	17	3
危险品仓储	594	726	646	10	8	
谷物、棉花等农产品仓储	595	10022	9993	2716	114	10
中药材仓储	596	126	125	1	2	
其他仓储业	599	14520	13818	151	155	23
邮政业	60	26325	26281	795	25	12
邮政基本服务	601	1182	1180	733	19	4
快递服务	602	24658	24621	57	6	7
其他寄递服务	609	485	480	5		1
住宿和餐饮业	**H**	**446998**	**442010**	**3422**	**2544**	**820**
住宿业	61	130969	129571	2531	1563	316
旅游饭店	611	35880	34943	1141	317	50
一般旅馆	612	77599	77201	1165	1052	241
民宿服务	613	5435	5421	16	48	4
露营地服务	614	142	141	1		
其他住宿业	619	11913	11865	208	146	21
餐饮业	62	316029	312439	891	981	504
正餐服务	621	250408	247864	795	805	377
快餐服务	622	19972	19546	30	61	56
饮料及冷饮服务	623	9425	9126	7	23	22
餐饮配送及外卖送餐服务	624	7637	7594	11	4	5
其他餐饮业	629	28587	28309	48	88	44
信息传输、软件和信息技术服务业	**I**	**1039712**	**1024723**	**1080**	**517**	**347**
电信、广播电视和卫星传输服务	63	25225	24629	612	138	15
电信	631	21892	21307	392	33	9
广播电视传输服务	632	2863	2856	211	101	3
卫星传输服务	633	470	466	9	4	3
互联网和相关服务	64	135270	134346	62	38	51
互联网接入及相关服务	641	14222	14150	8	8	5
互联网信息服务	642	67391	67047	26	15	22
互联网平台	643	12572	12372	15	3	7
互联网安全服务	644	1361	1354	1	1	1
互联网数据服务	645	6598	6496	8	6	11
其他互联网服务	649	33126	32927	4	5	5
软件和信息技术服务业	65	879217	865748	406	341	281
软件开发	651	532077	523534	123	102	121
集成电路设计	652	13296	12815	8	1	8
信息系统集成和物联网技术服务	653	50978	50441	27	11	13
运行维护服务	654	7742	7623	9	7	3
信息处理和存储支持服务	655	6083	5914	6	4	6
信息技术咨询服务	656	191703	188892	189	190	103
数字内容服务	657	14762	14597	10	4	4
其他信息技术服务业	659	62576	61932	34	22	23

单位：个

国有联营企业	集体联营企业	国有与集体联营	其他联营	国有独资公司	其他有限责任公司	股份有限公司	私营独资	私营合伙	私营有限责任公司	代码
	1			18	325	30	606	28	2247	593
1	1			17	180	11	14	4	391	594
9	7	7	3	912	1457	159	536	41	3881	595
				1	18	3	11	2	85	596
2	6	4	2	127	1812	98	484	37	10761	599
13	1	2	1	50	1912	261	695	50	22124	60
10	1	2		30	48	27	29	6	265	601
3			1	18	1823	225	630	42	21480	602
				2	41	9	36	2	379	609
33	**71**	**18**	**43**	**1034**	**34533**	**2346**	**73256**	**5293**	**314398**	**H**
27	43	15	10	739	13941	1081	22980	2043	82883	61
12	9	3	4	480	6247	463	3155	321	22288	611
15	28	9	4	225	6245	511	17151	1515	48269	612
	3	1		4	332	22	994	57	3904	613
				1	26	5	7	1	98	614
	3	2	2	29	1091	80	1673	149	8324	619
6	28	3	33	295	20592	1265	50276	3250	231515	62
6	22	3	30	265	16705	1047	41023	2625	181958	621
			1	13	1097	65	2747	218	15096	622
	1			3	632	38	1745	127	6447	623
			1	10	522	31	322	33	6565	624
	5		1	4	1636	84	4439	247	21449	629
28	**12**	**6**	**27**	**1184**	**75294**	**6186**	**19987**	**7726**	**901587**	**I**
9	2	2	8	494	2794	1077	1183	109	17870	63
6	1	1	7	341	2038	928	1034	75	16171	631
3	1	1	1	147	675	140	146	29	1362	632
				6	81	9	3	5	337	633
2		1	2	162	10136	831	4924	746	115735	64
		1	1	10	966	73	472	59	12376	641
1			1	68	4734	435	2827	346	57743	642
				34	1417	97	264	77	10288	643
				4	116	15	19	10	1169	644
				27	698	61	71	61	5463	645
1				19	2205	150	1271	193	28696	649
17	10	3	17	528	62364	4278	13880	6871	767982	65
8	5	1	7	221	37746	2713	4931	3627	468676	651
		1		9	893	72	295	114	11243	652
	2			75	3881	366	635	258	44555	653
				16	553	65	132	38	6694	654
				33	738	59	104	45	4837	655
7	3	1	8	122	13062	682	6095	2285	164355	656
				13	1106	108	233	49	12886	657
2			2	39	4385	213	1455	455	54736	659

2-4 续表 17 (2019年)

行业中类	代码	私营股份有限公司	其他	港、澳、台商投资企业	与港、澳、台商合资经营	与港、澳、台商合作经营
低温仓储	593	41	2	34	10	2
危险品仓储	594	7	2	36	19	3
谷物、棉花等农产品仓储	595	121	20	18	6	
中药材仓储	596	2				
其他仓储业	599	115	41	378	73	8
邮政业	60	294	46	28	4	
邮政基本服务	601	2	4	1		
快递服务	602	288	41	24	4	
其他寄递服务	609	4	1	3		
住宿和餐饮业	**H**	**3540**	**659**	**2559**	**647**	**87**
住宿业	61	1197	202	823	292	50
旅游饭店	611	388	65	576	224	39
一般旅馆	612	680	91	210	58	10
民宿服务	613	26	10	8	1	
露营地服务	614	1	1			
其他住宿业	619	102	35	29	9	1
餐饮业	62	2343	457	1736	355	37
正餐服务	621	1900	303	1283	256	33
快餐服务	622	126	36	161	30	1
饮料及冷饮服务	623	68	13	142	30	
餐饮配送及外卖送餐服务	624	67	23	22	8	2
其他餐饮业	629	182	82	128	31	1
信息传输、软件和信息技术服务业	**I**	**9291**	**1451**	**8887**	**922**	**54**
电信、广播电视和卫星传输服务	63	273	43	293	45	3
电信	631	236	35	286	42	3
广播电视传输服务	632	29	7	5	3	
卫星传输服务	633	8	1	2		
互联网和相关服务	64	1419	237	586	71	4
互联网接入及相关服务	641	143	28	50	14	
互联网信息服务	642	711	118	213	24	1
互联网平台	643	146	24	132	10	1
互联网安全服务	644	18		5		
互联网数据服务	645	79	11	52	11	
其他互联网服务	649	322	56	134	12	2
软件和信息技术服务业	65	7599	1171	8008	806	47
软件开发	651	4650	603	5059	530	25
集成电路设计	652	102	69	192	34	2
信息系统集成和物联网技术服务	653	504	114	260	42	2
运行维护服务	654	89	17	63	4	1
信息处理和存储支持服务	655	75	7	84	19	
信息技术咨询服务	656	1591	199	1869	132	13
数字内容服务	657	179	5	89	8	1
其他信息技术服务业	659	409	157	392	37	3

单位：个

港、澳、台商独资	港、澳、台商投资股份有限公司	其他港、澳、台投资	外商投资企业	中外合资经营	中外合作经营	外资企业	外商投资股份有限公司	其他外商投资	代码
20	1	1	22	11	2	9			593
14			44	31		11	1	1	594
11		1	11	7		3		1	595
			1	1					596
286	3	8	324	81	2	223	8	10	599
24			16	4	1	9		2	60
1			1			1			601
20			13	4	1	6		2	602
3			2			2			609
1712	**46**	**67**	**2429**	**537**	**50**	**1634**	**91**	**117**	**H**
437	22	22	575	190	32	307	23	23	61
289	14	10	361	131	30	175	13	12	611
123	7	12	188	52	2	118	8	8	612
7			6	2		4			613
			1				1		614
18	1		19	5		10	1	3	619
1275	24	45	1854	347	18	1327	68	94	62
945	17	32	1261	250	15	896	36	64	621
124	3	3	265	37	1	206	9	12	622
108	1	3	157	24		110	14	9	623
11		1	21	5		16			624
87	3	6	150	31	2	99	9	9	629
7643	**142**	**126**	**6102**	**1642**	**42**	**4073**	**166**	**179**	**I**
163	59	23	303	28	3	196	49	27	63
160	58	23	299	27	3	194	48	27	631
1	1		2			1	1		632
2			2	1		1			633
491	10	10	338	113	1	203	9	12	64
35		1	22	4		13	4	1	641
183	4	1	131	35		87	2	7	642
115	2	4	68	32		35		1	643
4	1		2			2			644
39		2	50	20		29	1		645
115	3	2	65	22	1	37	2	3	649
6989	73	93	5461	1501	38	3674	108	140	65
4407	47	50	3484	992	21	2316	72	83	651
149	2	5	289	98	4	176	6	5	652
206	5	5	277	81	4	182	7	3	653
56		2	56	14		40		2	654
62	2	1	85	27		55		3	655
1691	9	24	942	205	6	685	10	36	656
78	2		76	14	1	58	3		657
340	6	6	252	70	2	162	10	8	659

2-4 续表 18 (2019年)

行业中类	代码	企业单位数	内资企业	国有企业	集体企业	股份合作企业
金融业	J	**129926**	**122800**	**2574**	**454**	**639**
货币金融服务	66	37345	33077	1495	397	568
中央银行服务	661	71	69	7		
货币银行服务	662	11140	10364	1342	371	555
非货币银行服务	663	26058	22574	139	24	9
银行理财服务	664	62	59	6	2	4
银行监管服务	665	14	11	1		
资本市场服务	67	59617	58821	226	27	37
证券市场服务	671	624	598	14	1	1
公开募集证券投资基金	672	1109	1062	7	1	1
非公开募集证券投资基金	673	13308	13056	28	1	1
期货市场服务	674	604	597	23		
证券期货监管服务	675	22	21			
资本投资服务	676	22162	21887	97	19	20
其他资本市场服务	679	21788	21600	57	5	14
保险业	68	17602	15755	726	13	29
人身保险	681	5790	4607	120	3	14
财产保险	682	6093	5565	543	4	7
再保险	683	22	15	2		
商业养老金	684	241	237	1	1	
保险中介服务	685	3284	3228	53	1	8
保险资产管理	686	73	72			
其他保险活动	689	2099	2031	7	4	
其他金融业	69	15362	15147	127	17	5
金融信托与管理服务	691	1541	1522	24	6	
控股公司服务	692	2516	2489	15	3	1
非金融机构支付服务	693	286	283	9		
金融信息服务	694	3829	3798	6	3	
金融资产管理公司	695	586	573	6		3
其他未列明金融业	699	6604	6482	67	5	1
房地产业	K	**806707**	**794371**	**6497**	**8376**	**1852**
房地产业	70	806707	794371	6497	8376	1852
房地产开发经营	701	231702	225350	1618	692	101
物业管理	702	253488	251502	1081	1560	244
房地产中介服务	703	228643	227786	381	316	96
房地产租赁经营	704	78203	75242	3125	5616	1400
其他房地产业	709	14671	14491	292	192	11
租赁和商务服务业	L	**2553784**	**2527050**	**7866**	**12762**	**1976**
租赁业	71	252245	250940	272	320	91
机械设备经营租赁	711	244706	243455	247	289	87
文体设备和用品出租	712	6670	6630	19	23	4
日用品出租	713	869	855	6	8	
商务服务业	72	2301539	2276110	7594	12442	1885
组织管理服务	721	384476	379542	3192	6291	561
综合管理服务	722	65120	64283	715	2317	112

单位：个

国有联营企业	集体联营企业	国有与集体联营	其他联营	国有独资公司	其他有限责任公司	股份有限公司	私营独资	私营合伙	私营有限责任公司	代码
16	**4**	**8**	**12**	**1269**	**20921**	**15915**	**1544**	**22314**	**54623**	J
7	3	6	3	224	6939	7489	354	173	14033	66
					3	15	1	3	38	661
5	2	6	2	24	480	6653	24	15	309	662
2	1		1	199	6452	793	327	154	13668	663
				1	4	27	2	1	9	664
						1			9	665
7		2	5	453	9121	416	349	20883	26837	67
		1		8	157	139	6	44	207	671
1				4	380	4	9	77	563	672
				24	3220	52	26	1547	8052	673
1				7	177	13	4	89	272	674
					4			4	12	675
4			3	316	3138	138	172	7221	10557	676
1		1	2	94	2045	70	132	11901	7174	679
2	1		1	143	2210	7770	710	52	3645	68
	1			8	681	3395	11	10	225	681
				112	430	4013	40	5	224	682
					4	3			6	683
					2	215	1		10	684
			1	18	892	97	125	21	1924	685
					23	8	1	11	27	686
2				5	178	39	532	5	1229	689
			3	449	2651	240	131	1206	10108	69
			1	21	248	33	23	151	993	691
			1	64	229	39	15	745	1361	692
				4	104	14	4	2	142	693
			1	20	525	40	28	81	3040	694
				26	114	10	5	62	336	695
				314	1431	104	56	165	4236	699
77	**110**	**54**	**60**	**6985**	**124046**	**6899**	**15134**	**3225**	**611908**	K
77	110	54	60	6985	124046	6899	15134	3225	611908	70
11	10	6	14	3849	67493	3580	1051	249	143259	701
16	29	13	15	1613	29606	1621	2337	491	210081	702
4	4	6	9	133	14393	791	9111	1802	198769	703
45	66	26	20	1108	10339	762	2438	610	48932	704
1	1	3	2	282	2215	145	197	73	10867	709
105	**202**	**66**	**156**	**16213**	**201448**	**11186**	**76610**	**89352**	**2084349**	L
	2		7	419	13955	793	8892	544	223382	71
	2		7	397	13485	775	8597	507	216853	711
				21	420	15	246	34	5801	712
				1	50	3	49	3	728	713
105	200	66	149	15794	187493	10393	67718	88808	1860967	72
52	82	27	34	11306	53154	2916	5685	48358	243003	721
8	38	8	19	650	8697	546	3421	1030	45838	722

2-4 续表 19 (2019年)

行业中类	代码	私营股份有限公司	其他	港、澳、台商投资企业	与港、澳、台商合资经营	与港、澳、台商合作经营
金融业	J	**2144**	**363**	**3587**	**1784**	**29**
货币金融服务	66	1303	83	2879	1595	24
中央银行服务	661		2	1		
货币银行服务	662	529	47	208	8	
非货币银行服务	663	773	32	2667	1587	24
银行理财服务	664	1	2	2		
银行监管服务	665			1		
资本市场服务	67	338	120	399	78	4
证券市场服务	671	12	8	13	6	
公开募集证券投资基金	672	10	5	9	5	
非公开募集证券投资基金	673	86	19	111	23	1
期货市场服务	674	6	5	5	3	
证券期货监管服务	675		1	1	1	
资本投资服务	676	147	55	153	29	2
其他资本市场服务	679	77	27	107	11	1
保险业	68	348	105	185	63	
人身保险	681	118	21	129	30	
财产保险	682	147	40	28	17	
再保险	683			1		
商业养老金	684	7				
保险中介服务	685	59	29	21	15	
保险资产管理	686	1	1			
其他保险活动	689	16	14	6	1	
其他金融业	69	155	55	124	48	1
金融信托与管理服务	691	14	8	9	3	
控股公司服务	692	11	5	12	2	
非金融机构支付服务	693	3	1	2		
金融信息服务	694	36	18	17		
金融资产管理公司	695	6	5	10	4	
其他未列明金融业	699	85	18	74	39	1
房地产业	K	**7770**	**1378**	**8248**	**2388**	**456**
房地产业	70	7770	1378	8248	2388	456
房地产开发经营	701	3068	349	4284	1513	284
物业管理	702	2350	445	1316	298	56
房地产中介服务	703	1598	373	575	96	15
房地产租赁经营	704	625	130	1970	457	85
其他房地产业	709	129	81	103	24	16
租赁和商务服务业	L	**19290**	**5469**	**15971**	**2344**	**133**
租赁业	71	1889	374	893	401	11
机械设备经营租赁	711	1842	367	861	396	10
文体设备和用品出租	712	40	7	25	3	1
日用品出租	713	7		7	2	
商务服务业	72	17401	5095	15078	1943	122
组织管理服务	721	3380	1501	2681	472	23
综合管理服务	722	645	239	511	100	6

单位：个

港、澳、台商独资	港、澳、台商投资股份有限公司	其他港、澳、台投资	外商投资企业	中外合资经营	中外合作经营	外资企业	外商投资股份有限公司	其他外商投资	代码
1609	**50**	**115**	**3539**	**1368**	**10**	**1496**	**489**	**176**	J
1196	43	21	1389	439	2	635	197	116	66
1			1	1					661
197	2	1	568	85		330	152	1	662
995	41	20	817	352	2	304	44	115	663
2			1			1			664
1			2	1			1		665
283	6	28	397	148	6	184	13	46	67
4	2	1	13	6		4	3		671
4			38	34		3	1		672
78	2	7	141	58	2	74		7	673
		2	2			1	1		674
									675
109	1	12	122	34	3	61	8	16	676
88	1	6	81	16	1	41		23	679
59		63	1662	740	1	639	274	8	68
37		62	1054	607	1	301	142	3	681
11			500	115		258	125	2	682
1			6			2	1	3	683
			4				4		684
5		1	35	18		15	2		685
			1			1			686
5			62			62			689
71	1	3	91	41	1	38	5	6	69
5		1	10	6		2	1	1	691
10			15	5		7	2	1	692
2			1		1				693
17			14	4		10			694
4	1	1	3	1			1	1	695
33		1	48	25		19	1	3	699
5178	**113**	**113**	**4088**	**1428**	**176**	**2191**	**125**	**168**	K
5178	113	113	4088	1428	176	2191	125	168	70
2373	57	57	2068	844	103	965	67	89	701
918	23	21	670	175	19	401	32	43	702
450	4	10	282	74	6	175	8	19	703
1380	27	21	991	304	41	619	15	12	704
57	2	4	77	31	7	31	3	5	709
12959	**148**	**387**	**10763**	**1923**	**104**	**7773**	**238**	**725**	L
456	13	12	412	131	2	246	8	25	71
430	13	12	390	127	2	229	8	24	711
21			15	3		11		1	712
5			7	1		6			713
12503	135	375	10351	1792	102	7527	230	700	72
2002	39	145	2253	423	36	1448	75	271	721
386	7	12	326	79	4	219	7	17	722

2-4 续表 20 (2019年)

行业中类	代码	企业单位数	内资企业	国有企业	集体企业	股份合作企业
法律服务	723	36592	36354	137	93	42
咨询与调查	724	774875	760817	746	997	503
广告业	725	403165	402053	433	281	132
人力资源服务	726	216339	216044	526	1079	78
安全保护服务	727	31108	31005	384	173	9
会议、展览及相关服务	728	67112	66621	172	134	117
其他商务服务业	729	322752	319391	1289	1077	331
科学研究和技术服务业	**M**	**1255369**	**1239394**	**6967**	**3852**	**1300**
研究和试验发展	73	193241	189188	391	351	366
自然科学研究和试验发展	731	10513	10336	26	9	16
工程和技术研究和试验发展	732	138906	136280	245	150	131
农业科学研究和试验发展	733	14101	13937	70	61	32
医学研究和试验发展	734	27882	26826	36	116	167
社会人文科学研究	735	1839	1809	14	15	20
专业技术服务业	74	557766	551740	5305	1940	547
气象服务	741	1257	1253	209	79	
地震服务	742	258	256	8	3	1
海洋服务	743	896	855	12	1	
测绘地理信息服务	744	12532	12518	468	184	23
质检技术服务	745	45124	44482	981	530	114
环境与生态监测检测服务	746	11285	11245	65	21	16
地质勘查	747	7414	7371	294	39	2
工程技术与设计服务	748	259465	257409	2804	711	191
工业与专业设计及其他专业技术服务	749	219535	216351	464	372	200
科技推广和应用服务业	75	504362	498466	1271	1561	387
技术推广服务	751	395506	390838	1036	1426	327
知识产权服务	752	23726	23535	34	24	18
科技中介服务	753	11510	11293	74	32	8
创业空间服务	754	6939	6857	40	12	1
其他科技推广服务业	759	66681	65943	87	67	33
水利、环境和公共设施管理业	**N**	**136261**	**135448**	**1891**	**1064**	**84**
水利管理业	76	5945	5909	501	200	3
防洪除涝设施管理	761	781	779	58	31	1
水资源管理	762	1659	1643	163	57	1
天然水收集与分配	763	530	524	90	45	
水文服务	764	246	246	16	4	1
其他水利管理业	769	2729	2717	174	63	
生态保护和环境治理业	77	18816	18507	251	52	14
生态保护	771	1801	1781	101	18	4
环境治理业	772	17015	16726	150	34	10
公共设施管理业	78	96427	95987	1011	760	52
市政设施管理	781	9804	9756	250	91	4
环境卫生管理	782	15745	15665	239	190	9
城乡市容管理	783	1679	1679	28	18	1

单位：个

国有联营企业	集体联营企业	国有与集体联营	其他联营	国有独资公司	其他有限责任公司	股份有限公司	私营独资	私营合伙	私营有限责任公司	代码
3	5	2	15	26	1942	88	2747	2280	28375	723
16	21	9	29	740	52251	2478	25720	31671	639351	724
3	5	3	6	484	22317	1287	11430	813	361586	725
6	17	4	15	535	14556	827	4037	605	191737	726
1	4		3	392	2773	162	503	132	26117	727
4	5		4	164	4781	256	2117	323	58066	728
12	23	13	24	1497	27022	1833	12058	3596	266894	729
57	**110**	**33**	**78**	**3856**	**103001**	**6580**	**27167**	**9222**	**1064311**	**M**
3	14	1	10	315	16732	1050	3411	1478	163083	73
	3			11	1234	57	151	76	8653	731
2	8	1	6	226	11049	652	1183	742	120563	732
1			1	50	1324	136	365	102	11576	733
	3		3	21	2811	197	1600	521	21021	734
				7	314	8	112	37	1270	735
33	48	29	33	2735	43277	2926	12159	2571	474707	74
1	2	1		29	203	16	40	5	650	741
				1	23	1	4		210	742
				6	107	5	21		698	743
	1	2	2	117	864	60	165	59	10419	744
5	12	9	6	556	5328	393	779	233	34956	745
2				60	945	70	164	36	9736	746
	2			139	886	77	170	16	5663	747
21	21	7	19	1613	20882	1446	5356	1095	220702	748
4	10	10	6	214	14039	858	5460	1127	191673	749
21	48	3	35	806	42992	2604	11597	5173	426521	75
18	45	3	29	601	33069	2116	9547	3226	335049	751
1			1	30	1541	76	486	1168	19940	752
1			1	42	1003	61	207	148	9556	753
1	1			65	970	42	40	99	5507	754
	2		4	68	6409	309	1317	532	56469	759
21	**20**	**5**	**13**	**4060**	**16293**	**1095**	**3230**	**442**	**105521**	**N**
3	2	3	2	486	1108	59	236	40	3184	76
	1	1		72	127	6	39	2	428	761
2		2	1	208	378	19	63	8	722	762
				51	115	8	37	12	156	763
				5	27	4	5		179	764
1	1		1	150	461	22	92	18	1699	769
3	1		1	264	2384	175	408	67	14623	77
1	1		1	47	239	23	96	14	1206	771
2				217	2145	152	312	53	13417	772
15	17	2	10	2848	11839	815	1873	226	75307	78
5	1		3	1211	1956	97	132	25	5878	781
4	2		4	307	1728	91	359	46	12526	782
	1			97	184	7	48	4	1268	783

2-4 续表 21 (2019年)

行业中类	代码	私营股份有限公司	其他	港、澳、台商投资企业	与港、澳、台商合资经营	与港、澳、台商合作经营
法律服务	723	171	428	131	14	1
咨询与调查	724	5302	983	8345	698	39
广告业	725	2893	380	780	75	15
人力资源服务	726	1585	437	169	35	2
安全保护服务	727	271	81	48	16	2
会议、展览及相关服务	728	404	74	275	60	5
其他商务服务业	729	2750	972	2138	473	29
科学研究和技术服务业	**M**	**10581**	**2279**	**8113**	**1422**	**63**
研究和试验发展	73	1642	341	1925	425	18
自然科学研究和试验发展	731	77	23	88	19	1
工程和技术研究和试验发展	732	1104	218	1387	259	9
农业科学研究和试验发展	733	179	40	96	34	2
医学研究和试验发展	734	272	58	342	111	6
社会人文科学研究	735	10	2	12	2	
专业技术服务业	74	4663	767	3218	393	28
气象服务	741	12	6	2		
地震服务	742	3	2			
海洋服务	743	4	1	11	1	
测绘地理信息服务	744	138	16	6	2	1
质检技术服务	745	536	44	189	40	2
环境与生态监测检测服务	746	106	24	19	2	1
地质勘查	747	67	16	16	4	1
工程技术与设计服务	748	2178	363	1159	134	9
工业与专业设计及其他专业技术服务	749	1619	295	1816	210	14
科技推广和应用服务业	75	4276	1171	2970	604	17
技术推广服务	751	3438	908	2225	480	15
知识产权服务	752	156	60	104	11	1
科技中介服务	753	142	18	139	9	
创业空间服务	754	72	7	56	19	
其他科技推广服务业	759	468	178	446	85	1
水利、环境和公共设施管理业	**N**	**1323**	**386**	**501**	**204**	**18**
水利管理业	76	52	30	16	5	
防洪除涝设施管理	761	7	6			
水资源管理	762	12	7	7	1	
天然水收集与分配	763	5	5	3	3	
水文服务	764	2	3			
其他水利管理业	769	26	9	6	1	
生态保护和环境治理业	77	218	46	159	74	5
生态保护	771	25	5	8	1	1
环境治理业	772	193	41	151	73	4
公共设施管理业	78	996	216	315	120	13
市政设施管理	781	74	29	39	12	5
环境卫生管理	782	136	24	49	25	2
城乡市容管理	783	17	6			

单位：个

港、澳、台商独资	港、澳、台商投资股份有限公司	其他港、澳、台投资	外商投资企业	中外合资经营	中外合作经营	外资企业	外商投资股份有限公司	其他外商投资	代码
113	1	2	107	25	1	68	5	8	723
7406	51	151	5713	823	40	4492	77	281	724
675	7	8	332	68	3	232	13	16	725
127	1	4	126	41	1	68	4	12	726
29	1		55	18	2	31		4	727
204	2	4	216	64	1	141	7	3	728
1561	26	49	1223	251	14	828	42	88	729
6416	**77**	**135**	**7862**	**2975**	**82**	**4432**	**138**	**235**	**M**
1432	25	25	2128	969	19	1054	29	57	73
62	2	4	89	41	1	43		4	731
1085	18	16	1239	501	9	672	22	35	732
58	1	1	68	28	1	37		2	733
218	4	3	714	391	8	293	7	15	734
9		1	18	8		9		1	735
2717	25	55	2808	794	29	1860	45	80	74
2			2	2					741
			2			2			742
9		1	30	6		22		2	743
3			8	1		6	1		744
140	4	3	453	139	8	289	7	10	745
16			21	11		10			746
10		1	27	8	3	14		2	747
986	5	25	897	243	6	610	11	27	748
1551	16	25	1368	384	12	907	26	39	749
2267	27	55	2926	1212	34	1518	64	98	75
1665	23	42	2443	1055	27	1234	50	77	751
86	1	5	87	24		59	1	3	752
129	1		78	16	1	55	1	5	753
35		2	26	11	1	11	1	2	754
352	2	6	292	106	5	159	11	11	759
263	**9**	**7**	**312**	**125**	**12**	**149**	**8**	**18**	**N**
11			20	9		10		1	76
			2	2					761
6			9	2		7			762
			3	2		1			763
									764
5			6	3		2		1	769
77	2	1	150	75	6	59	2	8	77
5		1	12	5	2	3	1	1	771
72	2		138	70	4	56	1	7	772
170	7	5	125	35	6	69	6	9	78
19	2	1	9	5		4			781
21	1		31	5	2	18	2	4	782
									783

2-4 续表 22 (2019年)

行业中类	代码	企业单位数	内资企业	国有企业	集体企业	股份合作企业
绿化管理	784	46844	46753	173	167	23
城市公园管理	785	1155	1139	65	31	2
游览景区管理	786	21200	20995	256	263	13
土地管理业	79	15073	15045	128	52	15
土地整治服务	791	7055	7046	47	23	
土地调查评估服务	792	1996	1995	12	3	5
土地登记服务	793	399	399	4	6	
土地登记代理服务	794	2469	2458	4	2	5
其他土地管理服务	799	3154	3147	61	18	5
居民服务、修理和其他服务业	**O**	**496578**	**494965**	**1195**	**2745**	**979**
居民服务业	80	206889	206099	580	1253	399
家庭服务	801	51026	50950	28	101	17
托儿所服务	802	3352	3347	2		1
洗染服务	803	7557	7515	8	32	30
理发及美容服务	804	43885	43594	24	103	132
洗浴和保健养生服务	805	36555	36400	23	138	91
摄影扩印服务	806	20208	20114	56	100	73
婚姻服务	807	16655	16619	28	45	7
殡葬服务	808	6542	6499	274	399	18
其他居民服务业	809	21109	21061	137	335	30
机动车、电子产品和日用产品修理业	81	193531	193075	405	1053	467
汽车、摩托车等修理与维护	811	143566	143341	343	851	367
计算机和办公设备维修	812	22245	22120	19	45	26
家用电器修理	813	21744	21673	28	104	58
其他日用产品修理业	819	5976	5941	15	53	16
其他服务业	82	96158	95791	210	439	113
清洁服务	821	63213	63080	87	221	51
宠物服务	822	5033	4997	11	15	7
其他未列明服务业	829	27912	27714	112	203	55
教育	**P**	**230944**	**230119**	**775**	**655**	**325**
教育	83	230944	230119	775	655	325
学前教育	831	14948	14912	118	78	16
初等教育	832	2331	2324	22	9	1
中等教育	833	1335	1328	15	5	1
高等教育	834	134	134	11	2	
特殊教育	835	270	267	1	1	1
技能培训、教育辅助及其他教育	839	211926	211154	608	560	306
卫生和社会工作	**Q**	**76683**	**76269**	**629**	**573**	**262**
卫生	84	61600	61340	506	438	251
医院	841	19756	19622	239	53	100
基层医疗卫生服务	842	35879	35793	190	347	140
专业公共卫生服务	843	1760	1745	51	26	5
其他卫生活动	849	4205	4180	26	12	6
社会工作	85	15083	14929	123	135	11
提供住宿社会工作	851	13570	13429	82	75	10
不提供住宿社会工作	852	1513	1500	41	60	1

单位：个

国有联营企业	集体联营企业	国有与集体联营	其他联营	国有独资公司	其他有限责任公司	股份有限公司	私营独资	私营合伙	私营有限责任公司	代码
1	5			252	3407	223	949	83	40932	784
		1		72	255	13	25	3	649	785
5	8	1	3	909	4309	384	360	65	14054	786
				462	962	46	713	109	12407	79
				260	492	18	252	13	5874	791
				4	79	8	40	54	1770	792
				1	14	2	19	7	342	793
				3	98	7	243	19	2060	794
				194	279	11	159	16	2361	799
10	**88**	**25**	**41**	**523**	**27298**	**1853**	**51912**	**3576**	**400304**	**O**
6	39	23	21	244	11335	811	23423	1678	164442	80
	2	1	1	17	2533	152	2098	153	45413	801
					127	15	242	14	2924	802
		1		6	419	42	1100	68	5746	803
	6	1	1	1	2191	166	7218	490	32947	804
1	4		4	19	2172	157	7348	551	25544	805
1	2		4	4	996	75	2012	149	16449	806
			1	4	790	50	1383	75	14079	807
1	12	17	6	116	694	62	437	62	4308	808
3	13	3	4	77	1413	92	1585	116	17032	809
4	34	2	16	126	9982	678	24335	1389	152856	81
4	27	2	13	110	7302	524	21225	1233	109979	811
			2	8	1167	74	965	54	19582	812
	4			4	1180	61	1717	82	18293	813
	3		1	4	333	19	428	20	5002	819
	15		4	153	5981	364	4154	509	83006	82
	6		1	81	3657	214	2401	185	55650	821
	1			1	400	18	514	55	3931	822
	8		3	71	1924	132	1239	269	23425	829
5	**24**	**9**	**29**	**308**	**13881**	**1104**	**12859**	**2053**	**195472**	**P**
5	24	9	29	308	13881	1104	12859	2053	195472	83
	2		10	23	938	93	2369	263	10727	831
				3	135	14	195	21	1883	832
				8	150	8	108	13	978	833
				1	14	1	4	2	96	834
					14	1	25	1	221	835
5	22	9	19	273	12630	987	10158	1753	181567	839
12	**29**	**14**	**31**	**151**	**7284**	**541**	**18291**	**3130**	**44146**	**Q**
10	24	9	27	84	5693	417	16985	2906	33065	84
4	5		7	38	2380	210	4482	1161	10527	841
5	18	9	19	25	2374	157	11988	1634	18463	842
	1		1	8	238	16	275	43	1063	843
1				13	701	34	240	68	3012	849
2	5	5	4	67	1591	124	1306	224	11081	85
1	3	2	3	53	1441	110	1190	201	10026	851
1	2	3	1	14	150	14	116	23	1055	852

2-4　续表 23　　(2019年)

行业中类	代码					
		私营股份有限公司	其他	港、澳、台商投资企业	与港、澳、台商合资经营	与港、澳、台商合作经营
绿化管理	784	440	98	71	9	1
城市公园管理	785	21	2	11	6	1
游览景区管理	786	308	57	145	68	4
土地管理业	79	57	94	11	5	
土地整治服务	791	24	43	4	1	
土地调查评估服务	792	13	7			
土地登记服务	793	2	2			
土地登记代理服务	794	6	11	5	2	
其他土地管理服务	799	12	31	2	2	
居民服务、修理和其他服务业	**O**	**3699**	**717**	**846**	**185**	**27**
居民服务业	80	1560	285	430	104	18
家庭服务	801	382	52	49	10	1
托儿所服务	802	13	9			
洗染服务	803	56	7	25	6	2
理发及美容服务	804	284	30	127	24	1
洗浴和保健养生服务	805	289	59	92	35	3
摄影扩印服务	806	175	18	56	9	2
婚姻服务	807	141	16	22	2	1
殡葬服务	808	72	21	32	15	8
其他居民服务业	809	148	73	27	3	
机动车、电子产品和日用产品修理业	81	1487	241	229	40	6
汽车、摩托车等修理与维护	811	1175	186	113	27	4
计算机和办公设备维修	812	155	23	68	9	
家用电器修理	813	121	21	28	1	2
其他日用产品修理业	819	36	11	20	3	
其他服务业	82	652	191	187	41	3
清洁服务	821	451	75	81	19	1
宠物服务	822	28	16	14	6	1
其他未列明服务业	829	173	100	92	16	1
教育	**P**	**2096**	**524**	**394**	**88**	**13**
教育	83	2096	524	394	88	13
学前教育	831	177	98	19	2	1
初等教育	832	23	18	2		
中等教育	833	25	17	4		
高等教育	834	2	1			
特殊教育	835	1	1	1		
技能培训、教育辅助及其他教育	839	1868	389	368	86	12
卫生和社会工作	**Q**	**809**	**367**	**193**	**103**	**10**
卫生	84	610	315	115	67	7
医院	841	286	130	59	38	6
基层医疗卫生服务	842	267	157	41	23	1
专业公共卫生服务	843	8	10	7	1	
其他卫生活动	849	49	18	8	5	
社会工作	85	199	52	78	36	3
提供住宿社会工作	851	187	45	74	36	3
不提供住宿社会工作	852	12	7	4		

单位：个

港、澳、台商独资	港、澳、台商投资股份有限公司	其他港、澳、台投资	外商投资企业	中外合资经营	中外合作经营	外资企业	外商投资股份有限公司	其他外商投资	代码
59	2		20	5	2	10		3	784
4			5	1		4			785
67	2	4	60	19	2	33	4	2	786
5		1	17	6		11			79
3			5	1		4			791
			1			1			792
									793
2		1	6	1		5			794
			5	4		1			799
598	**11**	**25**	**767**	**194**	**15**	**479**	**20**	**59**	**O**
291	5	12	360	84	9	222	10	35	80
36	1	1	27	8		12	3	4	801
			5	3		1		1	802
15	2		17	8	1	6	2		803
99	1	2	164	24	2	118	4	16	804
48	1	5	63	27		30	1	5	805
43		2	38	5	2	30		1	806
18		1	14	3		9		2	807
9			11	1	3	2		5	808
23		1	21	5	1	14		1	809
173	4	6	227	58	5	145	8	11	81
77	1	4	112	38	4	59	4	7	811
58	1		57	7		46	2	2	812
22	2	1	43	11		30	1	1	813
16		1	15	2	1	10	1	1	819
134	2	7	180	52	1	112	2	13	82
61			52	19		30		3	821
6		1	22	5		16		1	822
67	2	6	106	28	1	66	2	9	829
281	**2**	**10**	**431**	**130**	**14**	**257**	**10**	**20**	**P**
281	2	10	431	130	14	257	10	20	83
16			17	8		9			831
2			5	1		2		2	832
4			3			3			833
									834
1			2			2			835
258	2	10	404	121	14	241	10	18	839
75		**5**	**221**	**112**	**25**	**64**	**6**	**14**	**Q**
36		5	145	72	22	40	2	9	84
14		1	75	42	14	15	2	2	841
14		3	45	22	5	12		6	842
5		1	8	2	2	3		1	843
3			17	6	1	10			849
39			76	40	3	24	4	5	85
35			67	37	3	20	4	3	851
4			9	3		4		2	852

2-4 续表 24 (2019年)

行业中类	代码	企业单位数	内资企业	国有企业	集体企业	股份合作企业
文化、体育和娱乐业	**R**	**514276**	**511831**	**2712**	**1071**	**512**
新闻和出版业	86	5606	5581	813	126	14
新闻业	861	753	748	32	4	1
出版业	862	4853	4833	781	122	13
广播、电视、电影和录音制作业	87	68548	68199	1116	192	38
广播	871	7029	7007	29	5	2
电视	872	1352	1347	44	7	
影视节目制作	873	41838	41722	69	24	31
广播电视集成播控	874	358	357	9	3	
电影和广播电视节目发行	875	2394	2374	86	3	2
电影放映	876	10497	10325	874	146	3
录音制作	877	5080	5067	5	4	
文化艺术业	88	126186	125667	495	312	143
文艺创作与表演	881	39755	39628	178	114	48
艺术表演场馆	882	1086	1076	62	13	
图书馆与档案馆	883	2266	2261	37	32	2
文物及非物质文化遗产保护	884	1496	1491	26	16	
博物馆	885	474	464	21	5	7
烈士陵园、纪念馆	886	86	86	7	5	
群众文体活动	887	14043	13980	96	69	37
其他文化艺术业	889	66980	66681	68	58	49
体育	89	48944	48436	106	96	54
体育组织	891	11643	11549	32	22	8
体育场地设施管理	892	3284	3240	35	22	6
健身休闲活动	893	30508	30178	36	50	36
其他体育	899	3509	3469	3	2	4
娱乐业	90	264992	263948	182	345	263
室内娱乐活动	901	125552	125397	51	139	131
游乐园	902	4305	4250	20	15	3
休闲观光活动	903	18343	18215	16	72	3
彩票活动	904	270	267	12	5	2
文化体育娱乐活动与经纪代理服务	905	113397	112717	76	104	121
其他娱乐业	909	3125	3102	7	10	3

单位：个

国有联营企业	集体联营企业	国有与集体联营	其他联营	国有独资公司	其他有限责任公司	股份有限公司	私营独资	私营合伙	私营有限责任公司	代码
20	**34**	**5**	**41**	**2000**	**33319**	**2237**	**100787**	**5851**	**358712**	R
2		3	2	495	1129	97	91	11	2754	86
				20	71	3	26	2	577	861
2		3	2	475	1058	94	65	9	2177	862
8	2	1	6	460	6369	454	3891	308	54535	87
			1	23	435	19	335	35	6046	871
				48	170	19	41	7	992	872
1			2	126	3073	242	2950	172	34563	873
				11	60	5	13	2	249	874
				25	305	27	57	15	1819	875
7	2	1	2	219	2096	125	292	51	6351	876
			1	8	230	17	203	26	4515	877
5	7		9	634	8803	559	8322	897	104318	88
2	3		6	397	2500	181	5567	438	29860	881
	1			33	193	11	53	3	697	882
				2	110	7	92	10	1944	883
			1	48	200	20	82	17	1055	884
				17	60	4	46	3	295	885
1				2	12	1	1	2	55	886
	2		1	35	930	45	751	104	11774	887
2	1		1	100	4798	290	1730	320	58638	889
2	6	1	2	127	3594	208	3351	339	40091	89
2				29	938	58	592	67	9697	891
	1			54	382	19	148	24	2516	892
	5	1	2	38	2034	112	2518	233	24826	893
				6	240	19	93	15	3052	899
3	19		22	284	13424	919	85132	4296	157014	90
1	6		18	16	3666	302	77970	3601	38615	901
	1		2	24	565	52	301	42	3162	902
2	3			76	1752	157	3956	143	11800	903
				5	27	1	23		183	904
	8		1	144	7150	381	2582	479	100859	905
	1		1	19	264	26	300	31	2395	909

2–4 续表 25 (2019年)

行业中类	代码	私营股份有限公司	其他	港、澳、台商投资企业	与港、澳、台商合资经营
文化、体育和娱乐业	R	**3809**	**721**	**1430**	**350**
新闻和出版业	86	36	8	9	4
新闻业	861	7	5	2	
出版业	862	29	3	7	4
广播、电视、电影和录音制作业	87	690	129	224	66
广播	871	45	32	13	4
电视	872	15	4	3	
影视节目制作	873	435	34	59	16
广播电视集成播控	874	1	4	1	1
电影和广播电视节目发行	875	29	6	14	3
电影放映	876	136	20	126	38
录音制作	877	29	29	8	4
文化艺术业	88	966	197	313	64
文艺创作与表演	881	276	58	72	14
艺术表演场馆	882	5	5	9	5
图书馆与档案馆	883	19	6	2	
文物及非物质文化遗产保护	884	20	6	3	1
博物馆	885	5	1	5	1
烈士陵园、纪念馆	886				
群众文体活动	887	107	29	30	7
其他文化艺术业	889	534	92	192	36
体育	89	389	70	233	64
体育组织	891	83	21	44	12
体育场地设施管理	892	28	5	19	4
健身休闲活动	893	259	28	153	42
其他体育	899	19	16	17	6
娱乐业	90	1728	317	651	152
室内娱乐活动	901	657	224	89	39
游乐园	902	57	6	28	7
休闲观光活动	903	219	16	87	23
彩票活动	904	7	2	1	
文化体育娱乐活动与经纪代理服务	905	758	54	431	79
其他娱乐业	909	30	15	15	4

单位：个

与港、澳、台商合作经营	港、澳、台商独资	港、澳、台商投资股份有限公司	其他港、澳、台投资	外商投资企业	中外合资经营	中外合作经营	外资企业	外商投资股份有限公司	其他外商投资	代码
64	**948**	**17**	**51**	**1015**	**334**	**40**	**528**	**23**	**90**	R
	5			16	8	1	6		1	86
	2			3	1		1		1	861
	3			13	7	1	5			862
5	139	2	12	125	49	2	50	8	16	87
	9			9	3		6			871
1	2			2			1		1	872
	34		9	57	22	2	20	2	11	873
										874
1	10			6	2		3		1	875
3	80	2	3	46	20		17	6	3	876
	4			5	2		3			877
6	230	4	9	206	66	4	115	1	20	88
1	53		4	55	18		26		11	881
2	2			1			1			882
	2			3			3			883
	2			2		1	1			884
	4			5	1	1	3			885
										886
2	21			33	9	2	19		3	887
1	146	4	5	107	38		62	1	6	889
35	125	3	6	275	95	25	138	5	12	89
2	26	2	2	50	21	3	23		3	891
2	13			25	9		13		3	892
30	76	1	4	177	58	21	88	5	5	893
1	10			23	7	1	14		1	899
18	449	8	24	393	116	8	219	9	41	90
8	31	2	9	66	20	5	25	4	12	901
3	17		1	27	10	2	11	1	3	902
1	60	2	1	41	13		24	2	2	903
1				2	1		1			904
3	333	3	13	249	72		151	2	24	905
2	8	1		8		1	7			909

2–5 按地区、登记注册类型

(2019年)

地 区	企 业 单位数	内资企业	国有企业	集体企业	股份合作企 业	国有联营企 业	集体联营企 业
全 国	**21091270**	**20840125**	**74547**	**103163**	**28333**	**862**	**2297**
北 京	870824	856934	3210	8463	5544	79	159
天 津	293307	286737	1586	1835	339	29	55
河 北	1108146	1105365	3195	5646	905	12	31
山 西	470657	469985	2954	3640	68	13	33
内蒙古	271654	271163	1112	658	97	9	27
辽 宁	514311	508814	3270	6263	1035	39	108
吉 林	142289	141588	1465	910	131	7	39
黑龙江	193326	192660	2506	1590	472	19	36
上 海	447643	417104	1335	2895	891	25	81
江 苏	2119006	2087773	4220	6577	1351	56	135
浙 江	1719850	1694976	1970	5858	8281	16	21
安 徽	786202	784292	2486	2838	353	39	91
福 建	819718	805374	2577	4008	339	20	38
江 西	433517	431845	3466	1886	328	31	51
山 东	1982466	1969782	4091	5637	621	28	118
河 南	1097816	1095965	3769	5226	430	34	72
湖 北	804818	801058	4297	4920	323	40	119
湖 南	477440	476007	2458	2543	214	42	122
广 东	3037617	2954188	7418	12661	4168	116	414
广 西	497222	494799	2991	3935	322	11	22
海 南	103994	103321	833	445	106	22	23
重 庆	516287	514326	989	1359	294	9	59
四 川	628030	625511	2315	2773	665	45	118
贵 州	361163	360564	1714	2530	156	20	52
云 南	440778	439382	1941	3154	324	25	88
西 藏	28257	28190	407	232	17	15	31
陕 西	444203	442557	2561	2921	275	24	98
甘 肃	146197	146021	992	850	114	15	26
青 海	65128	65000	439	248	66	4	11
宁 夏	83411	83242	255	207	27	3	4
新 疆	185993	185602	1725	455	77	15	15

分组的企业法人单位数

单位：个

国有与集体联营	其他联营	国有独资公司	其他有限责任公司	股份有限公司	私营独资	私营合伙	私营有限责任公司
660	**1838**	**61817**	**1484419**	**121544**	**1717046**	**234268**	**16802635**
21	42	1713	68822	4057	22588	12448	725878
15	19	1154	38430	2920	10817	5501	219891
6	35	3541	44985	2687	86511	8284	944276
8	5	2077	16084	1516	27785	1419	410870
4	7	1540	26932	1629	9536	1216	224192
26	78	1714	68659	7217	71462	2620	340406
6	8	1005	28079	3108	11278	573	92350
11	36	969	20051	2758	13075	941	147277
82	51	2173	57432	2953	26859	8885	309614
58	125	3594	97154	12321	122907	18005	1802343
23	22	4513	37728	3655	129063	47470	1448994
31	74	1614	107091	5137	75284	4992	575377
8	38	2191	23537	2079	48232	9072	707812
18	36	1270	27440	3325	37354	14111	333217
19	69	3223	86005	9281	142919	10097	1693798
19	167	1994	66420	5351	84473	5327	910193
31	109	1726	54313	4434	78332	8615	638939
29	48	2158	23789	3823	53835	10719	367214
124	556	3921	326550	18069	160364	36240	2345478
6	23	2116	23153	1376	61633	4180	393600
11	8	339	28663	1226	2651	1161	64418
10	41	1590	14676	2783	139349	3829	344966
14	73	4004	50061	5267	74235	6920	468772
16	27	3310	20112	1500	105882	2919	220757
20	60	2056	33568	4434	65485	2836	319438
4	7	324	12205	670	5434	735	7462
14	25	2149	31801	2709	18323	1915	374694
14	26	1041	29540	3108	13833	598	93089
2	6	412	4578	497	5892	378	51383
1	2	540	2086	348	5567	352	72750
9	15	1846	14475	1306	6088	1910	153187

2-5 续表 (2019年)

地区	私营股份有限公司	其他	港、澳、台商投资企业	与港、澳、台商合资经营	与港、澳、台商合作经营	港、澳、台商独资
全国	**167979**	**38717**	**133752**	**26496**	**2590**	**100718**
北京	3518	392	5304	1134	144	3956
天津	2346	1800	2665	1102	30	1427
河北	2725	2526	940	397	29	495
山西	3463	50	256	120	12	118
内蒙古	4015	189	177	72	1	91
辽宁	5084	833	1575	621	35	857
吉林	2171	458	192	74	3	93
黑龙江	2843	76	247	87	9	126
上海	3103	725	12153	2108	247	9480
江苏	15089	3838	13103	3778	115	8858
浙江	6876	486	9211	3526	61	5533
安徽	7713	1172	853	322	16	466
福建	4756	667	9642	2309	76	7089
江西	7649	1663	1051	269	14	722
山东	11222	2654	3792	1556	72	2040
河南	10972	1518	782	288	22	437
湖北	4338	522	1660	616	22	974
湖南	8189	824	766	320	11	391
广东	25667	12442	63796	6050	1550	54427
广西	1410	21	1215	438	33	716
海南	3154	261	438	115	14	249
重庆	3879	493	905	252	16	592
四川	7923	2326	1059	336	23	654
贵州	1187	382	313	122	3	178
云南	4831	1122	542	202	14	292
西藏	598	49	19	4		13
陕西	4773	275	750	145	10	270
甘肃	2583	192	68	33	2	28
青海	927	157	52	16	2	28
宁夏	976	124	69	24	1	37
新疆	3999	480	157	60	3	81

单位：个

港、澳、台商投资股份有限公司	其他港、澳、台投资	外商投资企业	中外合资经营	中外合作经营	外资企业	外商投资股份有限公司	其他外商投资
1813	**2135**	**117393**	**31795**	**1655**	**76472**	**2817**	**4654**
39	31	8586	2429	146	5867	78	66
61	45	3905	1119	60	2381	96	249
11	8	1841	739	60	1018	14	10
6		416	212	17	162	23	2
12	1	314	137	13	131	6	27
20	42	3922	1421	89	2235	71	106
13	9	509	203	14	234	31	27
9	16	419	157	14	181	45	22
176	142	18386	2935	258	14736	176	281
197	155	18130	5237	144	12086	270	393
64	27	15663	4771	68	9404	156	1264
25	24	1057	458	13	487	42	57
97	71	4702	1315	32	3188	80	87
28	18	621	252	10	290	30	39
53	71	8892	2953	111	5453	170	205
18	17	1069	359	32	428	210	40
28	20	2100	759	20	1120	135	66
24	20	667	283	18	283	38	45
786	983	19633	3771	418	13582	686	1176
15	13	1208	366	25	566	235	16
27	33	235	79	14	99	15	28
24	21	1056	393	11	576	29	47
21	25	1460	596	20	710	27	107
6	4	286	87	8	163	15	13
21	13	854	228	18	442	46	120
1	1	48	18	1	8	1	20
15	310	896	309	8	462	58	59
3	2	108	43	3	32	7	23
3	3	76	23	3	30	13	7
4	3	100	45	2	42	4	7
6	7	234	98	5	76	10	45

2-6 按行业(中类)、成立时间

行业中类	代码	企业单位数	1949年及以前	1950—1977年	1978—1991年
总　　计	——	**21091270**	**1331**	**18350**	**112208**
农、林、牧、渔业	A	**721329**	**65**	**965**	**2093**
农业	01	326438	25	381	496
谷物种植	011	67125	10	178	116
豆类、油料和薯类种植	012	6384	4	17	7
棉、麻、糖、烟草种植	013	2906		48	24
蔬菜、食用菌及园艺作物种植	014	110925	5	29	115
水果种植	015	68644	4	39	93
坚果、含油果、香料和饮料作物种植	016	20492	1	28	68
中药材种植	017	28391		5	19
草种植及割草	018	1537		2	2
其他农业	019	20034	1	35	52
林业	02	62801	15	303	667
林木育种和育苗	021	53352	7	81	177
造林和更新	022	5330	2	36	106
森林经营、管护和改培	023	2581	6	146	284
木材和竹材采运	024	867		18	79
林产品采集	025	671		22	21
畜牧业	03	210889	17	55	219
牲畜饲养	031	142477	11	44	130
家禽饲养	032	53297	5	7	61
狩猎和捕捉动物	033	113			1
其他畜牧业	039	15002	1	4	27
渔业	04	55688	3	40	296
水产养殖	041	54480	3	38	265
水产捕捞	042	1208		2	31
农、林、牧、渔专业及辅助性活动	05	65513	5	186	415
农业专业及辅助性活动	051	51235	5	113	258
林业专业及辅助性活动	052	5333		33	73
畜牧专业及辅助性活动	053	5234		34	34
渔业专业及辅助性活动	054	3711		6	50
采矿业	B	**70905**	**27**	**275**	**1088**
煤炭开采和洗选业	06	12335	10	155	376
烟煤和无烟煤开采洗选	061	11477	10	149	363
褐煤开采洗选	062	270		6	7
其他煤炭采选	069	588			6
石油和天然气开采业	07	492	1	3	9
石油开采	071	317	1	3	6
天然气开采	072	175			3
黑色金属矿采选业	08	9909	5	21	133
铁矿采选	081	9016	5	17	102
锰矿、铬矿采选	082	601		3	21
其他黑色金属矿采选	089	292		1	10

分组的企业法人单位数

单位：个

1992—1995年	1996年	1997年	1998年	1999年	2000年	2001年	2002年	2003年	2004年	2005年	代码
147960	**48273**	**56019**	**81870**	**98742**	**130859**	**158899**	**194149**	**243534**	**260665**	**277667**	——
1766	**529**	**723**	**1057**	**1002**	**1888**	**2056**	**2432**	**3152**	**3161**	**4293**	A
617	176	244	380	358	620	736	881	1023	1051	1322	01
114	35	40	60	53	75	80	83	111	108	188	011
9	1	4	6	4	9	10	11	19	15	20	012
13	5	7	11	5	6	10	11	14	9	16	013
210	54	89	143	160	265	355	436	451	491	521	014
141	44	62	81	71	145	140	184	205	207	287	015
53	18	18	38	28	42	42	62	74	71	101	016
19	5	4	15	10	35	47	48	80	78	86	017
4		2	4	2	5	6	5	8	7	8	018
54	14	18	22	25	38	46	41	61	65	95	019
280	86	119	144	149	292	288	374	516	442	537	02
117	40	63	92	98	229	235	309	418	336	410	021
44	7	15	14	16	29	24	30	48	54	60	022
91	26	34	28	20	25	21	29	34	30	43	023
18	9	4	6	9	5	6	2	11	8	16	024
10	4	3	4	6	4	2	4	5	14	8	025
297	117	175	270	223	515	511	601	838	896	1344	03
176	75	110	180	141	325	356	417	609	677	948	031
97	34	53	77	64	132	125	145	166	173	317	032
			1			1				1	033
24	8	12	12	18	58	29	39	63	46	78	039
264	73	103	105	133	214	262	257	322	343	485	04
246	66	100	94	127	205	242	246	313	330	464	041
18	7	3	11	6	9	20	11	9	13	21	042
308	77	82	158	139	247	259	319	453	429	605	05
203	48	54	106	98	171	207	232	334	304	379	051
47	16	12	22	11	24	17	30	50	36	43	052
23	6	7	18	14	32	22	34	37	53	73	053
35	7	9	12	16	20	13	23	32	36	110	054
879	**339**	**362**	**554**	**577**	**868**	**1126**	**1340**	**2058**	**2731**	**3020**	B
237	96	120	178	173	220	310	356	625	727	726	06
226	89	112	177	164	213	291	344	599	695	699	061
4	2	6	1	6	4	12	7	13	12	16	062
7	5	2		3	3	7	5	13	20	11	069
10	4	8	2	16	15	9	14	13	6	6	07
8	2	6		14	13	7	12	9	5	6	071
2	2	2	2	2	2	2	2	4	1		072
127	54	46	97	85	166	225	226	449	795	804	08
116	43	43	89	73	147	207	207	414	736	724	081
8	8	2	5	11	15	10	16	30	45	58	082
3	3	1	3	1	4	8	3	5	14	22	089

2-6 续表 1

行业中类	代码	2006年	2007年	2008年	2009年
总　计	——	**319382**	**327939**	**360387**	**459613**
农、林、牧、渔业	A	**4797**	**5876**	**9755**	**12465**
农业	01	1701	1833	2866	3950
谷物种植	011	197	159	330	450
豆类、油料和薯类种植	012	36	44	65	96
棉、麻、糖、烟草种植	013	15	11	17	27
蔬菜、食用菌及园艺作物种植	014	730	844	1280	1751
水果种植	015	369	381	570	780
坚果、含油果、香料和饮料作物种植	016	119	169	221	307
中药材种植	017	112	104	176	235
草种植及割草	018	3	9	18	24
其他农业	019	120	112	189	280
林业	02	640	734	1014	1497
林木育种和育苗	021	501	552	820	1216
造林和更新	022	66	104	107	176
森林经营、管护和改培	023	42	52	60	71
木材和竹材采运	024	14	16	12	16
林产品采集	025	17	10	15	18
畜牧业	03	1494	2120	4208	4953
牲畜饲养	031	1031	1536	3202	3775
家禽饲养	032	364	500	839	977
狩猎和捕捉动物	033	2		1	3
其他畜牧业	039	97	84	166	198
渔业	04	431	563	785	992
水产养殖	041	423	557	767	980
水产捕捞	042	8	6	18	12
农、林、牧、渔专业及辅助性活动	05	531	626	882	1073
农业专业及辅助性活动	051	378	445	570	732
林业专业及辅助性活动	052	48	61	84	109
畜牧专业及辅助性活动	053	67	71	161	154
渔业专业及辅助性活动	054	38	49	67	78
采矿业	B	**3148**	**2933**	**3436**	**3414**
煤炭开采和洗选业	06	527	499	646	659
烟煤和无烟煤开采洗选	061	499	468	615	625
褐煤开采洗选	062	12	16	11	18
其他煤炭采选	069	16	15	20	16
石油和天然气开采业	07	14	14	19	24
石油开采	071	9	9	15	17
天然气开采	072	5	5	4	7
黑色金属矿采选业	08	624	610	760	518
铁矿采选	081	574	553	711	473
锰矿、铬矿采选	082	33	31	36	26
其他黑色金属矿采选	089	17	26	13	19

单位：个

2010年	2011年	2012年	2013年	2014年	2015年	2016年	2017年	2018年	2019年	代码
594597	**688178**	**752035**	**988327**	**1470697**	**1810063**	**2462781**	**3026023**	**3332210**	**2668512**	——
16320	**22935**	**38286**	**53150**	**73675**	**94742**	**111643**	**110252**	**72150**	**70101**	A
5934	8814	14402	23238	36308	47419	51994	52381	33513	33775	01
672	761	1446	4935	7985	11328	12308	11780	7426	6097	011
147	174	218	391	687	983	1108	1031	600	668	012
39	53	281	350	239	423	579	321	177	195	013
2718	4041	5440	7668	11997	13844	15867	17141	11066	13214	014
1162	1926	3763	5489	7818	10709	10857	10695	6389	6033	015
405	650	1196	1604	2320	3097	3089	2987	1786	1898	016
393	707	1404	1726	3233	4287	4870	4911	3236	2546	017
30	46	64	68	163	218	278	248	162	151	018
368	456	590	1007	1866	2530	3038	3267	2671	2973	019
1980	2932	4370	5558	6833	7175	7359	7762	5292	5443	02
1640	2488	3716	4648	6100	6275	6488	6850	4687	4759	021
191	296	456	670	482	584	511	553	331	318	022
114	103	134	168	145	188	203	207	155	122	023
14	23	26	35	54	55	78	78	70	185	024
21	22	38	37	52	73	79	74	49	59	025
5575	6883	13265	15842	20370	26984	36087	33009	16531	17490	03
3941	4611	9308	11371	15106	18124	23112	22147	10462	10552	031
1375	1859	3208	3425	3889	6741	10103	8309	4522	5730	032
	2	2	2	11	8	17	21	14	26	033
259	411	747	1044	1364	2111	2855	2532	1533	1182	039
1317	2715	4044	5300	5070	6756	7525	6911	5026	5353	04
1297	2681	3971	5203	4982	6654	7329	6774	4939	5184	041
20	34	73	97	88	102	196	137	87	169	042
1514	1591	2205	3212	5094	6408	8678	10189	11788	8040	05
1053	1136	1516	2317	3898	5147	6828	8302	9637	6764	051
189	147	248	257	420	480	564	732	871	709	052
158	174	270	326	481	457	719	693	746	370	053
114	134	171	312	295	324	567	462	534	197	054
3612	**3680**	**3975**	**3919**	**4173**	**4121**	**4513**	**4901**	**5504**	**4332**	B
700	679	684	533	469	441	552	635	552	450	06
655	627	639	495	426	399	506	572	493	327	061
14	15	11	9	7	8	6	13	16	18	062
31	37	34	29	36	34	40	50	43	105	069
16	17	24	26	31	27	26	30	41	67	07
9	9	14	15	14	11	12	22	25	44	071
7	8	10	11	17	16	14	8	16	23	072
576	575	460	452	418	331	323	346	413	270	08
525	541	433	417	378	296	299	298	362	233	081
35	23	11	29	24	20	18	25	38	20	082
16	11	16	6	16	15	6	23	13	17	089

2-6 续表 2

行业中类	代码	企业单位数	1949年及以前	1950—1977年	1978—1991年
有色金属矿采选业	09	6724	3	31	172
常用有色金属矿采选	091	4654	1	19	98
贵金属矿采选	092	1338	1	9	56
稀有稀土金属矿采选	093	732	1	3	18
非金属矿采选业	10	34977	6	56	369
土砂石开采	101	30587	4	28	252
化学矿开采	102	963		6	26
采盐	103	298	2	14	39
石棉及其他非金属矿采选	109	3129		8	52
开采专业及辅助性活动	11	4272		5	16
煤炭开采和洗选专业及辅助性活动	111	350		1	4
石油和天然气开采专业及辅助性活动	112	3526		3	9
其他开采专业及辅助性活动	119	396		1	3
其他采矿业	12	2196	2	4	13
其他采矿业	120	2196	2	4	13
制造业	**C**	**3444243**	**266**	**3765**	**33793**
农副食品加工业	13	132883	12	280	1530
谷物磨制	131	23241	6	45	196
饲料加工	132	14486		2	119
植物油加工	133	10257	1	16	121
制糖业	134	1056		12	30
屠宰及肉类加工	135	23555	3	161	615
水产品加工	136	11137		8	177
蔬菜、菌类、水果和坚果加工	137	20235	1	8	95
其他农副食品加工	139	28916	1	28	177
食品制造业	14	74837	7	108	773
焙烤食品制造	141	18790	1	25	149
糖果、巧克力及蜜饯制造	142	5438	2	8	95
方便食品制造	143	13270		13	96
乳制品制造	144	1781	1	10	35
罐头食品制造	145	2790	1	3	58
调味品、发酵制品制造	146	8808	1	26	148
其他食品制造	149	23960	1	23	192
酒、饮料和精制茶制造业	15	57439	15	178	783
酒的制造	151	19535	14	100	448
饮料制造	152	18767		8	122
精制茶加工	153	19137	1	70	213
烟草制品业	16	228	7	5	28
烟叶复烤	161	63			2
卷烟制造	162	73	7	4	12
其他烟草制品制造	169	92		1	14
纺织业	17	148422	6	115	1266
棉纺织及印染精加工	171	51486	4	59	552
毛纺织及染整精加工	172	8376	1	6	115

单位：个

1992—1995年	1996年	1997年	1998年	1999年	2000年	2001年	2002年	2003年	2004年	2005年	代码
131	65	56	79	101	133	181	212	240	326	418	09
77	40	35	48	66	93	122	145	156	204	274	091
43	19	14	28	25	33	43	42	57	73	75	092
11	6	7	3	10	7	16	25	27	49	69	093
325	104	117	176	178	300	342	464	655	772	918	10
248	68	79	120	126	228	260	369	516	621	737	101
18	14	17	18	15	21	31	28	26	42	41	102
21	7	3	7	7	7	7	9	14	15	13	103
38	15	18	31	30	44	44	58	99	94	127	109
33	11	11	18	19	23	37	44	52	67	91	11
4	3		1	3		4	5	4	9	14	111
26	8	11	16	16	21	28	37	47	56	69	112
3			1		2	5	2	1	2	8	119
16	5	4	4	5	11	22	24	24	38	57	12
16	5	4	4	5	11	22	24	24	38	57	120
51310	**17438**	**19286**	**27625**	**36370**	**44776**	**56115**	**67601**	**80291**	**81227**	**81739**	**C**
1787	619	760	1234	1453	1976	2260	2476	3108	3276	3634	13
280	67	103	253	265	429	457	462	728	727	842	131
233	109	155	201	232	259	273	301	332	411	537	132
127	40	37	84	109	160	173	203	284	297	263	133
26	2	7	8	8	20	37	27	35	27	18	134
336	127	173	228	266	354	376	474	503	591	636	135
311	96	89	141	187	228	291	277	321	286	356	136
255	97	109	157	215	287	368	367	451	519	491	137
219	81	87	162	171	239	285	365	454	418	491	139
1202	475	482	729	784	1013	1129	1258	1427	1497	1506	14
267	102	95	161	139	200	206	226	264	277	264	141
187	56	70	93	87	97	100	132	121	159	126	142
145	44	47	98	86	134	136	171	183	187	241	143
37	14	21	22	39	45	66	71	92	73	76	144
88	24	40	44	54	79	85	94	112	114	127	145
165	82	76	131	144	209	183	202	218	238	212	146
313	153	133	180	235	249	353	362	437	449	460	149
931	347	484	681	804	1037	1024	1142	1277	1232	1249	15
467	186	274	360	438	512	433	476	558	500	445	151
277	90	143	194	240	329	368	396	449	422	452	152
187	71	67	127	126	196	223	270	270	310	352	153
16	1	3	5	8	5	3	7	15	10	9	16
4	1		2	4	1			6	2	2	161
7			3	1	1		2	6	4	2	162
5		3		3	3	3	5	3	4	5	169
1915	746	880	1311	1963	2719	3122	4397	5082	4356	4294	17
675	279	318	519	768	1065	1230	1883	2113	1760	1885	171
199	72	69	90	174	159	213	250	226	210	190	172

2-6 续表 3

行业中类	代码	2006年	2007年	2008年	2009年
有色金属矿采选业	09	591	551	423	320
常用有色金属矿采选	091	428	416	297	222
贵金属矿采选	092	90	89	81	67
稀有稀土金属矿采选	093	73	46	45	31
非金属矿采选业	10	1197	1058	1335	1638
土砂石开采	101	959	868	1120	1429
化学矿开采	102	64	47	62	54
采盐	103	18	6	7	13
石棉及其他非金属矿采选	109	156	137	146	142
开采专业及辅助性活动	11	125	129	158	184
煤炭开采和洗选专业及辅助性活动	111	4	5	12	17
石油和天然气开采专业及辅助性活动	112	114	113	136	154
其他开采专业及辅助性活动	119	7	11	10	13
其他采矿业	12	70	72	95	71
其他采矿业	120	70	72	95	71
制造业	**C**	**95228**	**91234**	**89301**	**108214**
农副食品加工业	13	3801	3727	4148	4263
谷物磨制	131	813	736	1008	941
饲料加工	132	554	449	500	592
植物油加工	133	289	263	384	414
制糖业	134	25	25	18	16
屠宰及肉类加工	135	632	731	805	773
水产品加工	136	329	363	293	321
蔬菜、菌类、水果和坚果加工	137	594	560	537	566
其他农副食品加工	139	565	600	603	640
食品制造业	14	1744	1680	1798	1751
焙烤食品制造	141	361	379	440	333
糖果、巧克力及蜜饯制造	142	196	194	161	155
方便食品制造	143	252	262	311	316
乳制品制造	144	65	55	45	58
罐头食品制造	145	109	81	83	82
调味品、发酵制品制造	146	268	266	246	250
其他食品制造	149	493	443	512	557
酒、饮料和精制茶制造业	15	1343	1389	1455	1481
酒的制造	151	450	394	456	444
饮料制造	152	511	522	560	569
精制茶加工	153	382	473	439	468
烟草制品业	16	14	6	2	12
烟叶复烤	161	3	1		6
卷烟制造	162	8	1	1	2
其他烟草制品制造	169	3	4	1	4
纺织业	17	5101	4185	3499	4606
棉纺织及印染精加工	171	2081	1614	1321	1578
毛纺织及染整精加工	172	225	200	159	182

单位：个

2010年	2011年	2012年	2013年	2014年	2015年	2016年	2017年	2018年	2019年	代码
289	308	299	248	275	244	275	290	257	206	09
197	209	218	174	206	178	184	203	192	152	091
61	66	48	47	45	35	49	64	40	38	092
31	33	33	27	24	31	42	23	25	16	093
1801	1819	2184	2283	2477	2487	2862	2990	3323	2741	10
1578	1611	1916	2058	2241	2267	2600	2731	3055	2498	101
54	33	71	39	34	40	47	33	43	39	102
14	7	4	4	6	9	15	12	7	11	103
155	168	193	182	196	171	200	214	218	193	109
136	173	212	256	362	399	292	417	617	385	11
13	14	21	19	21	23	21	26	41	61	111
109	142	172	215	321	342	239	351	515	256	112
14	17	19	22	20	34	32	40	61	68	119
94	109	112	121	141	192	183	193	301	213	12
94	109	112	121	141	192	183	193	301	213	120
139776	**149237**	**150805**	**187992**	**229718**	**246689**	**311980**	**394350**	**379311**	**268806**	**C**
4872	5690	7374	8340	9029	11349	12622	12658	12204	8401	13
993	1259	1752	1862	1664	1844	1778	1560	1428	743	131
677	623	759	752	1141	1057	1071	1214	1124	809	132
411	440	578	659	717	932	1077	969	748	461	133
19	38	55	48	39	95	75	150	139	57	134
891	1018	1332	1380	1518	1926	2045	1988	1938	1735	135
396	475	522	711	659	723	814	856	959	948	136
720	842	1056	1231	1418	1808	2087	2208	1857	1331	137
765	995	1320	1697	1873	2964	3675	3713	4011	2317	139
2126	3249	4052	4876	5211	6952	7569	7925	7420	6094	14
565	1068	1263	1590	1555	1853	1900	1945	1697	1465	141
179	274	418	433	376	382	366	350	322	299	142
346	528	786	948	1070	1467	1465	1496	1232	1210	143
53	46	45	73	93	115	131	145	142	113	144
102	126	163	131	148	188	181	170	138	165	145
258	391	484	600	563	782	792	768	644	461	146
623	816	893	1101	1406	2165	2734	3051	3245	2381	149
1700	1995	2973	3459	4061	5512	5942	5897	5216	3832	15
506	576	860	817	1043	1580	1939	1951	1875	1433	151
581	843	1127	1280	1507	2019	1718	1628	1420	992	152
613	576	986	1362	1511	1913	2285	2318	1921	1407	153
5	6	8	4	6	3	9	7	14	10	16
3	3	3	1	1		6	3	6	3	161
1		2		2		2		1	4	162
1	3	3	3	3	3	1	4	7	3	169
6313	6410	5535	7294	8312	9666	13180	15555	14709	11885	17
2174	2169	1731	2404	2504	3303	4225	4829	4698	3745	171
315	334	280	366	495	753	913	833	830	517	172

2-6 续表 4

行业中类	代码	企业单位数	1949年及以前	1950-1977年	1978-1991年
麻纺织及染整精加工	173	982		3	19
丝绢纺织及印染精加工	174	2648	1	10	53
化纤织造及印染精加工	175	13043		1	58
针织或钩针编织物及其制品制造	176	23399		11	175
家用纺织制成品制造	177	28143		10	106
产业用纺织制成品制造	178	20345		15	188
纺织服装、服饰业	18	185888	10	105	1261
机织服装制造	181	83323	7	54	681
针织或钩针编织服装制造	182	24306	2	18	200
服饰制造	183	78259	1	33	380
皮革、毛皮、羽毛及其制品和制鞋业	19	84815	3	42	745
皮革鞣制加工	191	4877	1	6	66
皮革制品制造	192	29360		4	137
毛皮鞣制及制品加工	193	7088	1	5	24
羽毛(绒)加工及制品制造	194	2393			33
制鞋业	195	41097	1	27	485
木材加工和木、竹、藤、棕、草制品业	20	124114	5	51	520
木材加工	201	62140	3	27	227
人造板制造	202	19779		1	49
木质制品制造	203	32214	2	12	154
竹、藤、棕、草等制品制造	204	9981		11	90
家具制造业	21	90002	1	23	294
木质家具制造	211	63090	1	21	204
竹、藤家具制造	212	936			4
金属家具制造	213	8080		1	35
塑料家具制造	214	721			6
其他家具制造	219	17175		1	45
造纸和纸制品业	22	79341	3	54	921
纸浆制造	221	320		1	2
造纸	222	15368	1	29	261
纸制品制造	223	63653	2	24	658
印刷和记录媒介复制业	23	83723	26	173	2746
印刷	231	74875	24	141	2326
装订及印刷相关服务	232	8565	2	32	411
记录媒介复制	233	283			9
文教、工美、体育和娱乐用品制造业	24	125634	6	91	1009
文教办公用品制造	241	11944	1	16	130
乐器制造	242	3035		6	36
工艺美术及礼仪用品制造	243	77649	4	60	562
体育用品制造	244	12986		5	90
玩具制造	245	16114	1	4	172
游艺器材及娱乐用品制造	246	3906			19
石油、煤炭及其他燃料加工业	25	11893	6	27	143
精炼石油产品制造	251	5152	4	21	99

单位：个

1992—1995年	1996年	1997年	1998年	1999年	2000年	2001年	2002年	2003年	2004年	2005年	代码
13	4	10	13	19	37	15	35	59	56	31	173
92	26	36	52	73	117	141	141	164	141	136	174
98	41	87	136	192	345	364	544	714	518	372	175
288	107	133	165	282	404	409	623	670	566	610	176
232	98	107	157	208	292	331	448	562	564	538	177
318	119	120	179	247	300	419	473	574	541	532	178
2429	720	771	1025	1513	2451	2512	3046	3517	3521	3526	18
1266	367	414	536	770	1225	1261	1450	1843	1836	1816	181
516	151	161	192	303	455	518	666	625	623	636	182
647	202	196	297	440	771	733	930	1049	1062	1074	183
1494	468	435	508	676	883	1068	1322	1439	1454	1576	19
125	36	43	45	46	61	81	129	127	113	161	191
346	105	107	148	198	247	298	391	437	466	524	192
60	19	20	24	24	65	63	88	100	112	122	193
53	20	20	25	32	62	69	60	54	59	64	194
910	288	245	266	376	448	557	654	721	704	705	195
707	238	260	420	514	826	940	1189	1584	1622	1897	20
204	65	78	140	135	242	242	321	465	487	642	201
113	45	47	78	127	191	209	306	449	453	428	202
276	87	100	148	183	274	345	426	471	489	611	203
114	41	35	54	69	119	144	136	199	193	216	204
642	254	300	401	459	581	692	816	1037	1154	1222	21
425	168	209	257	304	385	470	520	682	732	808	211
14	1	3	3	4	8	3	9	13	10	11	212
96	39	34	60	69	106	104	138	161	175	177	213
9	3	5	2	8	9	8	12	19	20	18	214
98	43	49	79	74	73	107	137	162	217	208	219
1396	484	551	749	870	1123	1458	1919	2183	2109	2025	22
5	4	1	1	2	9		7	11	9	8	221
321	110	120	188	216	273	338	480	570	525	496	222
1070	370	430	560	652	841	1120	1432	1602	1575	1521	223
2893	898	1016	1337	1632	1872	2482	3090	3560	3223	2832	23
2538	791	883	1198	1452	1678	2250	2767	3211	2900	2527	231
343	102	128	134	168	188	226	316	334	308	297	232
12	5	5	5	12	6	6	7	15	15	8	233
1745	533	572	787	1116	1416	1660	2151	2507	2488	2517	24
212	96	77	135	180	226	241	266	355	313	308	241
55	14	21	24	42	45	66	59	73	87	76	242
977	299	319	446	645	815	951	1306	1427	1410	1518	243
146	46	55	72	89	138	152	207	238	301	248	244
324	68	80	86	133	164	221	270	347	320	318	245
31	10	20	24	27	28	29	43	67	57	49	246
195	67	56	105	136	165	194	250	303	294	279	25
138	50	41	70	103	122	128	167	176	164	165	251

2-6 续表 5

行业中类	代码	2006年	2007年	2008年	2009年
麻纺织及染整精加工	173	36	21	26	34
丝绢纺织及印染精加工	174	132	102	71	85
化纤织造及印染精加工	175	481	393	260	478
针织或钩针编织物及其制品制造	176	842	702	564	766
家用纺织制成品制造	177	597	527	528	707
产业用纺织制成品制造	178	707	626	570	776
纺织服装、服饰业	18	3994	3960	3560	4396
机织服装制造	181	2068	2135	1797	2201
针织或钩针编织服装制造	182	693	596	504	720
服饰制造	183	1233	1229	1259	1475
皮革、毛皮、羽毛及其制品和制鞋业	19	1823	1701	1662	2340
皮革鞣制加工	191	125	94	107	136
皮革制品制造	192	610	571	590	791
毛皮鞣制及制品加工	193	166	119	124	265
羽毛(绒)加工及制品制造	194	70	59	57	66
制鞋业	195	852	858	784	1082
木材加工和木、竹、藤、棕、草制品业	20	2259	2280	2414	2866
木材加工	201	738	694	887	1036
人造板制造	202	583	615	505	611
木质制品制造	203	712	749	780	939
竹、藤、棕、草等制品制造	204	226	222	242	280
家具制造业	21	1516	1461	1501	2100
木质家具制造	211	961	932	977	1392
竹、藤家具制造	212	19	22	10	20
金属家具制造	213	236	212	212	255
塑料家具制造	214	19	25	20	26
其他家具制造	219	281	270	282	407
造纸和纸制品业	22	2435	2332	2094	2952
纸浆制造	221	8	11	8	4
造纸	222	568	521	473	627
纸制品制造	223	1859	1800	1613	2321
印刷和记录媒介复制业	23	2894	2591	2331	2792
印刷	231	2581	2355	2118	2531
装订及印刷相关服务	232	303	227	204	252
记录媒介复制	233	10	9	9	9
文教、工美、体育和娱乐用品制造业	24	2915	2825	2564	3187
文教办公用品制造	241	320	334	250	342
乐器制造	242	76	70	48	72
工艺美术及礼仪用品制造	243	1772	1682	1588	1911
体育用品制造	244	306	279	267	346
玩具制造	245	374	394	332	430
游艺器材及娱乐用品制造	246	67	66	79	86
石油、煤炭及其他燃料加工业	25	337	333	339	408
精炼石油产品制造	251	198	184	144	214

单位：个

2010年	2011年	2012年	2013年	2014年	2015年	2016年	2017年	2018年	2019年	代码
32	32	36	40	60	48	69	93	88	53	173
100	106	90	111	108	127	116	139	100	78	174
745	748	512	711	666	619	992	1098	1161	709	175
1066	1104	980	1268	1450	1499	1874	2277	2226	2338	176
927	1060	1115	1374	1780	2068	3389	4025	3567	2826	177
954	857	791	1020	1249	1249	1602	2261	2039	1619	178
6689	7449	7349	10884	12879	14559	18382	23123	25836	16421	18
3450	3946	3431	5214	5803	6345	7937	9513	10861	5096	181
993	962	1079	1486	1578	1660	2056	2470	2824	1619	182
2246	2541	2839	4184	5498	6554	8389	11140	12151	9706	183
3317	3727	3613	5606	7232	6380	8020	10125	10262	6894	19
183	197	240	305	351	429	472	532	459	207	191
1105	1342	1411	1975	2270	2426	3130	3988	3838	1905	192
293	257	305	583	737	551	865	787	852	457	193
82	100	122	119	105	141	202	248	287	184	194
1654	1831	1535	2624	3769	2833	3351	4570	4826	4141	195
3938	3899	4952	6034	6725	8399	10887	15861	18111	24716	20
1472	1548	2424	2539	2801	3867	4843	7029	10965	18019	201
857	789	765	1082	1048	1284	1751	3099	1935	2359	202
1244	1208	1323	1830	2233	2415	3296	4611	3899	3397	203
365	354	440	583	643	833	997	1122	1312	941	204
2976	3040	3900	5034	6908	7437	10531	15552	12676	7494	21
1972	2117	2602	3414	4807	5263	7541	11414	9174	5338	211
32	33	42	58	70	78	104	151	112	102	212
331	287	330	444	546	564	799	1125	905	639	213
26	32	35	41	63	52	60	73	70	60	214
615	571	891	1077	1422	1480	2027	2789	2415	1355	219
3464	3336	3496	4436	5196	5232	6225	8486	8327	5485	22
9	14	16	13	20	46	47	22	17	25	221
722	669	702	850	892	851	1101	1536	1232	696	222
2733	2653	2778	3573	4284	4335	5077	6928	7078	4764	223
3300	3206	3074	3820	4266	4752	5661	7011	6253	3992	23
2999	2903	2776	3410	3831	4217	4996	6245	5589	3638	231
298	299	296	402	422	514	649	754	641	315	232
3	4	2	8	13	21	16	12	23	39	233
4264	4745	5365	7080	9135	10407	13480	15962	14399	10708	24
412	459	463	646	751	857	1035	1244	1224	1051	241
96	128	130	156	173	237	334	402	334	175	242
2637	2921	3517	4578	5873	6651	8455	9981	8642	6702	243
415	454	478	634	978	1036	1410	1693	1685	1218	244
567	650	640	891	1068	1273	1738	2037	2064	1148	245
137	133	137	175	292	353	508	605	450	414	246
413	420	489	488	753	810	1121	1371	1542	849	25
210	227	260	225	276	295	369	400	398	304	251

2-6 续表 6

行业中类	代码	企业单位数	1949年及以前	1950—1977年	1978—1991年
煤炭加工	252	4052	2	6	43
生物质燃料加工	254	2689			1
化学原料和化学制品制造业	26	117509	17	275	1889
基础化学原料制造	261	17012	8	54	393
肥料制造	262	15048	1	52	109
农药制造	263	2163		14	101
涂料、油墨、颜料及类似产品制造	264	20697	6	29	328
合成材料制造	265	12586	1	12	115
专用化学产品制造	266	29866		48	537
炸药、火工及焰火产品制造	267	3056	1	49	92
日用化学产品制造	268	17081		17	214
医药制造业	27	27294	14	126	497
化学药品原料药制造	271	3189	1	18	74
化学药品制剂制造	272	2740	7	36	119
中药饮片加工	273	5295		7	39
中成药生产	274	4216	4	48	120
兽用药品制造	275	1800		7	30
生物药品制品制造	276	4536	2	2	43
卫生材料及医药用品制造	277	4895		8	64
药用辅料及包装材料	278	623			8
化学纤维制造业	28	7166		5	70
纤维素纤维原料及纤维制造	281	888		1	9
合成纤维制造	282	5642		3	58
生物基材料制造	283	636		1	3
橡胶和塑料制品业	29	205187	7	119	2059
橡胶制品业	291	35953	1	43	460
塑料制品业	292	169234	6	76	1599
非金属矿物制品业	30	275781	20	342	2878
水泥、石灰和石膏制造	301	13955	6	100	302
石膏、水泥制品及类似制品制造	302	64199	2	48	513
砖瓦、石材等建筑材料制造	303	106862	6	92	1024
玻璃制造	304	6440	1	8	38
玻璃制品制造	305	17560		14	141
玻璃纤维和玻璃纤维增强塑料制品制造	306	7023		4	108
陶瓷制品制造	307	25411	1	36	228
耐火材料制品制造	308	13263	4	24	309
石墨及其他非金属矿物制品制造	309	21068		16	215
黑色金属冶炼和压延加工业	31	22298	3	56	267
炼铁	311	681		3	11
炼钢	312	451		3	6
钢压延加工	313	18481	3	44	211
铁合金冶炼	314	2685		6	39
有色金属冶炼和压延加工业	32	29446	4	44	325
常用有色金属冶炼	321	3691	3	13	58

单位：个

1992—1995年	1996年	1997年	1998年	1999年	2000年	2001年	2002年	2003年	2004年	2005年	代码
55	17	15	34	32	37	59	79	122	127	104	252
2			1	1	6	7	4	5	3	10	254
2889	1031	1136	1683	2148	2471	3150	3516	4100	4130	4101	26
476	175	181	307	373	409	516	626	773	791	849	261
150	79	100	136	130	182	255	317	344	394	420	262
100	35	44	82	100	85	98	85	83	83	106	263
593	228	213	329	434	496	633	743	847	776	729	264
216	77	81	139	172	195	256	322	371	341	348	265
863	287	313	436	636	716	889	952	1123	1209	1132	266
59	17	26	37	32	102	173	121	152	133	140	267
432	133	178	217	271	286	330	350	407	403	377	268
914	268	295	436	465	587	724	817	955	906	819	27
117	40	35	63	76	87	91	111	135	109	114	271
223	48	52	84	64	104	114	141	131	113	91	272
57	18	19	28	29	34	52	80	109	136	132	273
215	74	82	119	101	127	165	163	206	166	97	274
50	15	33	46	58	59	76	74	73	86	90	275
120	35	29	35	42	71	93	94	113	114	128	276
113	34	39	53	78	90	112	126	155	160	146	277
19	4	6	8	17	15	21	28	33	22	21	278
129	33	52	75	114	174	171	242	344	299	217	28
23	3	3	8	19	22	16	28	34	26	32	281
101	29	45	63	92	142	147	206	294	258	174	282
5	1	4	4	3	10	8	8	16	15	11	283
3531	1181	1313	1902	2665	3169	4234	5079	5573	5583	5727	29
713	259	232	390	525	613	746	863	983	1038	1103	291
2818	922	1081	1512	2140	2556	3488	4216	4590	4545	4624	292
3640	1189	1234	2017	2533	2960	3612	4585	5748	5606	5669	30
326	97	109	195	198	239	289	330	456	448	399	301
561	204	198	328	336	521	558	905	1132	988	999	302
1217	372	367	627	756	909	1042	1315	1757	1581	1805	303
83	29	21	34	49	48	82	98	117	128	139	304
206	71	71	107	174	227	274	312	353	381	403	305
128	49	55	80	92	110	136	193	226	225	223	306
443	124	155	213	327	326	442	512	599	599	555	307
379	116	125	210	300	243	362	434	526	610	547	308
297	127	133	223	301	337	427	486	582	646	599	309
453	164	172	227	328	373	477	614	1109	1022	947	31
13	5	4	13	8	13	16	33	58	51	52	311
25	5	2	6	4	8	15	22	55	12	20	312
375	137	147	186	289	310	379	490	766	764	747	313
40	17	19	22	27	42	67	69	230	195	128	314
551	203	223	336	410	513	727	725	919	968	1033	32
73	34	36	63	49	84	98	109	163	183	203	321

2-6 续表 7

行业中类	代码	2006年	2007年	2008年	2009年
煤炭加工	252	120	123	178	161
生物质燃料加工	254	19	26	17	33
化学原料和化学制品制造业	26	4594	3951	3772	4488
基础化学原料制造	261	879	761	698	741
肥料制造	262	426	366	492	608
农药制造	263	89	77	46	75
涂料、油墨、颜料及类似产品制造	264	811	660	622	800
合成材料制造	265	398	401	361	447
专用化学产品制造	266	1316	1118	1052	1227
炸药、火工及焰火产品制造	267	219	149	118	93
日用化学产品制造	268	456	419	383	497
医药制造业	27	786	648	603	828
化学药品原料药制造	271	122	115	90	119
化学药品制剂制造	272	79	49	62	80
中药饮片加工	273	107	113	94	141
中成药生产	274	76	63	72	71
兽用药品制造	275	112	66	51	84
生物药品制品制造	276	111	87	120	146
卫生材料及医药用品制造	277	152	131	93	169
药用辅料及包装材料	278	27	24	21	18
化学纤维制造业	28	368	278	187	249
纤维素纤维原料及纤维制造	281	38	28	25	36
合成纤维制造	282	311	236	149	199
生物基材料制造	283	19	14	13	14
橡胶和塑料制品业	29	6804	6438	5913	7416
橡胶制品业	291	1199	1170	1063	1240
塑料制品业	292	5605	5268	4850	6176
非金属矿物制品业	30	7197	6991	7894	9700
水泥、石灰和石膏制造	301	444	473	636	701
石膏、水泥制品及类似制品制造	302	1429	1559	1691	2270
砖瓦、石材等建筑材料制造	303	2634	2391	2987	3535
玻璃制造	304	178	151	162	236
玻璃制品制造	305	431	458	416	505
玻璃纤维和玻璃纤维增强塑料制品制造	306	224	236	237	281
陶瓷制品制造	307	654	632	526	796
耐火材料制品制造	308	537	438	499	612
石墨及其他非金属矿物制品制造	309	666	653	740	764
黑色金属冶炼和压延加工业	31	898	855	820	905
炼铁	311	30	39	36	37
炼钢	312	24	24	15	14
钢压延加工	313	751	669	654	747
铁合金冶炼	314	93	123	115	107
有色金属冶炼和压延加工业	32	1147	1253	1077	1071
常用有色金属冶炼	321	201	231	189	149

单位：个

2010年	2011年	2012年	2013年	2014年	2015年	2016年	2017年	2018年	2019年	代码
158	150	155	195	300	269	400	505	366	240	252
45	43	74	68	177	246	352	466	778	305	254
4762	4856	4926	5448	6698	7596	8656	9832	9378	6016	26
708	741	735	691	789	835	921	978	982	622	261
620	674	695	731	1051	1315	1414	1507	1462	1018	262
64	61	57	75	92	86	109	114	112	90	263
869	825	857	1073	1163	1248	1453	1684	1395	853	264
562	587	538	589	753	797	922	1296	1354	935	265
1263	1223	1243	1366	1561	1715	1903	2280	2109	1349	266
142	180	141	165	146	185	114	143	104	23	267
534	565	660	758	1143	1415	1820	1830	1860	1126	268
946	972	1031	1216	1451	1858	2204	2607	2586	1735	27
139	132	122	129	150	162	169	226	248	195	271
86	88	90	80	109	104	154	133	201	98	272
186	220	237	333	347	549	602	668	671	287	273
95	103	101	117	171	217	309	440	371	323	274
81	66	96	52	67	115	76	89	80	68	275
158	160	150	227	256	345	459	533	539	324	276
173	186	209	245	322	335	402	476	430	394	277
28	17	26	33	29	31	33	42	46	46	278
438	404	258	345	338	372	410	582	625	387	28
47	39	31	42	53	64	62	79	78	42	281
374	343	204	266	245	268	286	416	442	291	282
17	22	23	37	40	40	62	87	105	54	283
9066	8988	9070	11290	13137	13536	17377	21558	19675	12777	29
1579	1521	1565	1955	2295	2452	3154	3705	3407	1679	291
7487	7467	7505	9335	10842	11084	14223	17853	16268	11098	292
12300	14025	14430	16306	18169	18046	22873	30709	30565	24543	30
719	684	601	645	744	770	934	1185	1046	879	301
3332	3991	4193	4501	4667	4131	5572	7401	6749	5420	302
4333	5249	5802	6579	7508	7568	9114	12967	13572	9753	303
346	334	339	448	463	426	563	798	724	397	304
724	812	772	1209	1200	1235	1635	2056	1931	1442	305
288	306	294	310	414	425	597	658	687	437	306
1090	1007	976	1162	1403	1535	2015	2520	2364	4171	307
538	574	551	478	583	632	805	1001	1112	714	308
930	1068	902	974	1187	1324	1638	2123	2380	1330	309
1024	1014	879	1007	1169	1152	1499	2099	1766	999	31
28	28	18	10	14	24	28	35	25	49	311
15	13	17	21	9	13	22	29	27	25	312
894	877	768	900	1077	1033	1322	1803	1576	562	313
87	96	76	76	69	82	127	232	138	363	314
1302	1311	1309	1537	1724	1674	2126	2843	2751	1340	32
168	177	176	105	131	140	175	253	242	185	321

2-6 续表 8

行业中类	代码	企业单位数	1949年及以前	1950—1977年	1978—1991年
贵金属冶炼	322	540		6	11
稀有稀土金属冶炼	323	847		2	12
有色金属合金制造	324	7211		6	59
有色金属压延加工	325	17157	1	17	185
金属制品业	33	348517	15	235	3001
结构性金属制品制造	331	128366	5	55	724
金属工具制造	332	26048	3	34	254
集装箱及金属包装容器制造	333	7676		12	169
金属丝绳及其制品制造	334	17696	2	16	146
建筑、安全用金属制品制造	335	52204	1	19	343
金属表面处理及热处理加工	336	14126	1	18	340
搪瓷制品制造	337	2144		3	23
金属制日用品制造	338	20855		14	157
铸造及其他金属制品制造	339	79402	3	64	845
通用设备制造业	34	353928	19	442	3678
锅炉及原动设备制造	341	10035		63	228
金属加工机械制造	342	53171	8	67	485
物料搬运设备制造	343	14437	1	29	167
泵、阀门、压缩机及类似机械制造	344	40660	2	84	622
轴承、齿轮和传动部件制造	345	21601		38	240
烘炉、风机、包装等设备制造	346	34437	2	29	322
文化、办公用机械制造	347	3124		2	31
通用零部件制造	348	143023	5	115	1464
其他通用设备制造业	349	33440	1	15	119
专用设备制造业	35	247622	11	237	1900
采矿、冶金、建筑专用设备制造	351	29919	3	58	337
化工、木材、非金属加工专用设备制造	352	72435	1	22	373
食品、饮料、烟草及饲料生产专用设备制造	353	7134	1	16	99
印刷、制药、日化及日用品生产专用设备制造	354	9133	3	15	112
纺织、服装和皮革加工专用设备制造	355	11406		26	208
电子和电工机械专用设备制造	356	14142	1	7	77
农、林、牧、渔专用机械制造	357	15215		28	173
医疗仪器设备及器械制造	358	21014	1	20	194
环保、邮政、社会公共服务及其他专用设备制造	359	67224	1	45	327
汽车制造业	36	85402	8	130	901
汽车整车制造	361	1556	1	6	22
汽车用发动机制造	362	417	1	2	3
改装汽车制造	363	1183	1	9	37
低速汽车制造	364	92		1	1
电车制造	365	506			1
汽车车身、挂车制造	366	4710		7	22
汽车零部件及配件制造	367	76938	5	105	815
铁路、船舶、航空航天和其他运输设备制造业	37	31919	11	70	465
铁路运输设备制造	371	3910	3	21	155

单位：个

1992-1995年	1996年	1997年	1998年	1999年	2000年	2001年	2002年	2003年	2004年	2005年	代码
16	7	13	8	13	16	25	29	27	29	33	322
25	8	7	17	16	25	29	23	42	40	58	323
112	31	50	70	96	109	142	154	172	181	222	324
325	123	117	178	236	279	433	410	515	535	517	325
4455	1541	1729	2420	3311	3920	5188	6254	7377	7676	7698	33
1123	415	464	705	892	1128	1449	1823	2175	2245	2239	331
386	141	172	236	309	432	447	605	667	649	726	332
219	51	76	105	144	121	158	209	232	256	266	333
194	73	78	119	155	158	227	246	339	367	377	334
595	220	251	331	416	571	790	954	1005	1089	1095	335
335	115	124	173	238	282	357	412	543	492	468	336
21	10	11	10	22	15	34	25	35	33	41	337
358	105	115	134	186	218	320	358	397	466	461	338
1224	411	438	607	949	995	1406	1622	1984	2079	2025	339
5510	1965	2094	3099	4078	4671	6016	7311	8893	9448	9442	34
274	108	116	194	240	196	247	269	319	344	347	341
650	216	270	376	486	623	811	982	1330	1305	1387	342
266	99	105	141	143	170	263	349	419	421	382	343
981	338	359	536	622	749	935	1180	1331	1376	1242	344
384	179	178	210	328	378	529	558	656	693	655	345
624	231	241	348	478	527	686	818	906	956	988	346
75	15	22	25	35	43	80	66	73	86	92	347
2049	680	712	1122	1532	1754	2168	2745	3399	3740	3818	348
207	99	91	147	214	231	297	344	460	527	531	349
2834	1023	1207	1654	2285	2642	3639	4295	5125	5653	5759	35
409	153	196	246	319	372	577	680	833	953	1039	351
635	228	245	338	484	646	907	1136	1344	1548	1683	352
156	53	55	82	93	91	127	143	187	159	174	353
182	61	80	122	129	142	194	211	264	302	251	354
273	111	111	156	257	334	391	506	511	465	409	355
113	51	47	78	106	129	180	219	280	296	311	356
143	64	58	113	126	154	171	230	268	282	297	357
381	112	143	176	207	239	354	386	433	481	463	358
542	190	272	343	564	535	738	784	1005	1167	1132	359
1456	465	530	734	944	1122	1559	1941	2442	2474	2376	36
36	9	22	18	11	15	16	27	28	21	28	361
7	3	2	9	2	3	6	7	12	13	18	362
32	7	13	18	14	23	33	53	28	61	44	363
	1	2		1	2	2	3	1	1	1	364
1			4		1	4	3	3	5	9	365
27	10	9	16	22	29	41	59	59	68	67	366
1353	435	482	669	894	1049	1457	1789	2311	2305	2209	367
713	251	242	310	507	527	659	703	800	871	983	37
125	42	28	40	81	83	109	110	128	124	146	371

2-6 续表 9

行业中类	代码	2006年	2007年	2008年	2009年
贵金属冶炼	322	22	30	22	21
稀有稀土金属冶炼	323	53	60	37	31
有色金属合金制造	324	245	262	227	245
有色金属压延加工	325	626	670	602	625
金属制品业	33	9148	8882	8704	10534
结构性金属制品制造	331	2848	2769	3002	3787
金属工具制造	332	774	782	709	800
集装箱及金属包装容器制造	333	265	235	225	276
金属丝绳及其制品制造	334	414	376	373	489
建筑、安全用金属制品制造	335	1381	1374	1317	1611
金属表面处理及热处理加工	336	508	472	400	435
搪瓷制品制造	337	52	45	44	52
金属制日用品制造	338	562	471	480	638
铸造及其他金属制品制造	339	2344	2358	2154	2446
通用设备制造业	34	11002	10960	10550	11700
锅炉及原动设备制造	341	341	353	314	367
金属加工机械制造	342	1617	1616	1504	1765
物料搬运设备制造	343	491	455	405	457
泵、阀门、压缩机及类似机械制造	344	1439	1402	1375	1571
轴承、齿轮和传动部件制造	345	731	753	677	667
烘炉、风机、包装等设备制造	346	1039	1071	999	1231
文化、办公用机械制造	347	110	107	87	107
通用零部件制造	348	4595	4543	4465	4585
其他通用设备制造业	349	639	660	724	950
专用设备制造业	35	6700	6461	6474	8159
采矿、冶金、建筑专用设备制造	351	1137	1112	1003	1205
化工、木材、非金属加工专用设备制造	352	1973	1979	1901	2222
食品、饮料、烟草及饲料生产专用设备制造	353	184	169	183	296
印刷、制药、日化及日用品生产专用设备制造	354	274	281	286	412
纺织、服装和皮革加工专用设备制造	355	466	360	297	399
电子和电工机械专用设备制造	356	370	388	379	505
农、林、牧、渔专用机械制造	357	375	333	402	513
医疗仪器设备及器械制造	358	508	492	472	660
环保、邮政、社会公共服务及其他专用设备制造	359	1413	1347	1551	1947
汽车制造业	36	2655	2573	2447	2826
汽车整车制造	361	27	23	15	35
汽车用发动机制造	362	11	14	14	8
改装汽车制造	363	45	33	33	43
低速汽车制造	364		2	2	2
电车制造	365	9	12	7	15
汽车车身、挂车制造	366	68	86	92	76
汽车零部件及配件制造	367	2495	2403	2284	2647
铁路、船舶、航空航天和其他运输设备制造业	37	1138	1047	1072	1208
铁路运输设备制造	371	142	153	135	167

单位：个

2010年	2011年	2012年	2013年	2014年	2015年	2016年	2017年	2018年	2019年	代码
27	13	26	23	19	15	25	18	22	24	322
28	49	36	29	31	27	42	45	50	25	323
297	335	314	405	457	450	594	837	802	337	324
782	737	757	975	1086	1042	1290	1690	1635	769	325
13554	14680	14691	19371	25068	25676	33697	43245	41155	25292	33
4948	5407	5469	7142	9487	10269	13747	17251	16888	9910	331
1123	1179	1129	1490	1748	1758	2289	2786	2689	1731	332
354	343	387	416	448	427	563	675	654	390	333
461	540	941	1696	2112	1789	1781	1891	1579	757	334
2067	2308	2185	3059	3621	3525	4807	6592	6296	4381	335
658	609	522	706	831	793	909	1312	1261	812	336
75	78	96	99	161	138	191	224	179	427	337
777	772	828	1041	1407	1455	1882	2312	2402	2539	338
3091	3444	3134	3722	5253	5522	7528	10202	9207	4345	339
15840	16824	14498	17286	22566	22931	28537	40024	37067	27477	34
425	431	376	446	621	730	989	659	612	426	341
2573	2644	2306	2716	3550	3610	4274	6104	5950	3946	342
672	632	582	694	898	1000	1272	1438	1248	1238	343
1896	1978	1573	1933	2348	2282	2519	3789	3289	2909	344
924	955	764	935	1041	1100	1250	2375	2010	2393	345
1498	1603	1481	1807	2219	2185	2695	3543	3310	2600	346
130	168	148	164	216	208	272	330	275	157	347
6427	6961	5817	7029	8958	8850	11270	16913	16028	11279	348
1295	1452	1451	1562	2715	2966	3996	4873	4345	2529	349
10665	11103	10637	13183	16572	17449	22162	30385	28586	20822	35
1414	1484	1412	1340	1685	1536	1860	2619	2791	3146	351
3221	3410	3290	4311	5115	5410	7133	10050	8426	4404	352
320	289	283	314	444	500	625	721	651	719	353
514	493	403	542	598	552	687	797	730	496	354
547	575	460	610	595	541	620	863	722	593	355
642	726	676	816	910	965	1231	1477	1595	1567	356
743	709	724	839	1089	1204	1468	1816	1722	1171	357
808	832	857	1252	1451	1524	2004	2409	2336	1819	358
2456	2585	2532	3159	4685	5217	6534	9633	9613	6907	359
4154	4005	3588	4662	5551	5529	7126	9146	8157	5901	36
54	43	50	55	95	116	204	223	242	114	361
9	15	13	12	24	30	28	35	33	83	362
53	49	41	42	71	61	78	105	106	50	363
5	4	2	6	3	5	9	9	8	19	364
21	20	22	30	51	51	73	57	39	68	365
118	106	100	122	195	195	282	468	574	1792	366
3894	3768	3360	4395	5112	5071	6452	8249	7155	3775	367
1519	1400	1305	1724	2309	2245	2804	2897	2465	1674	37
181	162	140	155	226	216	288	309	253	188	371

2-6 续表 10

行业中类	代码	企业单位数	1949年及以前	1950—1977年	1978—1991年
城市轨道交通设备制造	372	551		1	2
船舶及相关装置制造	373	8700	7	29	129
航空、航天器及设备制造	374	1894		3	15
摩托车制造	375	6367		11	101
自行车和残疾人座车制造	376	3735	1	1	40
助动车制造	377	4590		1	8
非公路休闲车及零配件制造	378	1112		1	2
潜水救捞及其他未列明运输设备制造	379	1060		2	13
电气机械和器材制造业	38	202301	19	184	1864
电机制造	381	15783	3	44	188
输配电及控制设备制造	382	68781	7	70	801
电线、电缆、光缆及电工器材制造	383	27744	5	21	365
电池制造	384	7256	2	10	34
家用电力器具制造	385	26280	1	18	168
非电力家用器具制造	386	5522		1	32
照明器具制造	387	37771		12	182
其他电气机械及器材制造	389	13164	1	8	94
计算机、通信和其他电子设备制造业	39	142589	3	72	686
计算机制造	391	11682		2	38
通信设备制造	392	11161		9	63
广播电视设备制造	393	2666	1	2	21
雷达及配套设备制造	394	283		5	3
非专业视听设备制造	395	6757		4	41
智能消费设备制造	396	7368		2	10
电子器件制造	397	22564	1	17	109
电子元件及电子专用材料制造	398	62377	1	30	352
其他电子设备制造	399	17731		1	49
仪器仪表制造业	40	47546	4	91	546
通用仪器仪表制造	401	31477	2	53	321
专用仪器仪表制造	402	6585		15	98
钟表与计时仪器制造	403	3134		8	53
光学仪器制造	404	2699		4	16
衡器制造	405	1078	2	2	26
其他仪器仪表制造业	409	2573		9	32
其他制造业	41	45458	1	24	224
日用杂品制造	411	16560	1	14	133
其他未列明制造业	419	28898		10	91
废弃资源综合利用业	42	16298		4	82
金属废料和碎屑加工处理	421	7648		2	45
非金属废料和碎屑加工处理	422	8650		2	37
金属制品、机械和设备修理业	43	38763	3	57	442
金属制品修理	431	838		1	11
通用设备修理	432	6125		5	45
专用设备修理	433	6773		18	106

单位：个

1992–1995年	1996年	1997年	1998年	1999年	2000年	2001年	2002年	2003年	2004年	2005年	代码
1	3	1	3	5	3	2	3	8	8	5	372
168	52	50	75	108	106	137	148	165	245	284	373
22	13	12	7	17	19	18	30	23	31	45	374
265	87	100	107	195	168	198	206	197	235	260	375
81	30	27	43	43	76	101	79	112	93	101	376
23	14	12	20	37	36	58	88	100	82	81	377
17	3	4	4	8	20	17	18	37	29	23	378
11	7	8	11	13	16	19	21	30	24	38	379
3250	1159	1255	1739	2382	2728	3604	4117	4795	4767	4739	38
339	126	123	168	243	268	378	397	498	521	467	381
1236	438	502	646	937	1071	1337	1553	1863	1818	1793	382
606	224	253	365	444	463	709	731	795	743	872	383
82	22	32	41	45	72	94	106	135	128	141	384
409	162	125	220	290	328	418	517	560	564	538	385
65	23	32	44	41	61	84	77	112	100	133	386
377	123	141	174	257	335	425	540	584	629	551	387
136	41	47	81	125	130	159	196	248	264	244	389
1630	497	583	762	1031	1390	1944	2196	2539	2872	2881	39
116	26	36	74	78	107	166	172	198	252	264	391
173	63	73	97	127	145	202	192	212	215	232	392
52	24	16	23	52	48	59	77	82	90	76	393
8	2	5	3	4	2	2	9	10	4	9	394
118	33	49	42	55	65	103	143	148	168	163	395
26	14	10	22	22	24	41	43	52	77	79	396
246	60	83	86	111	203	309	298	378	458	456	397
774	236	258	346	495	686	925	1066	1246	1340	1334	398
117	39	53	69	87	110	137	196	213	268	268	399
1005	323	342	503	632	707	939	995	1195	1202	1203	40
597	211	216	319	423	462	600	639	741	752	756	401
136	49	49	71	77	89	138	140	193	193	164	402
102	20	29	26	26	38	44	55	68	68	76	403
72	13	16	26	38	57	66	65	72	88	81	404
37	13	18	22	27	23	29	33	55	37	45	405
61	17	14	39	41	38	62	63	66	64	81	409
449	138	150	171	283	394	462	573	622	664	670	41
282	96	94	108	171	260	289	374	360	401	366	411
167	42	56	63	112	134	173	199	262	263	304	419
86	26	30	52	71	72	120	138	226	266	278	42
47	15	20	34	34	39	60	83	146	170	162	421
39	11	10	18	37	33	60	55	80	96	116	422
463	131	129	213	255	289	346	437	490	584	631	43
7	3	4	6	4	6	5	5	16	12	12	431
60	27	23	37	40	41	46	73	74	108	92	432
85	26	16	29	47	53	64	72	78	98	107	433

2-6 续表 11

行业中类	代码	2006年	2007年	2008年	2009年
城市轨道交通设备制造	372	11	7	10	10
船舶及相关装置制造	373	358	363	403	438
航空、航天器及设备制造	374	40	44	55	44
摩托车制造	375	245	202	221	221
自行车和残疾人座车制造	376	104	111	100	121
助动车制造	377	176	108	88	135
非公路休闲车及零配件制造	378	20	29	24	24
潜水救捞及其他未列明运输设备制造	379	42	30	36	48
电气机械和器材制造业	38	5846	5826	5649	7456
电机制造	381	543	522	556	668
输配电及控制设备制造	382	2172	2104	2079	2693
电线、电缆、光缆及电工器材制造	383	1033	1012	877	1035
电池制造	384	192	155	166	252
家用电力器具制造	385	715	693	633	892
非电力家用器具制造	386	146	151	223	292
照明器具制造	387	708	822	780	1163
其他电气机械及器材制造	389	337	367	335	461
计算机、通信和其他电子设备制造业	39	3485	3481	3541	4570
计算机制造	391	293	293	291	412
通信设备制造	392	280	276	295	398
广播电视设备制造	393	105	80	97	132
雷达及配套设备制造	394	10	8	3	10
非专业视听设备制造	395	171	182	169	262
智能消费设备制造	396	78	91	103	122
电子器件制造	397	530	554	578	742
电子元件及电子专用材料制造	398	1658	1648	1610	1985
其他电子设备制造	399	360	349	395	507
仪器仪表制造业	40	1307	1278	1185	1562
通用仪器仪表制造	401	827	819	771	1004
专用仪器仪表制造	402	224	201	179	236
钟表与计时仪器制造	403	57	83	68	95
光学仪器制造	404	67	68	66	77
衡器制造	405	48	47	39	53
其他仪器仪表制造业	409	84	60	62	97
其他制造业	41	890	747	738	926
日用杂品制造	411	513	469	382	493
其他未列明制造业	419	377	278	356	433
废弃资源综合利用业	42	316	362	395	385
金属废料和碎屑加工处理	421	172	174	205	199
非金属废料和碎屑加工处理	422	144	188	190	186
金属制品、机械和设备修理业	43	771	733	913	1077
金属制品修理	431	20	16	19	18
通用设备修理	432	119	108	137	177
专用设备修理	433	103	112	130	184

单位：个

2010年	2011年	2012年	2013年	2014年	2015年	2016年	2017年	2018年	2019年	代码
18	22	24	28	38	39	60	94	81	64	372
494	427	328	398	604	615	640	649	668	612	373
73	72	73	91	133	141	211	233	272	157	374
316	289	268	410	367	336	411	418	311	222	375
155	126	142	212	292	266	392	428	306	152	376
193	191	233	308	464	440	606	536	401	151	377
35	45	50	65	99	112	119	129	102	76	378
54	66	47	57	86	80	77	101	71	52	379
9491	10022	9302	11267	13986	13886	17959	22368	20340	12301	38
843	817	682	806	938	944	1132	1397	1196	976	381
3447	3597	2933	3378	4474	4321	5765	7176	6080	4490	382
1201	1266	1204	1581	1848	1740	2118	2727	2302	1204	383
274	302	323	369	422	537	779	1023	940	578	384
1133	1166	1220	1517	1935	1927	2335	2943	2926	1927	385
288	309	276	295	367	378	514	667	528	283	386
1708	1895	2136	2641	3139	3032	4000	4900	4675	1842	387
597	670	528	680	863	1007	1316	1535	1693	1001	389
6223	6709	6732	8722	10845	11373	15520	17701	17502	7099	39
514	593	613	770	902	1002	1361	1090	1078	941	391
444	530	501	659	854	884	1170	1307	1212	548	392
156	153	160	150	167	168	191	208	182	94	393
15	13	8	12	25	17	24	26	30	16	394
303	341	365	479	493	514	685	816	685	160	395
201	228	251	387	506	621	1047	1077	1288	946	396
1067	1114	1138	1448	1660	1740	2299	2573	2251	2055	397
2788	2921	2903	3785	4613	4777	6322	8053	8850	1375	398
735	816	793	1032	1625	1650	2421	2551	1926	964	399
1814	2144	2104	2541	3129	3357	3997	5028	5127	3286	40
1198	1368	1316	1639	2087	2281	2683	3509	3567	2316	401
270	307	279	351	466	462	520	625	601	452	402
108	196	228	240	203	217	305	337	319	65	403
93	112	120	134	174	179	239	275	323	158	404
54	41	41	55	50	55	64	50	72	40	405
91	120	120	122	149	163	186	232	245	255	409
1324	1457	1534	2077	3365	4102	5791	6405	6348	4929	41
639	660	663	885	1174	1329	1910	1800	1597	1097	411
685	797	871	1192	2191	2773	3881	4605	4751	3832	419
524	546	621	633	835	1060	1284	2333	2963	2590	42
274	275	290	286	346	421	535	1131	1351	1132	421
250	271	331	347	489	639	749	1202	1612	1458	422
1453	1605	1710	2022	3093	3389	4329	5055	5286	2857	43
25	20	25	42	80	85	124	100	102	70	431
220	288	283	302	523	540	623	851	816	467	432
231	269	282	387	570	601	825	924	897	459	433

2-6 续表 12

行业中类	代码	企业单位数	1949年及以前	1950—1977年	1978—1991年
铁路、船舶、航空航天等运输设备修理	434	6257	2	16	146
电气设备修理	435	3835		5	37
仪器仪表修理	436	837		1	14
其他机械和设备修理业	439	14098	1	11	83
电力、热力、燃气及水生产和供应业	**D**	**109072**	**54**	**1015**	**3889**
电力、热力生产和供应业	44	75129	26	665	2321
电力生产	441	61113	11	514	1935
电力供应	442	5471	15	143	283
热力生产和供应	443	8545		8	103
燃气生产和供应业	45	8662	1	3	83
燃气生产和供应业	451	8084	1	3	81
生物质燃气生产和供应业	452	578			2
水的生产和供应业	46	25281	27	347	1485
自来水生产和供应	461	15711	27	347	1471
污水处理及其再生利用	462	8935			5
海水淡化处理	463	57			
其他水的处理、利用与分配	469	578			9
建筑业	**E**	**1458374**	**74**	**2555**	**8661**
房屋建筑业	47	310789	41	1875	4725
住宅房屋建筑	471	260252	39	1745	4259
体育场馆建筑	472	703	1	8	21
其他房屋建筑业	479	49834	1	122	445
土木工程建筑业	48	305615	13	510	1936
铁路、道路、隧道和桥梁工程建筑	481	111468	6	204	779
水利和水运工程建筑	482	16663		167	420
海洋工程建筑	483	441			1
工矿工程建筑	484	5490	1	31	89
架线和管道工程建筑	485	22772	1	45	253
节能环保工程施工	486	7962		1	15
电力工程施工	487	8470	1	30	48
其他土木工程建筑	489	132349	4	32	331
建筑安装业	49	206573	9	111	1072
电气安装	491	55341	4	20	348
管道和设备安装	492	53610	3	40	336
其他建筑安装业	499	97622	2	51	388
建筑装饰、装修和其他建筑业	50	635397	11	59	928
建筑装饰和装修业	501	473375	6	29	643
建筑物拆除和场地准备活动	502	31647	2	3	75
提供施工设备服务	503	10136		4	24
其他未列明建筑业	509	120239	3	23	186
批发和零售业	**F**	**6980244**	**431**	**4450**	**27847**
批发业	51	3803192	142	1943	14391
农、林、牧、渔产品批发	511	155990	26	313	1539
食品、饮料及烟草制品批发	512	377751	19	337	2169

单位：个

1992—1995年	1996年	1997年	1998年	1999年	2000年	2001年	2002年	2003年	2004年	2005年	代码
133	30	38	59	68	60	81	90	95	112	150	434
60	13	11	20	27	32	34	52	54	65	57	435
12	2	2	5	7	9	14	9	18	13	16	436
106	30	35	57	62	88	102	136	155	176	197	439
2298	**769**	**850**	**1170**	**1157**	**1528**	**1826**	**2586**	**3977**	**4051**	**3491**	D
1453	532	584	816	771	1047	1299	1888	3041	3181	2577	44
1153	478	511	690	670	902	1114	1683	2694	2914	2271	441
165	34	38	63	51	46	74	73	120	71	95	442
135	20	35	63	50	99	111	132	227	196	211	443
126	40	47	70	72	96	143	180	259	199	246	45
124	37	47	67	72	93	140	175	253	195	238	451
2	3		3		3	3	5	6	4	8	452
719	197	219	284	314	385	384	518	677	671	668	46
669	186	206	247	281	314	315	360	487	484	465	461
28	6	9	32	29	58	60	147	176	175	191	462
							2		1	1	463
22	5	4	5	4	13	9	9	14	11	11	469
11085	**3276**	**3624**	**5264**	**5398**	**6555**	**8919**	**10045**	**11360**	**12913**	**13939**	E
3807	947	1023	1533	1407	1679	2854	2666	2283	2504	2883	47
3372	826	939	1347	1266	1492	2551	2348	1946	2099	2484	471
33	5	6	7	8	5	14	9	4	11	17	472
402	116	78	179	133	182	289	309	333	394	382	479
2428	603	708	1110	1204	1430	1880	2140	2757	2971	3043	48
1117	266	298	469	468	547	692	796	1066	1078	1086	481
345	62	72	104	140	128	182	163	180	190	209	482
2			1	2	3	2	2	2	7	8	483
71	24	12	30	38	51	46	66	83	74	85	484
297	73	92	148	170	156	289	239	342	414	387	485
37	17	13	30	29	34	42	42	56	68	91	486
50	18	15	21	31	37	47	68	67	74	83	487
509	143	206	307	326	474	580	764	961	1066	1094	489
1946	678	774	1130	1209	1381	1760	2024	2381	2720	2895	49
616	231	270	394	435	461	618	685	798	868	918	491
582	188	206	294	324	388	496	565	659	756	814	492
748	259	298	442	450	532	646	774	924	1096	1163	499
2904	1048	1119	1491	1578	2065	2425	3215	3939	4718	5118	50
2352	890	937	1195	1258	1653	1905	2375	2840	3275	3624	501
249	67	64	110	126	154	202	331	486	566	506	502
40	10	12	25	30	40	45	65	100	109	147	503
263	81	106	161	164	218	273	444	513	768	841	509
31379	**11734**	**14754**	**22889**	**27043**	**36456**	**42514**	**53766**	**67176**	**70746**	**76758**	F
18455	6992	8784	13823	16768	22038	26513	32858	42208	44426	47912	51
932	280	334	558	789	857	1099	1298	1472	1561	2069	511
1838	636	767	1252	1503	1945	2097	2386	3013	2956	3349	512

2-6 续表 13

行业中类	代码	2006年	2007年	2008年	2009年
铁路、船舶、航空航天等运输设备修理	434	188	174	201	234
电气设备修理	435	75	68	90	93
仪器仪表修理	436	18	12	22	26
其他机械和设备修理业	439	248	243	314	345
电力、热力、燃气及水生产和供应业	D	**3293**	**2860**	**2994**	**3270**
电力、热力生产和供应业	44	2387	1924	1780	1860
电力生产	441	2131	1601	1446	1505
电力供应	442	60	75	63	51
热力生产和供应	443	196	248	271	304
燃气生产和供应业	45	216	211	285	348
燃气生产和供应业	451	208	199	277	330
生物质燃气生产和供应业	452	8	12	8	18
水的生产和供应业	46	690	725	929	1062
自来水生产和供应	461	446	402	514	538
污水处理及其再生利用	462	234	308	396	497
海水淡化处理	463		1	1	5
其他水的处理、利用与分配	469	10	14	18	22
建筑业	E	**15383**	**15413**	**17551**	**23195**
房屋建筑业	47	3135	2943	3270	4470
住宅房屋建筑	471	2618	2468	2723	3811
体育场馆建筑	472	10	14	11	18
其他房屋建筑业	479	507	461	536	641
土木工程建筑业	48	3225	3164	3629	5290
铁路、道路、隧道和桥梁工程建筑	481	1177	1125	1292	1862
水利和水运工程建筑	482	199	232	245	364
海洋工程建筑	483	11	6	5	10
工矿工程建筑	484	111	128	136	152
架线和管道工程建筑	485	399	387	398	553
节能环保工程施工	486	117	102	123	177
电力工程施工	487	83	108	133	170
其他土木工程建筑	489	1128	1076	1297	2002
建筑安装业	49	3164	3189	3671	4450
电气安装	491	1038	1007	1240	1463
管道和设备安装	492	870	838	939	1098
其他建筑安装业	499	1256	1344	1492	1889
建筑装饰、装修和其他建筑业	50	5859	6117	6981	8985
建筑装饰和装修业	501	4026	4320	4991	6586
建筑物拆除和场地准备活动	502	530	543	626	805
提供施工设备服务	503	165	167	198	253
其他未列明建筑业	509	1138	1087	1166	1341
批发和零售业	F	**91645**	**96364**	**114519**	**152455**
批发业	51	57935	61106	71275	93898
农、林、牧、渔产品批发	511	2148	2162	2893	3759
食品、饮料及烟草制品批发	512	4307	4822	5703	7596

单位：个

2010年	2011年	2012年	2013年	2014年	2015年	2016年	2017年	2018年	2019年	代码
286	274	304	320	390	476	533	597	652	548	434
149	136	164	201	332	331	442	514	529	244	435
28	44	41	47	77	76	105	93	96	30	436
514	574	611	723	1121	1280	1677	1976	2194	1039	439
3474	**3298**	**3643**	**4019**	**5382**	**6897**	**11411**	**13863**	**9829**	**6178**	D
2003	1924	2005	2268	3331	4485	8754	10924	6964	4319	44
1564	1458	1504	1720	2579	3511	7047	8858	5376	3273	441
75	66	92	81	161	314	862	1093	691	516	442
364	400	409	467	591	660	845	973	897	530	443
444	425	490	559	599	597	656	829	857	581	45
420	409	470	525	556	548	603	749	762	502	451
24	16	20	34	43	49	53	80	95	79	452
1027	949	1148	1192	1452	1815	2001	2110	2008	1278	46
581	551	675	694	799	1012	1052	999	985	604	461
424	375	445	458	605	746	899	1054	965	613	462
1	2	2	4	3	3	9	9	7	6	463
21	21	26	36	45	54	41	48	51	55	469
29747	**34758**	**37184**	**49031**	**85350**	**96447**	**168911**	**241831**	**275562**	**264343**	E
5754	6526	7340	9516	15232	16366	33767	53069	64863	54311	47
4867	5500	6174	7973	12916	13706	28192	45757	55479	41355	471
16	15	14	23	37	34	61	71	75	155	472
871	1011	1152	1520	2279	2626	5514	7241	9309	12801	479
6492	7419	8148	10433	17172	18847	34993	50078	54075	59917	48
2241	2480	2787	3564	5881	6194	12916	18947	19140	22990	481
404	535	589	702	988	1113	1956	2508	2466	2000	482
12	6	14	25	36	39	50	60	54	83	483
148	185	196	180	262	313	446	702	857	973	484
736	749	806	840	1418	1583	2819	3218	3138	2822	485
185	216	234	299	501	568	830	1332	1742	1061	486
208	268	247	309	517	652	1140	1463	1559	1023	487
2558	2980	3275	4514	7569	8385	14836	21848	25119	28965	489
5636	6404	6636	8154	13517	14625	24040	30751	32416	29830	49
1740	2021	1998	2260	3648	4000	6288	7739	7953	6280	491
1447	1566	1653	2127	3460	3762	6115	7842	8142	8100	492
2449	2817	2985	3767	6409	6863	11637	15170	16321	15450	499
11865	14409	15060	20928	39429	46609	76111	107933	124208	120285	50
8864	11220	11747	16316	31701	37947	60552	84344	91862	75917	501
996	965	959	1429	2162	2003	3612	5143	4962	3971	502
227	275	260	340	585	545	963	1489	1619	2399	503
1778	1949	2094	2843	4981	6114	10984	16957	25765	37998	509
199382	**242655**	**261372**	**346028**	**518014**	**628290**	**849907**	**991053**	**1080147**	**920470**	F
121452	145018	152930	197627	289743	328772	431877	512147	565495	476664	51
4731	5675	7307	9966	13242	16164	19696	20901	21755	12464	511
10352	13128	16463	20762	30376	39867	49261	53845	56298	40704	512

2-6 续表 14

行业中类	代码	企业单位数	1949年及以前	1950—1977年	1978—1991年
纺织、服装及家庭用品批发	513	616913	6	114	1132
文化、体育用品及器材批发	514	146110	12	40	342
医药及医疗器材批发	515	127519	1	107	561
矿产品、建材及化工产品批发	516	1055709	51	759	5351
机械设备、五金产品及电子产品批发	517	882725	15	142	1716
贸易经纪与代理	518	136840	2	24	423
其他批发业	519	303635	10	107	1158
零售业	52	3177052	289	2507	13456
综合零售	521	360918	104	1318	5235
食品、饮料及烟草制品专门零售	522	318657	11	322	1791
纺织、服装及日用品专门零售	523	364831	12	151	1239
文化、体育用品及器材专门零售	524	186446	120	266	816
医药及医疗器材专门零售	525	236613	12	158	788
汽车、摩托车、零配件和燃料及其他动力销售	526	348563	6	69	1111
家用电器及电子产品专门零售	527	391923	6	30	435
五金、家具及室内装饰材料专门零售	528	469835	10	106	1110
货摊、无店铺及其他零售业	529	499266	8	87	931
交通运输、仓储和邮政业	**G**	**619744**	**122**	**1175**	**5139**
铁路运输业	53	1238	2	8	41
铁路旅客运输	531	190	1	3	3
铁路货物运输	532	766	1	5	18
铁路运输辅助活动	533	282			20
道路运输业	54	393818	45	509	2187
城市公共交通运输	541	15042	3	145	379
公路旅客运输	542	10122	23	168	410
道路货物运输	543	348093	18	118	1066
道路运输辅助活动	544	20561	1	78	332
水上运输业	55	14306	10	92	469
水上旅客运输	551	1398	2	20	85
水上货物运输	552	8480	4	53	290
水上运输辅助活动	553	4428	4	19	94
航空运输业	56	2997		3	31
航空客货运输	561	1010		1	12
通用航空服务	562	1118			5
航空运输辅助活动	563	869		2	14
管道运输业	57	371			2
海底管道运输	571	24			1
陆地管道运输	572	347			1
多式联运和运输代理业	58	110834	5	22	338
多式联运	581	3008		2	14
运输代理业	582	107826	5	20	324
装卸搬运和仓储业	59	69855	41	512	2005
装卸搬运	591	29461	9	78	536
通用仓储	592	11604		26	223

单位：个

1992—1995年	1996年	1997年	1998年	1999年	2000年	2001年	2002年	2003年	2004年	2005年	代码
1832	741	1024	1483	1765	3095	3156	3855	4818	5102	5979	513
608	264	342	487	607	794	997	1181	1524	1815	1728	514
777	294	345	578	668	837	1079	1328	1881	1957	2226	515
6436	2403	2917	4607	5692	7049	8605	10767	13701	14008	14746	516
4293	1762	2319	3761	4537	5669	7478	9366	11951	12247	12907	517
651	227	248	338	362	629	669	956	1296	1572	1714	518
1088	385	488	759	845	1163	1333	1721	2552	3208	3194	519
12924	4742	5970	9066	10275	14418	16001	20908	24968	26320	28846	52
1698	571	719	958	1060	1402	1537	1741	2074	1939	2086	521
1198	408	499	787	966	1384	1276	1557	1964	1977	2359	522
1098	518	604	855	967	1408	1493	1740	2145	2311	2720	523
849	308	384	534	665	920	994	1327	1538	1580	1765	524
670	229	254	540	571	845	950	1948	2489	2879	3117	525
3015	899	1183	1803	2027	2789	3039	4501	4448	4659	4814	526
1094	569	754	1217	1427	2047	2688	3132	4191	4474	4922	527
1961	752	987	1486	1561	1964	2460	2972	3695	3882	4176	528
1341	488	586	886	1031	1659	1564	1990	2424	2619	2887	529
4996	**1481**	**1783**	**2891**	**2776**	**3499**	**4547**	**5673**	**6838**	**9412**	**10656**	**G**
29	8	11	12	10	11	23	16	15	27	25	53
9	3	3	1		1	3	3	1	2	6	531
17	5	6	10	7	7	15	11	11	19	18	532
3		2	1	3	3	5	2	3	6	1	533
2510	816	980	1404	1432	1964	2712	3433	3968	5134	5401	54
751	218	263	320	315	323	379	425	450	461	372	541
297	103	127	228	154	265	415	381	389	393	368	542
1094	361	439	676	754	1145	1647	2290	2669	3825	4179	543
368	134	151	180	209	231	271	337	460	455	482	544
342	99	101	142	144	172	231	288	356	524	488	55
39	18	14	21	20	24	40	41	47	41	23	551
223	53	64	75	89	103	139	193	210	360	314	552
80	28	23	46	35	45	52	54	99	123	151	553
50	15	14	35	24	23	32	29	57	68	54	56
19	10	2	15	10	11	12	14	27	25	27	561
11		5	6	7	2	5	9	8	14	10	562
20	5	7	14	7	10	15	6	22	29	17	563
3	1	1	2	2	8	7	7	8	20	12	57
					2						571
3	1	1	2	2	6	7	7	8	20	12	572
732	255	308	392	407	540	725	941	1276	2230	3054	58
8	5	6	6	4	10	8	6	14	15	21	581
724	250	302	386	403	530	717	935	1262	2215	3033	582
1275	269	320	629	594	626	726	855	1019	1189	1370	59
293	70	79	126	101	181	190	226	270	364	373	591
210	49	61	78	75	98	141	177	243	252	277	592

2-6 续表 15

行业中类	代码	2006年	2007年	2008年	2009年
纺织、服装及家庭用品批发	513	7632	8192	9113	12965
文化、体育用品及器材批发	514	2064	2106	2372	3308
医药及医疗器材批发	515	2298	1944	2192	3272
矿产品、建材及化工产品批发	516	17952	18664	21703	28804
机械设备、五金产品及电子产品批发	517	15785	17141	19635	25685
贸易经纪与代理	518	2008	2040	2742	2664
其他批发业	519	3741	4035	4922	5845
零售业	52	33710	35258	43244	58557
综合零售	521	2356	2431	3116	3923
食品、饮料及烟草制品专门零售	522	2937	3140	4067	4865
纺织、服装及日用品专门零售	523	3220	3507	4286	5528
文化、体育用品及器材专门零售	524	2084	2140	2699	3630
医药及医疗器材专门零售	525	2835	2664	3438	5242
汽车、摩托车、零配件和燃料及其他动力销售	526	5432	5297	6173	8811
家用电器及电子产品专门零售	527	6206	6587	7935	11247
五金、家具及室内装饰材料专门零售	528	5241	5798	7015	9142
货摊、无店铺及其他零售业	529	3399	3694	4515	6169
交通运输、仓储和邮政业	**G**	**11044**	**11218**	**12991**	**16338**
铁路运输业	53	36	26	51	60
铁路旅客运输	531	7	8	10	18
铁路货物运输	532	20	13	31	35
铁路运输辅助活动	533	9	5	10	7
道路运输业	54	5992	6235	7522	9586
城市公共交通运输	541	362	386	360	361
公路旅客运输	542	395	328	331	309
道路货物运输	543	4813	5067	6295	8385
道路运输辅助活动	544	422	454	536	531
水上运输业	55	468	429	455	558
水上旅客运输	551	38	29	37	37
水上货物运输	552	287	266	290	336
水上运输辅助活动	553	143	134	128	185
航空运输业	56	52	49	50	59
航空客货运输	561	27	25	22	24
通用航空服务	562	7	5	11	15
航空运输辅助活动	563	18	19	17	20
管道运输业	57	17	20	16	20
海底管道运输	571		1		1
陆地管道运输	572	17	19	16	19
多式联运和运输代理业	58	2792	2539	2703	2964
多式联运	581	22	17	28	23
运输代理业	582	2770	2522	2675	2941
装卸搬运和仓储业	59	1442	1607	1722	2065
装卸搬运	591	396	544	658	716
通用仓储	592	335	305	285	359

单位：个

2010年	2011年	2012年	2013年	2014年	2015年	2016年	2017年	2018年	2019年	代码
17245	22247	23198	32968	49664	54632	73030	84416	97250	90259	513
4408	5379	5804	7947	12339	13889	18005	19704	21073	16971	514
4015	4804	5284	6666	9772	12062	15457	16776	18785	11553	515
36592	41743	41927	51801	74111	79765	109067	141369	156049	139070	516
32850	38461	38632	48696	71127	76947	98559	115255	114963	90826	517
3390	4203	4650	6176	9461	11433	15244	18876	23311	21531	518
7869	9378	9665	12645	19651	24013	33558	41005	56011	53286	519
77930	97637	108442	148401	228271	299518	418030	478906	514652	443806	52
5481	6972	8163	13092	20559	30435	44223	48880	59608	89237	521
7058	9916	12542	16186	23205	33114	44361	51630	54794	34343	522
7840	11266	12042	17764	26805	34284	50765	56651	64204	49408	523
4744	6298	6715	9379	15287	19017	25552	27974	29214	19647	524
6782	7891	9100	9546	15830	28843	35685	35732	35422	22153	525
11352	11560	12542	16693	25236	31024	40646	52164	53971	33299	526
13352	16097	16941	22172	33888	39372	52363	55937	53288	29552	527
12830	16466	18338	26053	37714	41669	58331	74478	77875	51763	528
8491	11171	12059	17516	29747	41760	66104	75460	86276	114404	529
20807	**20940**	**23389**	**31156**	**45058**	**53718**	**68616**	**84086**	**87969**	**71426**	**G**
59	29	37	30	42	47	47	49	58	429	53
17	5	6	4	5	4	10	2	4	51	531
34	20	21	21	20	31	23	36	47	264	532
8	4	10	5	17	12	14	11	7	114	533
11413	12010	14097	18891	27675	33103	45527	59034	61459	48779	54
382	397	508	605	627	661	755	752	816	3266	541
335	309	390	373	407	596	648	695	662	623	542
10102	10662	12502	17038	25440	30293	41861	55044	57548	42762	543
594	642	697	875	1201	1553	2263	2543	2433	2128	544
597	556	487	504	830	941	1083	1199	1413	1328	55
42	38	31	58	78	96	119	136	111	113	551
355	312	284	286	481	538	631	660	836	748	552
200	206	172	160	271	307	333	403	466	467	553
80	91	111	117	205	227	294	355	499	373	56
39	32	37	40	70	76	96	115	132	90	561
20	30	43	43	78	93	119	145	248	179	562
21	29	31	34	57	58	79	95	119	104	563
22	22	21	15	23	17	22	25	31	27	57
2	1	2	1	2	2		1	2	6	571
20	21	19	14	21	15	22	24	29	21	572
3927	4338	4701	6166	8881	9886	11229	12493	13102	13888	58
34	31	26	53	77	135	158	227	283	1775	581
3893	4307	4675	6113	8804	9751	11071	12266	12819	12113	582
2428	2683	2915	3778	5406	6482	6748	7600	8399	5150	59
851	934	1163	1612	2480	3282	3399	3890	4446	2194	591
445	516	554	716	918	966	1021	1250	1282	742	592

2-6 续表 16

行业中类	代码	企业单位数			
			1949年及以前	1950—1977年	1978—1991年
低温仓储	593	3396	1	5	43
危险品仓储	594	726		1	13
谷物、棉花等农产品仓储	595	10022	30	375	970
中药材仓储	596	126		1	4
其他仓储业	599	14520	1	26	216
邮政业	60	26325	19	29	66
邮政基本服务	601	1182	19	27	50
快递服务	602	24658		2	15
其他寄递服务	609	485			1
住宿和餐饮业	**H**	**446998**	**37**	**496**	**3228**
住宿业	61	130969	19	285	2248
旅游饭店	611	35880	12	169	887
一般旅馆	612	77599	7	100	1166
民宿服务	613	5435		1	24
露营地服务	614	142			
其他住宿业	619	11913		15	171
餐饮业	62	316029	18	211	980
正餐服务	621	250408	15	181	851
快餐服务	622	19972	1	14	46
饮料及冷饮服务	623	9425	1	1	10
餐饮配送及外卖送餐服务	624	7637	1		6
其他餐饮业	629	28587		15	67
信息传输、软件和信息技术服务业	**I**	**1039712**	**13**	**33**	**496**
电信、广播电视和卫星传输服务	63	25225	10	17	128
电信	631	21892	7	5	56
广播电视传输服务	632	2863	3	12	68
卫星传输服务	633	470			4
互联网和相关服务	64	135270		3	41
互联网接入及相关服务	641	14222			5
互联网信息服务	642	67391		3	20
互联网平台	643	12572			2
互联网安全服务	644	1361			1
互联网数据服务	645	6598			5
其他互联网服务	649	33126			8
软件和信息技术服务业	65	879217	3	13	327
软件开发	651	532077	2	6	150
集成电路设计	652	13296			4
信息系统集成和物联网技术服务	653	50978		4	29
运行维护服务	654	7742			6
信息处理和存储支持服务	655	6083			7
信息技术咨询服务	656	191703		2	111
数字内容服务	657	14762			3
其他信息技术服务业	659	62576	1	1	17

单位：个

1992—1995年	1996年	1997年	1998年	1999年	2000年	2001年	2002年	2003年	2004年	2005年	代码
40	13	16	22	27	31	43	57	73	85	69	593
36	10	9	11	10	11	16	22	22	35	38	594
421	79	98	304	286	171	162	165	188	211	325	595
1			1				1	2	1	2	596
274	48	57	87	95	134	174	207	221	241	286	599
55	18	48	275	163	155	91	104	139	220	252	60
33	9	35	239	123	90	19	19	19	16	21	601
21	8	11	32	39	65	70	83	116	200	226	602
1	1	2	4	1		2	2	4	4	5	609
2897	**1011**	**1179**	**1603**	**1683**	**2306**	**2558**	**2807**	**3673**	**4168**	**5025**	H
1704	546	646	827	826	1000	1086	1213	1649	1929	2255	61
742	237	286	326	343	393	401	461	629	692	827	611
844	269	299	427	416	537	598	656	894	1106	1258	612
10	6	7	10	8	11	11	27	14	11	33	613
1									1		614
107	34	54	64	59	59	76	69	112	119	137	619
1193	465	533	776	857	1306	1472	1594	2024	2239	2770	62
977	392	435	635	716	1099	1220	1312	1671	1856	2294	621
103	43	46	60	62	94	104	110	124	148	169	622
17	5	9	21	20	35	47	61	73	72	99	623
13	3	8	8	10	16	19	29	33	40	47	624
83	22	35	52	49	62	82	82	123	123	161	629
1601	**617**	**855**	**1373**	**1974**	**3381**	**4103**	**4442**	**5970**	**7256**	**7842**	I
199	61	82	175	354	447	606	424	569	646	459	63
96	32	59	113	295	354	500	341	472	538	342	631
95	23	22	59	50	88	100	75	87	89	103	632
8	6	1	3	9	5	6	8	10	19	14	633
101	44	49	101	149	354	381	443	656	856	847	64
22	9	10	21	34	51	84	80	113	152	127	641
41	23	21	39	63	191	168	214	326	396	435	642
13	2	4	9	18	18	24	23	43	65	65	643
2		3	6	3	10	7	6	11	16	13	644
8	7	2	4	8	7	18	19	31	41	38	645
15	3	9	22	23	77	80	101	132	186	169	649
1301	512	724	1097	1471	2580	3116	3575	4745	5754	6536	65
656	292	407	614	889	1546	1877	2192	2865	3515	3988	651
18	11	11	15	16	35	70	69	87	107	111	652
126	44	82	132	149	264	333	344	472	513	529	653
25	7	10	24	27	49	50	57	61	96	92	654
10	5	4	9	6	17	21	23	30	42	57	655
347	127	151	226	282	485	546	657	871	1072	1276	656
34	2	8	11	23	40	53	54	91	108	128	657
85	24	51	66	79	144	166	179	268	301	355	659

2-6 续表 17

行业中类	代码	2006年	2007年	2008年	2009年
低温仓储	593	105	107	103	100
危险品仓储	594	40	33	28	32
谷物、棉花等农产品仓储	595	276	326	349	435
中药材仓储	596	4		1	1
其他仓储业	599	286	292	298	422
邮政业	60	245	313	472	1026
邮政基本服务	601	17	11	20	12
快递服务	602	219	291	442	1000
其他寄递服务	609	9	11	10	14
住宿和餐饮业	H	**5660**	**6192**	**7226**	**8224**
住宿业	61	2689	2902	3270	3373
旅游饭店	611	862	881	964	1032
一般旅馆	612	1615	1777	2044	2076
民宿服务	613	35	37	51	41
露营地服务	614	2		1	
其他住宿业	619	175	207	210	224
餐饮业	62	2971	3290	3956	4851
正餐服务	621	2468	2686	3239	3891
快餐服务	622	174	209	244	326
饮料及冷饮服务	623	108	124	135	174
餐饮配送及外卖送餐服务	624	64	64	96	126
其他餐饮业	629	157	207	242	334
信息传输、软件和信息技术服务业	I	**9120**	**9463**	**10935**	**13928**
电信、广播电视和卫星传输服务	63	491	435	727	677
电信	631	380	318	567	519
广播电视传输服务	632	97	106	147	144
卫星传输服务	633	14	11	13	14
互联网和相关服务	64	1040	1072	1092	1476
互联网接入及相关服务	641	157	176	181	260
互联网信息服务	642	517	524	522	703
互联网平台	643	65	85	96	135
互联网安全服务	644	17	15	26	27
互联网数据服务	645	53	44	49	46
其他互联网服务	649	231	228	218	305
软件和信息技术服务业	65	7589	7956	9116	11775
软件开发	651	4665	4939	5625	7284
集成电路设计	652	103	121	138	187
信息系统集成和物联网技术服务	653	633	604	711	911
运行维护服务	654	107	110	115	141
信息处理和存储支持服务	655	43	67	55	82
信息技术咨询服务	656	1458	1500	1746	2252
数字内容服务	657	154	152	207	276
其他信息技术服务业	659	426	463	519	642

单位：个

2010年	2011年	2012年	2013年	2014年	2015年	2016年	2017年	2018年	2019年	代码
143	148	182	283	273	322	335	335	324	111	593
39	34	33	31	32	33	35	46	45	31	594
428	432	426	416	686	647	635	550	442	189	595
6	3		6	11	24	14	23	11	9	596
516	616	557	714	1006	1208	1309	1506	1849	1874	599
2281	1211	1020	1655	1996	3015	3666	3331	3008	1452	60
35	15	17	17	23	65	50	55	73	53	601
2228	1184	991	1621	1936	2900	3546	3215	2857	1340	602
18	12	12	17	37	50	70	61	78	59	609
11184	**12687**	**16179**	**22128**	**29748**	**43131**	**58421**	**68770**	**77832**	**46945**	H
4686	5124	6245	7940	9587	12257	14675	15500	16736	9752	61
1291	1377	1603	1828	2284	2952	3623	4101	4142	2535	611
3010	3357	4132	5444	6285	7862	9054	9087	9152	4127	612
68	69	98	135	240	460	711	839	1449	1029	613
	1	3	3	8	15	27	24	25	31	614
317	320	409	530	770	968	1260	1449	1968	2030	619
6498	7563	9934	14188	20161	30874	43746	53270	61096	37193	62
5308	6235	8191	11653	16503	25231	35182	42160	47107	26900	621
385	441	564	840	1149	1864	2678	3396	3942	2636	622
210	236	370	449	680	823	1098	1625	1956	966	623
148	152	206	275	413	603	1072	1352	1529	1304	624
447	499	603	971	1416	2353	3716	4737	6562	5387	629
17128	**21179**	**24070**	**33988**	**65688**	**95380**	**131638**	**172946**	**216686**	**177607**	I
691	752	822	1073	2016	2504	2940	3108	3260	1552	63
536	615	682	937	1828	2292	2709	2861	3006	1432	631
133	122	128	116	155	168	184	198	202	89	632
22	15	12	20	33	44	47	49	52	31	633
1833	2178	2504	3689	7838	13213	18692	23700	29814	23104	64
270	312	366	501	1010	1430	1904	2287	2492	2168	641
902	1011	1192	1758	3841	6635	9511	12115	15351	10869	642
154	220	236	354	734	1258	1687	2132	2649	2481	643
30	43	33	49	86	122	151	236	285	163	644
69	93	112	141	267	446	570	783	1161	2576	645
408	499	565	886	1900	3322	4869	6147	7876	4847	649
14604	18249	20744	29226	55834	79663	110006	146138	183612	152951	65
9093	11244	12969	18438	35095	50008	68531	90647	107872	86668	651
204	272	284	327	535	607	808	1145	1896	6115	652
1085	1368	1488	1833	3493	4579	5916	7464	8844	9028	653
170	212	226	288	546	703	881	1003	1182	1554	654
80	111	129	182	394	525	778	972	1270	1164	655
2807	3547	3975	5958	11558	17063	24267	33339	44514	31566	656
346	474	481	639	1143	1471	2003	2540	3570	751	657
819	1021	1192	1561	3070	4707	6822	9028	14464	16105	659

2-6 续表 18

行业中类	代码	企业单位数	1949年及以前	1950-1977年	1978-1991年
金融业	**J**	**129926**	**10**	**138**	**1768**
货币金融服务	66	37345	8	136	1591
中央银行服务	661	71		2	3
货币银行服务	662	11140	7	132	1532
非货币银行服务	663	26058	1	1	46
银行理财服务	664	62		1	10
银行监管服务	665	14			
资本市场服务	67	59617		1	50
证券市场服务	671	624			12
公开募集证券投资基金	672	1109			
非公开募集证券投资基金	673	13308			2
期货市场服务	674	604			2
证券期货监管服务	675	22			
资本投资服务	676	22162		1	20
其他资本市场服务	679	21788			14
保险业	68	17602	1		59
人身保险	681	5790	1		5
财产保险	682	6093			48
再保险	683	22			
商业养老金	684	241			
保险中介服务	685	3284			1
保险资产管理	686	73			
其他保险活动	689	2099			5
其他金融业	69	15362	1	1	68
金融信托与管理服务	691	1541		1	43
控股公司服务	692	2516			21
非金融机构支付服务	693	286			
金融信息服务	694	3829			1
金融资产管理公司	695	586			
其他未列明金融业	699	6604	1		3
房地产业	**K**	**806707**	**38**	**1197**	**9622**
房地产业	70	806707	38	1197	9622
房地产开发经营	701	231702	1	31	1567
物业管理	702	253488	7	89	921
房地产中介服务	703	228643	6	21	225
房地产租赁经营	704	78203	23	1034	6756
其他房地产业	709	14671	1	22	153
租赁和商务服务业	**L**	**2553784**	**85**	**668**	**6362**
租赁业	71	252245	6	27	347
机械设备经营租赁	711	244706	5	26	319
文体设备和用品出租	712	6670	1		18
日用品出租	713	869		1	10
商务服务业	72	2301539	79	641	6015
组织管理服务	721	384476	29	396	2624
综合管理服务	722	65120	9	98	635

单位：个

1992—1995年	1996年	1997年	1998年	1999年	2000年	2001年	2002年	2003年	2004年	2005年	代码
1128	**858**	**723**	**504**	**410**	**373**	**516**	**1224**	**1565**	**1408**	**1960**	J
775	518	370	291	246	143	132	318	288	279	612	66
	1				2		1		1	1	661
622	474	308	172	192	100	90	79	66	190	300	662
153	43	61	118	54	41	42	238	221	87	309	663
		1	1						1	2	664
								1			665
217	74	72	73	70	105	160	136	195	222	219	67
29	12	9	5	4	7	15	20	11	6	8	671
1			5	6		2	8	10	11	12	672
8	2	12	8	7	19	35	15	28	63	36	673
85	23	1			1	2	1	5	3	4	674
											675
57	22	26	43	37	49	72	67	96	96	101	676
37	15	24	12	16	29	34	25	45	43	58	679
76	254	263	119	44	53	157	671	927	752	961	68
7	117	126	39	19	15	71	386	412	188	178	681
54	125	129	74	21	17	48	225	257	246	499	682
	1				1			4	5		683
		1				1			1	1	684
6	1			1	9	30	48	235	292	266	685
								2		5	686
9	10	7	6	3	11	7	12	17	20	12	689
60	12	18	21	50	72	67	99	155	155	168	69
14	1	3	3	2	5	8	12	8	5	3	691
22	5	7	7	8	11	14	17	17	11	20	692
1	1		1	3	3	4	6	6	8	10	693
5	1	3	2	4	3	5	4	4	10	4	694
2				5	4		2	2	2	5	695
16	4	5	8	28	46	36	58	118	119	126	699
15433	**3633**	**4233**	**6121**	**6608**	**8710**	**10686**	**11956**	**15004**	**14656**	**15664**	K
15433	3633	4233	6121	6608	8710	10686	11956	15004	14656	15664	70
6204	1147	1425	2396	2313	3526	4209	4360	5252	4918	5961	701
2652	983	1135	1560	1876	2402	2882	3376	4538	4686	4966	702
714	210	277	372	517	724	1138	1297	1694	1902	1945	703
5489	1203	1316	1679	1783	1921	2282	2671	3227	2857	2531	704
374	90	80	114	119	137	175	252	293	293	261	709
11112	**3021**	**3678**	**4929**	**6454**	**10019**	**10414**	**12257**	**17027**	**21028**	**23556**	L
574	219	226	297	331	467	653	755	962	1187	1435	71
540	208	212	280	314	441	631	710	913	1123	1378	711
29	10	11	15	14	19	18	36	41	54	48	712
5	1	3	2	3	7	4	9	8	10	9	713
10538	2802	3452	4632	6123	9552	9761	11502	16065	19841	22121	72
3768	745	971	1102	1154	1592	1848	2064	2924	3067	3366	721
693	237	245	393	434	558	628	789	1291	1065	1231	722

2-6 续表 19

行业中类	代码	2006年	2007年	2008年	2009年
金融业	J	**1955**	**3025**	**3760**	**3687**
货币金融服务	66	522	1118	1290	1641
中央银行服务	661		1	2	
货币银行服务	662	229	604	755	400
非货币银行服务	663	292	504	532	1238
银行理财服务	664	1	9	1	3
银行监管服务	665				
资本市场服务	67	260	509	545	780
证券市场服务	671	3	8	6	11
公开募集证券投资基金	672	8	7	6	11
非公开募集证券投资基金	673	49	143	138	205
期货市场服务	674	2	3	4	2
证券期货监管服务	675				
资本投资服务	676	141	253	265	390
其他资本市场服务	679	57	95	126	161
保险业	68	974	1172	1616	764
人身保险	681	216	351	745	309
财产保险	682	504	538	609	203
再保险	683			2	
商业养老金	684	1	58	34	5
保险中介服务	685	223	195	210	226
保险资产管理	686	4	1		1
其他保险活动	689	26	29	16	20
其他金融业	69	199	226	309	502
金融信托与管理服务	691	7	10	17	36
控股公司服务	692	22	48	39	50
非金融机构支付服务	693	13	8	25	30
金融信息服务	694	10	4	14	25
金融资产管理公司	695		3	5	5
其他未列明金融业	699	147	153	209	356
房地产业	K	**17933**	**20575**	**17199**	**23478**
房地产业	70	17933	20575	17199	23478
房地产开发经营	701	7596	9382	6825	9862
物业管理	702	5314	5914	6055	7333
房地产中介服务	703	2143	2838	2225	3849
房地产租赁经营	704	2543	2035	1790	2038
其他房地产业	709	337	406	304	396
租赁和商务服务业	L	**27187**	**29596**	**34761**	**43795**
租赁业	71	1695	1827	2334	3493
机械设备经营租赁	711	1618	1749	2226	3372
文体设备和用品出租	712	68	69	96	108
日用品出租	713	9	9	12	13
商务服务业	72	25492	27769	32427	40302
组织管理服务	721	4072	5001	5260	7191
综合管理服务	722	1207	1004	1310	1500

单位：个

2010年	2011年	2012年	2013年	2014年	2015年	2016年	2017年	2018年	2019年	代码
4671	**6155**	**6170**	**7462**	**10621**	**16831**	**16341**	**16315**	**13173**	**7175**	J
2269	2618	2647	2802	2875	2826	2982	2897	3659	1492	66
1	1		1	3	2	2	5	6	36	661
700	681	539	569	552	545	504	393	271	134	662
1567	1932	2107	2227	2317	2278	2471	2498	3380	1300	663
1	4	1	3	3	1	2	1	1	15	664
			2			3		1	7	665
1312	2062	2077	3095	5526	10683	10216	10459	6722	3777	67
7	16	16	33	56	79	71	68	54	58	671
26	26	35	77	156	270	170	116	40	106	672
412	605	592	885	1844	3614	1949	1212	229	1196	673
4	15	12	32	57	68	46	52	39	141	674
	1	1		5	2	2	5	1	5	675
576	876	831	1191	1928	3374	3264	3768	2951	1667	676
287	523	590	877	1480	3276	4714	5238	3408	604	679
621	902	957	846	662	801	1238	1085	879	748	68
272	392	358	290	227	259	328	225	154	100	681
154	279	387	352	225	238	241	267	206	147	682
	1			1	1	1	1		4	683
8	8	32	4	13	24	20	15	9	6	684
159	168	107	77	89	114	180	129	121	397	685
1	2	5	4	3	7	9	5	2	22	686
27	52	68	119	104	158	459	443	387	72	689
469	573	489	719	1558	2521	1905	1874	1913	1158	69
32	31	49	91	177	303	201	200	153	126	691
65	81	91	115	182	365	455	389	369	85	692
24	45	9	11	9	7	4	7	6	45	693
30	49	92	156	577	1066	441	413	443	463	694
7	10	8	21	48	88	106	87	60	116	695
311	357	240	325	565	692	698	778	882	323	699
32987	**32747**	**28858**	**39919**	**46165**	**45496**	**73053**	**97264**	**119587**	**87885**	K
32987	32747	28858	39919	46165	45496	73053	97264	119587	87885	70
15640	14447	10932	14940	12820	9256	15008	20232	22911	18541	701
9111	10012	10210	13110	18147	18408	25592	28754	36099	27356	702
5140	5381	4906	8295	11025	13580	26152	41086	52076	38905	703
2497	2345	2265	2853	3363	3423	4730	5364	6415	1770	704
599	562	545	721	810	829	1571	1828	2086	1313	709
57799	**70380**	**79585**	**106680**	**182428**	**235930**	**310353**	**395259**	**467811**	**381610**	L
4903	6026	6879	9135	16441	21141	31525	44674	50459	44227	71
4729	5783	6627	8750	15836	20362	30494	43480	49124	43456	711
154	209	224	346	529	682	897	1059	1181	734	712
20	34	28	39	76	97	134	135	154	37	713
52896	64354	72706	97545	165987	214789	278828	350585	417352	337383	72
10351	13080	13837	19239	32654	47898	49562	53596	55138	41947	721
1656	1727	1897	2606	3940	4771	6493	7975	10225	10503	722

2-6 续表 20

行业中类	代码	企业单位数	1949年及以前	1950—1977年	1978—1991年
法律服务	723	36592	4	2	145
咨询与调查	724	774875	8	25	569
广告业	725	403165	8	10	211
人力资源服务	726	216339	8	15	384
安全保护服务	727	31108		2	260
会议、展览及相关服务	728	67112		4	62
其他商务服务业	729	322752	13	89	1125
科学研究和技术服务业	**M**	**1255369**	**23**	**578**	**3322**
研究和试验发展	73	193241	3	72	236
自然科学研究和试验发展	731	10513		6	17
工程和技术研究和试验发展	732	138906	1	56	144
农业科学研究和试验发展	733	14101	2	4	31
医学研究和试验发展	734	27882		6	35
社会人文科学研究	735	1839			9
专业技术服务业	74	557766	13	423	2361
气象服务	741	1257		4	12
地震服务	742	258			1
海洋服务	743	896			5
测绘地理信息服务	744	12532		6	44
质检技术服务	745	45124	1	24	221
环境与生态监测检测服务	746	11285		2	15
地质勘查	747	7414	2	29	127
工程技术与设计服务	748	259465	9	309	1589
工业与专业设计及其他专业技术服务	749	219535	1	49	347
科技推广和应用服务业	75	504362	7	83	725
技术推广服务	751	395506	6	79	619
知识产权服务	752	23726		1	22
科技中介服务	753	11510			26
创业空间服务	754	6939			11
其他科技推广服务业	759	66681	1	3	47
水利、环境和公共设施管理业	**N**	**136261**	**7**	**99**	**561**
水利管理业	76	5945	3	50	149
防洪除涝设施管理	761	781		2	15
水资源管理	762	1659	1	14	41
天然水收集与分配	763	530	2	21	35
水文服务	764	246			3
其他水利管理业	769	2729		13	55
生态保护和环境治理业	77	18816		19	80
生态保护	771	1801		18	49
环境治理业	772	17015		1	31
公共设施管理业	78	96427	4	28	312
市政设施管理	781	9804		4	55
环境卫生管理	782	15745	1	4	23
城乡市容管理	783	1679		1	3

单位：个

1992−1995年	1996年	1997年	1998年	1999年	2000年	2001年	2002年	2003年	2004年	2005年	代码
238	60	52	88	118	188	361	278	218	220	232	723
1747	509	640	827	1801	3353	2346	3084	4177	5784	6758	724
1460	583	775	1053	1147	1589	1903	2137	2884	3927	4322	725
431	78	108	176	210	373	341	602	960	1437	1518	726
269	53	69	85	92	128	191	198	321	345	377	727
179	45	59	88	121	200	278	397	493	705	792	728
1753	492	533	820	1046	1571	1865	1953	2797	3291	3525	729
6310	**1739**	**1927**	**2751**	**3482**	**4935**	**6541**	**7724**	**10087**	**11642**	**12789**	**M**
564	163	167	252	353	514	602	742	948	1070	1199	73
24	6	4	9	11	22	19	31	29	38	49	731
382	96	106	159	229	339	394	482	640	715	863	732
49	22	16	27	42	42	54	64	74	78	67	733
101	36	40	53	68	106	126	156	196	232	209	734
8	3	1	4	3	5	9	9	9	7	11	735
4301	1199	1301	1850	2333	3194	4319	5153	6571	7625	8178	74
45	11	18	15	17	23	34	34	68	65	63	741
4	4		1	1	1	3	4	1	4	5	742
15		3	2		6	7	20	12	21	19	743
99	19	27	34	61	113	138	233	326	315	364	744
423	115	102	169	208	260	354	474	754	979	1015	745
28	10	9	12	18	22	32	34	67	87	82	746
152	22	29	41	41	42	74	59	101	125	171	747
2795	795	775	1155	1436	1943	2553	3082	3518	3935	4127	743
740	223	338	421	551	784	1124	1213	1724	2094	2332	749
1445	377	459	649	796	1227	1620	1829	2568	2947	3412	75
1228	292	379	537	654	979	1238	1451	1842	2217	2702	751
51	25	28	31	38	50	178	138	378	346	260	752
48	13	11	20	27	35	35	52	82	72	96	753
12	4	5	8	7	21	22	23	26	35	18	754
106	43	36	53	70	142	147	165	240	277	336	759
973	**247**	**321**	**467**	**596**	**840**	**1017**	**1307**	**1668**	**1604**	**1728**	**N**
147	38	33	53	70	59	82	92	103	118	124	76
17	5	10	5	14	14	16	12	16	14	14	761
46	13	13	14	25	14	15	32	24	35	32	762
23	9	1	9	8	7	12	12	14	9	12	763
4			1	2	2	4	3	4	5	7	764
57	11	9	24	21	22	35	33	45	55	59	769
85	21	36	38	68	101	103	136	204	221	209	77
22	7	11	5	9	15	15	15	15	23	15	771
63	14	25	33	59	86	88	121	189	198	194	772
662	177	236	348	425	613	745	983	1225	1161	1277	73
133	15	29	52	54	75	88	113	150	124	155	781
63	15	16	37	40	69	71	107	110	156	185	782
8	2	4	7	6	6	6	9	18	10	21	783

2-6 续表 21

行业中类	代码	2006年	2007年	2008年	2009年
法律服务	723	255	266	327	401
咨询与调查	724	7649	8404	10028	11965
广告业	725	5194	5522	6591	8495
人力资源服务	726	1953	2207	2877	3240
安全保护服务	727	441	479	513	574
会议、展览及相关服务	728	890	1082	1317	1648
其他商务服务业	729	3831	3804	4204	5288
科学研究和技术服务业	**M**	**14367**	**14332**	**16183**	**21708**
研究和试验发展	73	1449	1675	1942	2714
自然科学研究和试验发展	731	44	68	66	106
工程和技术研究和试验发展	732	1045	1243	1395	1969
农业科学研究和试验发展	733	93	95	166	216
医学研究和试验发展	734	255	262	300	409
社会人文科学研究	735	12	7	15	14
专业技术服务业	74	9113	8405	9216	11928
气象服务	741	39	20	29	21
地震服务	742	3	2	3	5
海洋服务	743	25	21	25	28
测绘地理信息服务	744	316	262	310	349
质检技术服务	745	1522	1063	1001	1392
环境与生态监测检测服务	746	92	105	136	188
地质勘查	747	180	223	240	209
工程技术与设计服务	748	4254	3890	4261	5563
工业与专业设计及其他专业技术服务	749	2682	2819	3211	4173
科技推广和应用服务业	75	3805	4252	5025	7066
技术推广服务	751	3034	3412	4059	5748
知识产权服务	752	284	273	321	469
科技中介服务	753	110	100	120	140
创业空间服务	754	36	48	60	71
其他科技推广服务业	759	341	419	465	638
水利、环境和公共设施管理业	**N**	**1890**	**1907**	**2320**	**2957**
水利管理业	76	121	106	133	188
防洪除涝设施管理	761	16	10	17	17
水资源管理	762	32	29	42	61
天然水收集与分配	763	18	18	12	19
水文服务	764	3	5	3	8
其他水利管理业	769	52	44	59	83
生态保护和环境治理业	77	263	250	317	369
生态保护	771	33	25	22	35
环境治理业	772	230	225	295	334
公共设施管理业	78	1380	1430	1735	2258
市政设施管理	781	162	180	200	313
环境卫生管理	782	183	211	283	325
城乡市容管理	783	21	20	24	45

单位：个

2010年	2011年	2012年	2013年	2014年	2015年	2016年	2017年	2018年	2019年	代码
482	433	518	760	1209	1546	2391	3773	5302	16725	723
15517	19245	21980	31309	55479	71796	98463	130077	159421	101914	724
11021	13573	16114	20193	35320	40455	51111	60825	65528	41214	725
4114	4677	5566	6624	10232	13722	23021	37352	48165	45948	726
840	1202	1137	1710	2655	2604	3368	4056	4212	4927	727
2073	2506	2921	3520	5505	6348	8208	9536	10438	7697	728
6842	7911	8736	11584	18993	25649	36211	43395	58923	66508	729
27417	**33255**	**37188**	**50210**	**85445**	**107701**	**152801**	**201065**	**248792**	**171055**	**M**
3560	4439	4974	7064	12697	17073	25679	33167	40968	28955	73
151	168	162	319	645	957	1532	1451	2659	1920	731
2607	3253	3604	5193	9307	12427	18516	24119	29104	20518	732
232	338	416	548	1057	1441	1839	2178	2782	2128	733
545	665	762	961	1592	2102	3515	4903	6061	4186	734
25	15	30	43	96	146	277	516	362	203	735
14935	17537	19116	25338	41098	46871	64081	83650	96510	61147	74
26	16	28	33	75	83	151	131	102	94	741
4	3	11	8	14	10	21	29	32	84	742
29	35	26	44	55	83	103	93	115	104	743
388	396	429	539	912	1021	1422	1635	1755	1019	744
1544	1622	1781	2250	3551	3969	4905	5779	6378	3268	745
221	255	340	413	703	968	1357	1994	2295	1800	746
262	301	291	289	467	437	612	872	1075	941	747
6949	8170	8790	11635	18056	19557	28603	39458	45142	27116	748
5512	6739	7420	10127	17265	20743	26907	33659	39616	26721	749
8922	11279	13098	17808	31650	43757	63041	84248	111314	80953	75
7218	9084	10576	14443	25748	34994	49991	66398	83110	63468	751
613	732	869	1168	1687	2209	2727	3623	4058	3147	752
185	230	249	369	664	926	1428	1988	2595	1889	753
88	119	124	185	358	734	1145	1090	1309	1380	754
818	1114	1280	1643	3193	4894	7750	11149	20242	11069	759
3384	**3805**	**4428**	**5461**	**8469**	**10408**	**15345**	**19482**	**20662**	**24308**	**N**
159	213	211	264	342	458	671	715	630	613	76
18	19	23	32	43	47	75	90	54	166	761
63	55	74	84	99	119	173	200	189	120	762
9	17	20	25	24	40	39	45	32	38	763
5	17	10	7	17	17	16	30	42	31	764
64	105	84	116	159	235	368	350	313	258	769
382	428	546	640	1101	1379	2120	2990	3660	3050	77
38	39	66	76	99	161	197	260	334	197	771
344	389	480	564	1002	1218	1923	2730	3326	2853	772
2676	2993	3498	4314	6739	8172	11991	14770	14719	11556	78
303	265	340	416	609	785	1243	1341	1260	1340	781
335	362	454	614	917	1422	2001	2716	2883	2142	782
51	45	44	52	101	113	185	251	258	368	783

2-6 续表 22

行业中类	代码	企业单位数			
			1949年及以前	1950—1977年	1978—1991年
绿化管理	784	46844	2	9	102
城市公园管理	785	1155	1	3	30
游览景区管理	786	21200		7	99
土地管理业	79	15073		2	20
土地整治服务	791	7055			4
土地调查评估服务	792	1996			1
土地登记服务	793	399			1
土地登记代理服务	794	2469			2
其他土地管理服务	799	3154		2	12
居民服务、修理和其他服务业	**O**	**496578**	**11**	**146**	**1925**
居民服务业	80	206889	6	68	578
家庭服务	801	51026	2	2	27
托儿所服务	802	3352			1
洗染服务	803	7557		2	31
理发及美容服务	804	43885		15	92
洗浴和保健养生服务	805	36555	3	5	61
摄影扩印服务	806	20208	1	19	130
婚姻服务	807	16655			7
殡葬服务	808	6542		11	103
其他居民服务业	809	21109		14	126
机动车、电子产品和日用产品修理业	81	193531	2	60	1121
汽车、摩托车等修理与维护	811	143566	2	51	937
计算机和办公设备维修	812	22245			31
家用电器修理	813	21744		4	95
其他日用产品修理业	819	5976		5	58
其他服务业	82	96158	3	18	226
清洁服务	821	63213	1	3	102
宠物服务	822	5033		2	6
其他未列明服务业	829	27912	2	13	118
教育	**P**	**230944**	**7**	**77**	**366**
教育	83	230944	7	77	366
学前教育	831	14948	2	49	133
初等教育	832	2331		8	13
中等教育	833	1335		3	14
高等教育	834	134		2	3
特殊教育	835	270			
技能培训、教育辅助及其他教育	839	211926	5	15	203
卫生和社会工作	**Q**	**76683**	**21**	**360**	**471**
卫生	84	61600	21	351	426
医院	841	19756	15	159	120
基层医疗卫生服务	842	35879	4	182	273
专业公共卫生服务	843	1760	1	8	20
其他卫生活动	849	4205	1	2	13
社会工作	85	15083		9	45
提供住宿社会工作	851	13570		6	28
不提供住宿社会工作	852	1513		3	17

单位：个

1992—1995年	1996年	1997年	1998年	1999年	2000年	2001年	2002年	2003年	2004年	2005年	代码
278	86	111	147	200	295	396	525	641	583	581	784
33	6	12	13	11	15	23	19	31	26	21	785
147	53	64	92	114	153	161	210	275	262	314	786
79	11	16	28	33	67	87	96	136	104	118	79
24	3	4	10	10	22	13	27	41	25	41	791
11	5	5	7	6	31	43	45	48	51	48	792
2		1	1	2	1		1		1		793
4			1	2	2	5	2	3	6	3	794
38	3	6	9	13	11	26	21	44	21	26	799
2792	**986**	**1066**	**1609**	**2014**	**2491**	**2907**	**3506**	**4684**	**5005**	**5551**	O
834	282	353	566	684	880	1027	1308	1609	1774	1878	80
48	13	14	40	49	97	99	139	188	256	279	801
1	1			1	2	1	4	3	4	1	802
44	22	21	41	45	71	85	115	99	103	96	803
87	38	55	96	152	185	253	392	466	464	527	804
119	44	70	126	167	163	221	284	382	376	390	805
144	67	74	112	110	146	157	152	167	209	193	806
27	17	15	23	30	36	33	33	51	78	97	807
227	46	66	71	67	96	79	83	123	141	148	808
137	34	38	57	63	84	99	106	130	143	147	809
1611	600	578	846	1069	1249	1412	1656	2298	2357	2595	81
1324	485	450	646	846	937	1025	1215	1675	1713	1787	811
98	45	51	73	97	139	162	207	321	300	370	812
147	54	57	91	100	131	189	186	237	279	361	813
42	16	20	36	26	42	36	48	65	65	77	819
347	104	135	197	261	362	468	542	777	874	1078	82
199	60	77	135	190	259	328	373	515	605	728	821
10	5	4	6	8	14	13	21	23	23	39	822
138	39	54	56	63	89	127	148	239	246	311	829
435	**128**	**156**	**251**	**300**	**480**	**524**	**705**	**909**	**1342**	**1911**	P
435	128	156	251	300	480	524	705	909	1342	1911	83
62	28	27	49	53	95	74	86	103	85	121	831
5	1		2	3	9	6	8	8	4	10	832
9	1	3	5	1	10	11	15	8	7	8	833
1		2		1	1	2	1	3			834
1								1	1	2	835
357	98	124	195	242	365	431	595	786	1245	1770	839
282	**110**	**89**	**152**	**123**	**298**	**265**	**469**	**810**	**820**	**1033**	Q
247	95	81	120	96	267	238	451	763	781	981	84
64	22	29	26	26	57	80	197	297	336	397	841
154	62	43	83	61	200	144	236	442	390	525	842
17	8	6	4	6	6	6	4	9	32	27	843
12	3	3	7	3	4	8	14	15	23	32	849
35	15	8	32	27	31	27	18	47	39	52	85
20	10	5	22	19	25	20	11	37	28	41	851
15	5	3	10	8	6	7	7	10	11	11	852

2-6 续表 23

行业中类	代码	2006年	2007年	2008年	2009年
绿化管理	784	668	655	793	1053
城市公园管理	785	24	17	24	30
游览景区管理	786	322	347	411	492
土地管理业	79	126	121	135	142
土地整治服务	791	34	49	55	69
土地调查评估服务	792	65	37	31	34
土地登记服务	793	2	5	5	
土地登记代理服务	794	2	6	9	6
其他土地管理服务	799	23	24	35	33
居民服务、修理和其他服务业	O	**6129**	**6295**	**7363**	**9145**
居民服务业	80	1978	1969	2490	2984
家庭服务	801	302	344	494	607
托儿所服务	802	5	7	14	19
洗染服务	803	95	121	129	129
理发及美容服务	804	485	407	566	634
洗浴和保健养生服务	805	414	410	480	608
摄影扩印服务	806	197	229	260	324
婚姻服务	807	145	157	172	223
殡葬服务	808	140	130	135	149
其他居民服务业	809	195	164	240	291
机动车、电子产品和日用产品修理业	81	2940	2832	3169	4164
汽车、摩托车等修理与维护	811	1992	1931	2130	2854
计算机和办公设备维修	812	422	441	464	589
家用电器修理	813	447	380	479	600
其他日用产品修理业	819	79	80	96	121
其他服务业	82	1211	1494	1704	1997
清洁服务	821	827	1073	1216	1430
宠物服务	822	32	37	40	55
其他未列明服务业	829	352	384	448	512
教育	P	**1749**	**1539**	**1810**	**2369**
教育	83	1749	1539	1810	2369
学前教育	831	120	103	206	209
初等教育	832	11	6	11	13
中等教育	833	10	9	10	10
高等教育	834	3	2	2	1
特殊教育	835	3		1	2
技能培训、教育辅助及其他教育	839	1602	1419	1580	2134
卫生和社会工作	Q	**1031**	**884**	**1157**	**977**
卫生	84	977	835	1080	900
医院	841	416	333	388	394
基层医疗卫生服务	842	493	403	618	429
专业公共卫生服务	843	39	70	32	32
其他卫生活动	849	29	29	42	45
社会工作	85	54	49	77	77
提供住宿社会工作	851	43	38	70	66
不提供住宿社会工作	852	11	11	7	11

单位：个

2010年	2011年	2012年	2013年	2014年	2015年	2016年	2017年	2018年	2019年	代码
1370	1626	1839	2213	3632	3705	5371	6877	7109	5977	784
39	57	51	50	69	89	118	138	123	82	785
578	638	770	969	1411	2058	3073	3447	3086	1647	786
167	171	173	243	287	399	563	1007	1653	9089	79
81	94	79	129	147	238	321	536	959	4040	791
30	32	35	34	40	35	41	74	88	1119	792
3	7	7	3	5	8	20	30	55	239	793
5	6	12	22	25	38	62	150	274	1822	794
48	32	40	55	70	80	119	217	277	1869	799
11470	**14129**	**16129**	**21337**	**34550**	**47020**	**66241**	**79347**	**89697**	**53033**	O
3988	5185	6026	7921	13162	18467	27468	35939	43290	24175	80
844	1101	1416	1819	3626	4852	7725	9287	10667	6689	801
23	28	27	47	112	211	302	540	760	1238	802
205	262	310	390	568	772	1065	1160	1132	444	803
828	1139	1306	1535	2239	3412	5403	8429	10945	3735	804
794	941	1002	1367	1999	2933	4611	6581	8199	3805	805
442	621	676	997	1595	2085	2766	3356	3641	1338	806
341	453	637	785	1453	1941	2379	2724	3065	1733	807
175	166	171	263	382	475	659	734	992	710	808
336	474	481	718	1188	1786	2558	3128	3889	4483	809
5138	6098	6812	9199	14066	19051	25815	29834	30156	16803	81
3510	4176	4743	6537	9847	14142	19166	22495	23022	13928	811
741	875	907	1173	1957	2242	2996	3317	3096	1131	812
712	835	925	1172	1824	2138	2918	3185	3077	1121	813
175	212	237	317	438	529	735	837	961	623	819
2344	2846	3291	4217	7322	9502	12958	13574	16251	12055	82
1603	1999	2415	3048	5306	6459	8790	9334	10184	5954	821
63	68	97	135	183	284	604	962	1193	1106	822
678	779	779	1034	1833	2759	3564	3278	4874	4995	829
3134	**3658**	**4808**	**6202**	**11099**	**17998**	**28428**	**39165**	**56175**	**45219**	P
3134	3658	4808	6202	11099	17998	28428	39165	56175	45219	83
321	255	392	378	618	926	1547	2291	4347	2268	831
17	28	39	39	91	144	244	339	594	678	832
16	15	14	23	27	48	95	163	284	516	833
2	2	2	3	6	5	1	4	15	70	834
	2	4	6	10	17	25	43	55	97	835
2778	3356	4357	5753	10347	16858	26516	36325	50880	41590	839
1342	**1471**	**2099**	**2425**	**3548**	**6398**	**9719**	**12848**	**16034**	**11447**	Q
1213	1319	1883	2145	2873	4979	7493	9723	12312	8950	84
465	554	674	808	1060	1775	2179	2450	2545	3890	841
631	671	1055	1164	1524	2733	4600	6270	8477	4012	842
42	28	53	52	74	120	185	267	354	258	843
75	66	101	121	215	351	529	736	936	790	849
129	152	216	280	675	1419	2226	3125	3722	2497	85
114	139	189	253	601	1277	2030	2875	3332	2271	851
15	13	27	27	74	142	196	250	390	226	852

2-6　续表 24

行业中类	代码	企业单位数	1949年及以前	1950−1977年	1978−1991年
文化、体育和娱乐业	**R**	**514276**	**40**	**356**	**1568**
新闻和出版业	86	5606	15	71	441
新闻业	861	753		3	9
出版业	862	4853	15	68	432
广播、电视、电影和录音制作业	87	68548	12	176	739
广播	871	7029		2	13
电视	872	1352		2	8
影视节目制作	873	41838	2	8	27
广播电视集成播控	874	358			4
电影和广播电视节目发行	875	2394	2	13	60
电影放映	876	10497	7	151	621
录音制作	877	5080	1		6
文化艺术业	88	126186	7	86	227
文艺创作与表演	881	39755	5	57	87
艺术表演场馆	882	1086	1	12	40
图书馆与档案馆	883	2266			12
文物及非物质文化遗产保护	884	1496			8
博物馆	885	474		2	8
烈士陵园、纪念馆	886	86		1	1
群众文体活动	887	14043		10	43
其他文化艺术业	889	66980	1	4	28
体育	89	48944	3	2	47
体育组织	891	11643			5
体育场地设施管理	892	3284		1	9
健身休闲活动	893	30508	2	1	32
其他体育	899	3509	1		1
娱乐业	90	264992	3	21	114
室内娱乐活动	901	125552	2	5	55
游乐园	902	4305		2	12
休闲观光活动	903	18343		5	14
彩票活动	904	270			4
文化体育娱乐活动与经纪代理服务	905	113397	1	9	24
其他娱乐业	909	3125			5

单位：个

1992-1995年	1996年	1997年	1998年	1999年	2000年	2001年	2002年	2003年	2004年	2005年	代码
1281	**354**	**410**	**658**	**774**	**1455**	**2263**	**4308**	**7285**	**7494**	**6710**	**R**
299	54	27	67	86	96	114	99	124	145	141	86
11	2	3	1	3	3	6		7	6	7	861
288	52	24	66	83	93	108	99	117	139	134	862
298	58	90	96	113	151	148	219	270	352	408	87
12	4	2	9	3	13	7	8	9	15	23	871
24	2	10	7	10	5	11	8	20	26	22	872
90	24	44	39	62	89	87	130	153	212	265	873
1	3	2		1	4	2	4	4	2	4	874
14	4	4	10	8	8	15	14	17	23	20	875
152	18	25	30	27	24	20	43	52	54	57	876
5	3	3	1	2	8	6	12	15	20	17	877
195	61	73	109	146	259	242	285	356	511	606	88
62	25	19	48	49	90	84	85	99	154	182	881
12	2	4	3	5	2	5	10	6	7	7	882
11	1	2	4	4	4	3	10	6	16	12	883
12	1	5	9	11	9	6	14	8	8	18	884
6	1	2	1	3	7	3	8	6	12	8	885
3	2		1	1	2		4	3		2	886
32	6	11	13	27	45	43	47	75	94	113	887
57	23	30	30	46	100	98	107	153	220	264	889
149	37	45	59	73	103	145	173	242	255	346	89
18	8	12	11	18	23	19	32	41	45	61	891
27	5	6	9	10	9	17	28	28	19	43	892
103	21	25	36	43	69	104	107	170	179	232	893
1	3	2	3	2	2	5	6	3	12	10	899
340	144	175	327	356	846	1614	3532	6293	6231	5209	90
176	85	109	205	208	605	1378	3171	5853	5541	4427	901
23	8	6	13	9	20	17	26	17	24	23	902
27	9	8	22	24	33	43	45	62	84	97	903
2	1	1	2	2	2	2	7	2	4	2	904
97	38	43	75	103	173	161	271	334	557	642	905
15	3	8	10	10	13	13	12	25	21	18	909

2-6 续表 25

行业中类	代码	2006年	2007年	2008年	2009年
文化、体育和娱乐业	**R**	**7823**	**8231**	**7124**	**9994**
新闻和出版业	86	128	104	182	189
新闻业	861	3	6	5	6
出版业	862	125	98	177	183
‘广播、电视、电影和录音制作业	87	502	525	672	813
广播	871	20	16	32	35
电视	872	17	19	22	36
影视节目制作	873	321	327	382	474
广播电视集成播控	874	5	4	5	9
电影和广播电视节目发行	875	30	27	47	46
电影放映	876	99	122	165	188
录音制作	877	10	10	19	25
文化艺术业	88	686	763	997	1326
文艺创作与表演	881	221	216	305	409
艺术表演场馆	882	9	12	11	25
图书馆与档案馆	883	17	16	19	34
文物及非物质文化遗产保护	884	21	23	21	24
博物馆	885	11	10	15	24
烈士陵园、纪念馆	886	1		1	1
群众文体活动	887	120	138	179	201
其他文化艺术业	889	286	348	446	608
体育	89	345	409	412	593
体育组织	891	56	64	66	84
体育场地设施管理	892	44	41	38	73
健身休闲活动	893	233	287	286	401
其他体育	899	12	17	22	35
娱乐业	90	6162	6430	4861	7073
室内娱乐活动	901	5142	5375	3512	5151
游乐园	902	29	26	55	64
休闲观光活动	903	146	161	203	287
彩票活动	904	5	4	2	4
文化体育娱乐活动与经纪代理服务	905	804	834	1048	1524
其他娱乐业	909	36	30	41	43

单位：个

2010年	2011年	2012年	2013年	2014年	2015年	2016年	2017年	2018年	2019年	代码
10960	**11205**	**13863**	**17220**	**31565**	**52862**	**73450**	**83220**	**95278**	**56525**	R
222	193	315	224	249	288	358	411	419	545	86
14	7	9	16	30	44	67	94	112	279	861
208	186	306	208	219	244	291	317	307	266	862
1183	1491	1630	2095	3853	6146	9449	11714	12462	12883	87
42	52	79	86	162	257	540	773	991	3824	871
38	31	45	38	85	98	125	182	205	256	872
638	809	872	1180	2387	3951	6545	8535	8920	5265	873
7	8	8	12	17	27	17	30	56	122	874
68	55	69	64	128	231	367	358	348	344	875
353	485	502	628	936	1353	1528	1220	1085	552	876
37	51	55	87	138	229	327	616	857	2520	877
1827	2329	3211	3899	7349	10989	17042	22449	29560	20596	88
614	848	1189	1322	2431	3756	5313	7047	8657	6381	881
23	29	35	38	63	73	120	112	150	270	882
43	38	59	75	133	181	321	451	472	322	883
28	40	67	86	134	143	189	239	241	131	884
13	15	28	20	31	38	32	57	72	41	885
1	4	5	5	4	10	10	9	12	3	886
285	318	385	494	881	1375	1980	2402	2893	1833	887
820	1037	1443	1859	3672	5413	9077	12132	17063	11615	889
604	689	826	1213	2495	4195	6823	9435	11539	7687	89
103	129	165	193	408	933	1584	2071	2704	2790	891
64	73	78	132	219	315	477	600	572	347	892
409	457	546	832	1763	2740	4375	6238	7410	3407	893
28	30	37	56	105	207	387	526	853	1143	899
7124	6503	7881	9789	17619	31244	39778	39211	41298	14814	90
4553	3334	3895	4233	7399	17028	18943	11858	10144	3165	901
90	106	123	187	364	528	735	762	675	361	902
377	497	632	1026	1589	2141	2882	3382	3436	1111	903
5	7	3	7	15	15	17	26	70	59	904
2027	2495	3150	4250	8081	11264	16674	22528	26510	9680	905
72	64	78	86	171	268	527	655	463	438	909

2-7 按地区、成立时间

地区	企业单位数	1949年及以前	1950—1977年	1978—1991年	1992—1995年	1996年	1997年
全国	**21091270**	**1331**	**18350**	**112208**	**147960**	**48273**	**56019**
北京	870824	42	803	5352	10212	2972	3415
天津	293307	32	169	2161	3314	947	1041
河北	1108146	86	526	3800	4020	1539	1889
山西	470657	71	885	3363	2182	777	961
内蒙古	271654	9	220	705	637	319	463
辽宁	514311	103	826	6138	6824	1821	2223
吉林	142289	56	309	1298	966	378	459
黑龙江	193326	100	685	2192	2013	635	657
上海	447643	41	243	4352	12536	3216	3546
江苏	2119006	78	678	9994	12622	5275	5494
浙江	1719850	31	655	8539	16776	6033	6452
安徽	786202	36	497	2598	2743	1050	1426
福建	819718	30	629	5306	6476	2243	2302
江西	433517	34	795	2807	1679	510	567
山东	1982466	144	1016	6627	9560	2983	3540
河南	1097816	80	1174	4222	3706	1673	2347
湖北	804818	21	669	3506	3511	1454	1604
湖南	477440	45	755	2688	2599	795	902
广东	3037617	56	1701	17968	26107	6686	8014
广西	497222	5	615	3220	2848	786	950
海南	103994	3	264	844	1190	211	250
重庆	516287	29	345	2145	2919	1001	1502
四川	628030	29	814	3504	4358	1721	1936
贵州	361163	14	460	1038	1011	357	587
云南	440778	16	691	2105	2234	941	1072
西藏	28257	2	76	109	73	36	42
陕西	444203	60	970	3143	2598	991	1253
甘肃	146197	32	316	1064	935	339	442
青海	65128	38	82	210	177	91	127
宁夏	83411	1	91	276	339	168	196
新疆	185993	7	391	934	795	325	360

分组的企业法人单位数

单位：个

1998年	1999年	2000年	2001年	2002年	2003年	2004年	2005年
81870	**98742**	**130859**	**158899**	**194149**	**243534**	**260665**	**277667**
5229	6313	9618	12184	13546	16612	19159	20637
1443	1457	1828	2441	2995	3824	4032	4337
2976	3357	4703	6285	8122	9065	10911	11590
1850	1697	2323	2434	3048	4167	4637	5223
854	951	1325	1448	1826	2226	2558	2998
3609	4111	4923	6047	6840	8648	9383	9685
772	941	1248	1643	1628	1983	2191	2716
1195	1229	1620	1940	2186	2729	2921	3258
4694	4831	6645	8744	11355	14052	14864	15345
8703	17623	15473	20478	26375	32050	31257	32037
8938	10882	14795	17570	22864	26162	23453	23331
1875	1856	3380	3769	4867	6309	6815	7677
2986	3523	6908	5293	6555	8531	9225	9568
888	995	2101	2271	3072	3750	3735	4385
6280	6915	9652	11750	14604	19451	19776	21450
3203	3612	4342	5355	6204	8393	9708	11945
2343	2620	3854	5010	6580	7918	9104	9049
1413	1553	2578	3337	3634	4838	5529	6107
9477	11639	15421	19724	23216	31086	36415	38934
1220	1185	1588	1969	2647	3333	3813	4131
352	360	475	644	741	987	1149	1299
1976	1505	2179	2605	3371	4047	4182	4346
3083	3071	4533	5364	5898	8120	8770	9116
757	887	1103	1156	1343	1709	1923	2099
1694	1474	2112	2302	2570	3766	4270	4471
59	78	114	104	127	166	199	225
2010	1955	2956	3253	3632	4469	5054	5733
652	638	882	1136	1262	1389	1532	1689
245	222	396	507	488	523	534	526
366	396	517	563	619	920	933	894
728	866	1267	1573	1934	2311	2633	2866

2-7 续表

地 区	2006年	2007年	2008年	2009年	2010年	2011年
全 国	**319382**	**327939**	**360387**	**459613**	**594597**	**688178**
北 京	21495	24488	28523	34963	40387	43151
天 津	5162	5102	5828	7175	8610	10769
河 北	14109	13288	15580	20605	24990	29901
山 西	6058	6202	7058	8292	9956	11852
内蒙古	3599	4122	4745	5919	8079	8503
辽 宁	10465	10635	11931	15267	20783	20966
吉 林	3278	3281	3655	4777	5744	6371
黑龙江	3627	3750	4657	5651	6566	6992
上 海	13622	12643	13564	17027	20687	21715
江 苏	39009	38104	38804	47418	63253	67312
浙 江	29108	29313	27661	37559	48980	52294
安 徽	9978	10263	12281	14616	20310	22850
福 建	10614	10454	11741	14006	20213	23283
江 西	4829	4673	5437	7985	10275	11067
山 东	24634	23675	26098	33826	43930	48240
河 南	12869	13400	16738	20070	25881	30433
湖 北	9714	10564	12858	16598	20848	24614
湖 南	6807	6865	7958	10244	13657	15148
广 东	46503	49539	49704	67695	90181	115069
广 西	4659	5923	6229	9479	11640	16430
海 南	1550	1733	2014	2393	3650	3651
重 庆	4974	5758	7541	8565	16045	27345
四 川	10691	10555	12193	14841	18304	20583
贵 州	2565	2969	3394	4095	5438	7076
云 南	5532	5356	6909	8898	9892	11665
西 藏	307	337	327	387	521	698
陕 西	6388	7258	8301	11102	13350	15272
甘 肃	1995	2110	2367	2860	3528	3906
青 海	629	714	761	896	1125	1441
宁 夏	1027	1163	1384	1830	2363	2600
新 疆	3585	3702	4146	4574	5411	6981

单位：个

2012年	2013年	2014年	2015年	2016年	2017年	2018年	2019年
752035	**988327**	**1470697**	**1810063**	**2462781**	**3026023**	**3332210**	**2668512**
43581	50832	79762	92517	101289	95847	84549	5346
10532	12856	20650	27969	40047	47952	48634	12000
32304	44998	75380	98790	153544	193379	214097	108312
13489	15643	25225	32502	44641	58404	74322	123395
8490	10071	17916	23037	30816	38142	33284	58392
19924	22396	36154	41463	53035	64031	84737	31343
6395	7894	10843	12665	17001	19782	17194	6821
7457	8516	13143	16258	22418	27209	36208	7514
22192	23672	32741	36585	41871	47420	37246	2194
70198	83798	126226	155230	235171	280410	290560	365376
50624	91721	108093	108632	153063	203420	216226	375675
26103	34338	54762	68328	99134	127193	145553	95595
24160	29950	51577	64920	80755	97958	110777	199735
14047	17288	27767	36145	52743	72111	88517	53044
52208	72210	116075	153401	203966	250289	274848	525318
34077	46400	80805	104504	140946	179923	217943	107863
27781	41121	53175	62080	84404	103709	119918	160191
17886	24875	37022	48573	67973	85626	86641	11392
123945	179116	246893	296096	409086	497692	565895	53759
21858	25046	32333	41567	47235	59613	87811	99089
3511	4508	6973	8517	11522	14103	17143	13957
29314	33982	42587	52680	62062	63173	68813	61296
23586	29382	44795	55479	79407	101059	101067	45771
19917	19773	28717	35241	48845	67145	62160	39384
13747	16335	32133	49167	59364	68728	72409	50925
1068	1487	2104	3485	5791	5214	5062	59
15747	18297	33140	40210	52005	76542	95740	12774
4935	6156	10266	14778	22636	26113	26158	6081
1955	2318	4794	5982	8361	10379	10790	10817
3135	4047	5880	8182	10502	13236	9170	12613
7869	9301	12766	15080	23148	30221	28738	13481

2–8 按行业（大类）、控股情况分组的企业法人单位数

（2019年）　　单位：个

行业大类	代码	企业单位数	国有控股	集体控股	私人控股	港澳台商控股	外商控股	其他
总　计	——	**21091270**	**266434**	**172503**	**19811755**	**123562**	**92856**	**624160**
农、林、牧、渔业	A	**721329**	**7352**	**8293**	**653321**	**1212**	**506**	**50645**
农业	01	326438	2800	3442	293894	682	234	25386
林业	02	62801	1689	925	55953	128	57	4049
畜牧业	03	210889	1063	1432	193477	162	116	14639
渔业	04	55688	442	515	50622	124	45	3940
农、林、牧、渔专业及辅助性活动	05	65513	1358	1979	59375	116	54	2631
采矿业	B	**70905**	**3000**	**1628**	**63923**	**184**	**102**	**2068**
煤炭开采和洗选业	06	12335	1516	410	10019	24	19	347
石油和天然气开采业	07	492	121	15	309	6	7	34
黑色金属矿采选业	08	9909	238	283	9121	28	11	228
有色金属矿采选业	09	6724	411	212	5773	36	26	266
非金属矿采选业	10	34977	567	624	32742	74	29	941
开采专业及辅助性活动	11	4272	100	62	3934	10	9	157
其他采矿业	12	2196	47	22	2025	6	1	95
制造业	C	**3444243**	**26741**	**31406**	**3229385**	**41594**	**35962**	**79155**
农副食品加工业	13	132883	2147	1337	123884	824	1057	3634
食品制造业	14	74837	719	524	69733	852	908	2101
酒、饮料和精制茶制造业	15	57439	750	765	53471	436	519	1498
烟草制品业	16	228	110	13	95	2	1	7
纺织业	17	148422	478	942	141563	2136	1096	2207
纺织服装、服饰业	18	185888	517	1049	175857	3353	1612	3500
皮革、毛皮、羽毛及其制品和制鞋业	19	84815	136	561	79612	1897	830	1779
木材加工和木、竹、藤、棕、草制品业	20	124114	412	545	120161	421	283	2292
家具制造业	21	90002	88	258	86487	851	532	1786
造纸和纸制品业	22	79341	258	921	74880	1084	423	1775
印刷和记录媒介复制业	23	83723	1038	2252	77373	706	293	2061
文教、工美、体育和娱乐用品制造业	24	125634	257	763	118108	2640	1463	2403
石油、煤炭及其他燃料加工业	25	11893	354	160	10818	87	94	380
化学原料和化学制品制造业	26	117509	1889	1757	106294	1853	2228	3488
医药制造业	27	27294	654	283	23981	486	527	1363
化学纤维制造业	28	7166	80	43	6655	147	103	138
橡胶和塑料制品业	29	205187	565	1904	192371	3446	2190	4711
非金属矿物制品业	30	275781	5587	3077	257884	1517	1133	6583
黑色金属冶炼和压延加工业	31	22298	395	303	20679	206	193	522
有色金属冶炼和压延加工业	32	29446	734	375	26904	363	329	741
金属制品业	33	348517	1146	3013	331546	3055	2182	7575

2-8 续表 1 (2019年) 单位：个

行业大类	代码	企 业单位数	国有控股	集体控股	私人控股	港澳台商控股	外商控股	其他
通用设备制造业	34	353928	1654	3691	336321	2440	3623	6199
专用设备制造业	35	247622	1524	1748	233079	2565	2952	5754
汽车制造业	36	85402	1092	739	77728	966	2921	1956
铁路、船舶、航空航天和其他运输设备制造业	37	31919	638	447	29247	345	476	766
电气机械和器材制造业	38	202301	1158	1789	188514	3180	2734	4926
计算机、通信和其他电子设备制造业	39	142589	1155	594	127883	4213	3784	4960
仪器仪表制造业	40	47546	436	496	43791	755	860	1208
其他制造业	41	45458	190	273	42779	552	362	1302
废弃资源综合利用业	42	16298	197	161	15292	96	90	462
金属制品、机械和设备修理业	43	38763	383	623	36395	120	164	1078
电力、热力、燃气及水生产和供应业	D	**109072**	**16050**	**9188**	**75748**	**1246**	**742**	**6098**
电力、热力生产和供应业	44	75129	9325	6574	54145	674	297	4114
燃气生产和供应业	45	8662	1023	124	6424	291	237	563
水的生产和供应业	46	25281	5702	2490	15179	281	208	1421
建筑业	E	**1458374**	**14624**	**8946**	**1392973**	**1755**	**624**	**39452**
房屋建筑业	47	310789	3562	4005	293994	275	78	8875
土木工程建筑业	48	305615	7737	2193	286572	310	119	8684
建筑安装业	49	206573	1454	1344	197673	306	210	5586
建筑装饰、装修和其他建筑业	50	635397	1871	1404	614734	864	217	16307
批发和零售业	F	**6980244**	**40568**	**40621**	**6688532**	**27167**	**24832**	**158524**
批发业	51	3803192	24838	19034	3632872	20221	20917	85310
零售业	52	3177052	15730	21587	3055660	6946	3915	73214
交通运输、仓储和邮政业	G	**619744**	**17058**	**5909**	**572256**	**2990**	**1800**	**19731**
铁路运输业	53	1238	412	38	732	2	3	51
道路运输业	54	393818	6829	3163	371300	756	346	11424
水上运输业	55	14306	981	491	12022	97	65	650
航空运输业	56	2997	437	26	2306	19	31	178
管道运输业	57	371	79	3	246	6	14	23
多式联运和运输代理业	58	110834	1437	421	103123	1211	687	3955
装卸搬运和仓储业	59	69855	5908	1685	58207	868	640	2547
邮政业	60	26325	975	82	24320	31	14	903
住宿和餐饮业	H	**446998**	**6803**	**4221**	**418101**	**2333**	**2022**	**13518**
住宿业	61	130969	4889	2344	117744	708	445	4839
餐饮业	62	316029	1914	1877	300357	1625	1577	8679
信息传输、软件和信息技术服务业	I	**1039712**	**7184**	**2230**	**984667**	**8674**	**4857**	**32100**
电信、广播电视和卫星传输服务	63	25225	2822	252	20666	257	265	963
互联网和相关服务	64	135270	821	292	129027	578	251	4301
软件和信息技术服务业	65	879217	3541	1686	834974	7839	4341	26836

2-8 续表 2 (2019年) 单位：个

行业大类	代码	企业单位数	国有控股	集体控股	私人控股	港澳台商控股	外商控股	其他
金融业	J	**129926**	**17950**	**2094**	**94466**	**2573**	**1666**	**11177**
货币金融服务	66	37345	7420	1575	21210	2006	734	4400
资本市场服务	67	59617	2508	213	53554	362	223	2757
保险业	68	17602	6784	225	6566	94	646	3287
其他金融业	69	15362	1238	81	13136	111	63	733
房地产业	K	**806707**	**27104**	**15695**	**714330**	**7707**	**3298**	**38573**
房地产业	70	806707	27104	15695	714330	7707	3298	38573
租赁和商务服务业	L	**2553784**	**41048**	**23774**	**2378756**	**15276**	**8842**	**86088**
租赁业	71	252245	1461	625	242351	741	314	6753
商务服务业	72	2301539	39587	23149	2136405	14535	8528	79335
科学研究和技术服务业	M	**1255369**	**18603**	**7544**	**1172609**	**7635**	**5644**	**43334**
研究和试验发展	73	193241	1550	886	181131	1704	1432	6538
专业技术服务业	74	557766	13060	3679	517821	3192	2254	17760
科技推广和应用服务业	75	504362	3993	2979	473657	2739	1958	19036
水利、环境和公共设施管理业	N	**136261**	**9492**	**2142**	**118601**	**455**	**212**	**5359**
水利管理业	76	5945	1411	263	3924	13	13	321
生态保护和环境治理业	77	18816	920	146	16761	132	91	766
公共设施管理业	78	96427	6302	1632	84326	299	94	3774
土地管理业	79	15073	859	101	13590	11	14	498
居民服务、修理和其他服务业	O	**496578**	**2615**	**4216**	**474558**	**862**	**595**	**13732**
居民服务业	80	206889	1173	1862	197474	416	287	5677
机动车、电子产品和日用产品修理业	81	193531	838	1588	185567	257	179	5102
其他服务业	82	96158	604	766	91517	189	129	2953
教育	P	**230944**	**1587**	**1266**	**220606**	**387**	**311**	**6787**
教育	83	230944	1587	1266	220606	387	311	6787
卫生和社会工作	Q	**76683**	**1114**	**976**	**71301**	**163**	**142**	**2987**
卫生	84	61600	843	782	57354	100	98	2423
社会工作	85	15083	271	194	13947	63	44	564
文化、体育和娱乐业	R	**514276**	**7523**	**2344**	**487543**	**1349**	**699**	**14818**
新闻和出版业	86	5606	2009	170	3185	7	9	226
广播、电视、电影和录音制作业	87	68548	2378	381	63055	206	75	2453
文化艺术业	88	126186	1753	642	119235	294	136	4126
体育	89	48944	440	233	46432	224	192	1423
娱乐业	90	264992	943	918	255636	618	287	6590

2-9　按地区、控股情况分组的企业法人单位数

(2019年)　　　　单位：个

地　区	企　业单位数	国有控股	集体控股	私人控股	港澳台商控股	外商控股	其他
全　国	**21091270**	**266434**	**172503**	**19811755**	**123562**	**92856**	**624160**
北　京	870824	13800	15459	804470	5023	6675	25397
天　津	293307	6963	2756	251746	2214	3002	26626
河　北	1108146	12361	7175	1076053	812	1435	10310
山　西	470657	9649	5633	452828	212	247	2088
内蒙古	271654	4944	1453	251884	223	173	12977
辽　宁	514311	9035	8475	466686	1449	2856	25810
吉　林	142289	4165	1592	126949	203	369	9011
黑龙江	193326	5923	2724	175854	221	287	8317
上　海	447643	10852	6591	386568	11731	17137	14764
江　苏	2119006	16286	10606	2022985	11491	14183	43455
浙　江	1719850	12981	14759	1667655	7169	11704	5582
安　徽	786202	8096	5254	713371	1022	756	57703
福　建	819718	12626	4828	781353	8295	3710	8906
江　西	433517	7963	3157	407674	1077	465	13181
山　东	1982466	14213	9344	1917542	3173	6550	31644
河　南	1097816	10663	7515	1035360	824	560	42894
湖　北	804818	9788	6804	771891	1295	1443	13597
湖　南	477440	8050	4408	448378	727	458	15419
广　东	3037617	21898	21079	2779958	61189	16031	137462
广　西	497222	7056	5005	477415	1186	1062	5498
海　南	103994	2187	1071	85149	455	186	14946
重　庆	516287	5320	2351	495876	855	762	11123
四　川	628030	11966	6855	580467	1101	1036	26605
贵　州	361163	7790	3472	345854	235	166	3646
云　南	440778	7351	4741	415493	522	588	12083
西　藏	28257	1281	628	23654	28	17	2649
陕　西	444203	8623	4605	413093	479	678	16725
甘　肃	146197	4043	1675	128686	79	58	11656
青　海	65128	1629	523	60739	59	49	2129
宁　夏	83411	1360	379	79542	65	66	1999
新　疆	185993	7572	1586	166582	148	147	9958

2–10 按行业(大类)、地区分组的

(2019年)

行业大类	代码	企业单位数	北京	天津	河北	山西
总　　计	——	**266434**	**13800**	**6963**	**12361**	**9649**
农、林、牧、渔业	A	**7352**	**75**	**53**	**296**	**127**
农业	01	2800	28	17	120	39
林业	02	1689	12	3	88	27
畜牧业	03	1063	18	20	25	26
渔业	04	442	8	9	8	1
农、林、牧、渔专业及辅助性活动	05	1358	9	4	55	34
采矿业	B	**3000**	**10**	**9**	**149**	**679**
煤炭开采和洗选业	06	1516			55	628
石油和天然气开采业	07	121	2	1	2	15
黑色金属矿采选业	08	238	3		50	8
有色金属矿采选业	09	411			8	13
非金属矿采选业	10	567		5	28	7
开采专业及辅助性活动	11	100	4	3	6	8
其他采矿业	12	47	1			
制造业	C	**26741**	**821**	**737**	**1235**	**952**
农副食品加工业	13	2147	23	29	52	77
食品制造业	14	719	20	31	25	36
酒、饮料和精制茶制造业	15	750	17	12	35	22
烟草制品业	16	110	1	1	3	1
纺织业	17	478	6	18	31	10
纺织服装、服饰业	18	517	21	8	27	22
皮革、毛皮、羽毛及其制品和制鞋业	19	136	2	8	6	2
木材加工和木、竹、藤、棕、草制品业	20	412	2	4	8	2
家具制造业	21	88	2	3	12	1
造纸和纸制品业	22	258	11	11	12	3
印刷和记录媒介复制业	23	1038	68	15	49	51
文教、工美、体育和娱乐用品制造业	24	257	13	6	11	6
石油、煤炭及其他燃料加工业	25	354	10	6	31	41
化学原料和化学制品制造业	26	1889	37	64	107	92
医药制造业	27	654	40	30	41	15
化学纤维制造业	28	80	2	4	6	4
橡胶和塑料制品业	29	565	13	30	31	25
非金属矿物制品业	30	5587	75	46	170	108
黑色金属冶炼和压延加工业	31	395	3	33	35	17
有色金属冶炼和压延加工业	32	734	8	13	17	32
金属制品业	33	1146	40	45	90	31
通用设备制造业	34	1654	68	51	91	74

国有控股企业法人单位数

单位：个

内蒙古	辽宁	吉林	黑龙江	上海	江苏	浙江	安徽	福建	江西	山东	河南	代码
4944	**9035**	**4165**	**5923**	**10852**	**16286**	**12981**	**8096**	**12626**	**7963**	**14213**	**10663**	——
196	**278**	**296**	**454**	**51**	**224**	**135**	**253**	**416**	**537**	**195**	**491**	**A**
97	106	67	184	28	75	48	99	128	169	70	261	01
33	56	157	147	2	26	28	34	204	188	25	53	02
26	57	35	40	8	29	10	40	29	39	29	105	03
4	22	8	19	7	36	11	17	27	36	33	13	04
36	37	29	64	6	58	38	63	28	105	38	59	05
172	**49**	**49**	**69**	**1**	**33**	**30**	**76**	**68**	**91**	**187**	**176**	**B**
103	9	13	27		8	1	26	15	19	83	117	06
4	1	10	6	1	2					12	3	07
12	12	4	1		2	3	12	11	3	16	4	08
36	4	10	11		3	2	11	15	30	29	29	09
16	16	7	15		17	23	23	27	34	37	19	10
	6	4	8		1		2			7	4	11
1	1	1	1			1	2		5	3		12
388	**1089**	**322**	**540**	**910**	**1491**	**675**	**843**	**3391**	**782**	**1479**	**914**	**C**
24	61	31	80	16	69	43	98	80	63	77	112	13
18	24	6	21	32	39	19	21	26	20	38	23	14
16	13	14	16	7	31	24	19	27	30	57	28	15
2	3	5	4	2	7	1	3	7	3	7	7	16
5	21	2	11	12	50	13	19	5	13	32	25	17
7	37	4	10	21	50	22	17	13	19	22	35	18
	7		2	12	3	7	5	5	8	4	7	19
8	12	24	39	4	9	2	9	28	32	20	14	20
	4	4	3	6	6		1	7	7	2	3	21
4	11	1	7	10	11	6	5	20	13	18	6	22
17	56	12	22	46	54	30	32	43	38	59	36	23
4	6	2	3	22	17	9	3	10	8	11	10	24
14	34	4	12	5	9	9	6	5	5	33	12	25
40	85	13	41	67	97	69	64	51	40	132	75	26
7	17	18	12	44	35	25	22	12	10	42	17	27
	1	5		2	15	4	2	3		5	4	28
5	16	9	6	26	27	13	26	10	15	42	18	29
59	82	44	60	57	119	110	129	2774	167	200	124	30
11	42	7	3	11	13	11	15	10	5	25	9	31
41	22	3	4	7	29	6	16	20	47	34	48	32
12	66	11	17	65	81	28	36	14	33	53	38	33
19	154	14	53	88	130	52	56	30	35	128	54	34

2-10 续表 1 (2019年)

行业大类	代码	湖北	湖南	广东	广西	海南
总　计	——	**9788**	**8050**	**21898**	**7056**	**2187**
农、林、牧、渔业	A	**293**	**233**	**275**	**246**	**126**
农业	01	62	71	120	83	52
林业	02	54	55	48	99	36
畜牧业	03	12	27	40	21	15
渔业	04	68	15	26	10	5
农、林、牧、渔专业及辅助性活动	05	97	65	41	33	18
采矿业	B	**48**	**63**	**57**	**69**	**7**
煤炭开采和洗选业	06	5	24		7	
石油和天然气开采业	07	1		1	1	1
黑色金属矿采选业	08	7	2	6	15	1
有色金属矿采选业	09	2	25	17	25	
非金属矿采选业	10	28	10	25	18	4
开采专业及辅助性活动	11	4		5		
其他采矿业	12	1	2	3	3	1
制造业	C	**1021**	**772**	**2321**	**793**	**119**
农副食品加工业	13	121	83	350	173	45
食品制造业	14	20	23	68	32	5
酒、饮料和精制茶制造业	15	32	26	45	31	6
烟草制品业	16	8	8	7	2	1
纺织业	17	36	14	48	14	2
纺织服装、服饰业	18	26	8	44	10	3
皮革、毛皮、羽毛及其制品和制鞋业	19		8	32	2	
木材加工和木、竹、藤、棕、草制品业	20	20	17	28	51	5
家具制造业	21	2	1	16		
造纸和纸制品业	22	3	17	42	14	2
印刷和记录媒介复制业	23	53	25	77	37	5
文教、工美、体育和娱乐用品制造业	24	8	8	53	7	1
石油、煤炭及其他燃料加工业	25	8	7	16	7	1
化学原料和化学制品制造业	26	67	40	115	60	9
医药制造业	27	26	22	55	13	6
化学纤维制造业	28	1	1	3		
橡胶和塑料制品业	29	13	10	99	14	4
非金属矿物制品业	30	97	109	130	123	11
黑色金属冶炼和压延加工业	31	16	14	24	15	2
有色金属冶炼和压延加工业	32	9	40	37	32	2
金属制品业	33	52	28	169	21	2
通用设备制造业	34	67	65	121	31	

单位：个

重庆	四川	贵州	云南	西藏	陕西	甘肃	青海	宁夏	新疆	代码
5320	**11966**	**7790**	**7351**	**1281**	**8623**	**4043**	**1629**	**1360**	**7572**	——
225	**336**	**437**	**212**	**16**	**172**	**149**	**66**	**46**	**443**	A
102	99	242	87	7	46	77	25	25	166	01
11	80	52	64	1	38	13	7	6	42	02
71	45	81	25	4	31	41	23	10	81	03
20	11	15	3				2	1	7	04
21	101	47	33	4	57	18	9	4	147	05
40	**153**	**117**	**126**	**18**	**164**	**59**	**25**	**13**	**193**	B
15	23	74	42		96	23	8	10	85	06
13	13	4			9	3	1		15	07
1	16	4	8	5	7	3	1	1	20	08
1	22	9	41	3	21	12	4		28	09
9	74	21	28	7	18	11	8		32	10
1	3	2	3		9	7	2	2	9	11
	2	3	4	3	4		1		4	12
505	**1052**	**591**	**581**	**78**	**971**	**405**	**129**	**105**	**729**	C
29	70	64	47	18	48	30	12	8	114	13
14	24	14	10	5	24	7	3	3	68	14
6	54	59	38	2	24	16	3	4	36	15
3	3	3	11		3	2		1	1	16
4	22	4	2	3	21	2			33	17
4	20	10	9	3	12	6	6	4	17	18
3	1	3	3	2	2	2				19
2	16	25	12	1	11	3		1	3	20
	2	1	1	2	1				1	21
4	9	4	7		3			2	2	22
14	44	26	28	5	30	21	4	8	33	23
	10	8	7	3	6		1	1	3	24
2	6	5	9		22	10	1	1	23	25
49	85	61	75	6	84	31	30	16	87	26
22	34	8	20	4	24	17	5	1	10	27
	6		1		4	2		1	4	28
11	17	15	9		21	8	1	2	29	29
48	162	115	105	21	92	78	10	19	143	30
9	12	9	11		11	8	3	1	10	31
27	30	33	49		51	32	25	7	13	32
27	37	20	28	1	41	23	4	2	31	33
38	59	24	17		86	25	5	8	11	34

2-10 续表 2 (2019年)

行业大类	代码	企业单位数	北京	天津	河北	山西
专用设备制造业	35	1524	63	66	102	112
汽车制造业	36	1092	53	32	66	16
铁路、船舶、航空航天和其他运输设备制造业	37	638	26	20	26	23
电气机械和器材制造业	38	1158	36	64	54	42
计算机、通信和其他电子设备制造业	39	1155	83	47	32	25
仪器仪表制造业	40	436	51	24	14	16
其他制造业	41	190	5	4	13	5
废弃资源综合利用业	42	197	4	3	21	4
金属制品、机械和设备修理业	43	383	18	9	17	37
电力、热力、燃气及水生产和供应业	**D**	**16050**	**158**	**194**	**918**	**878**
电力、热力生产和供应业	44	9325	92	116	456	566
燃气生产和供应业	45	1023	22	22	93	99
水的生产和供应业	46	5702	44	56	369	213
建筑业	**E**	**14624**	**518**	**385**	**888**	**535**
房屋建筑业	47	3562	159	77	141	129
土木工程建筑业	48	7737	186	200	544	295
建筑安装业	49	1454	82	65	72	53
建筑装饰、装修和其他建筑业	50	1871	91	43	131	58
批发和零售业	**F**	**40568**	**2292**	**1097**	**1971**	**1649**
批发业	51	24838	1395	761	1272	1072
零售业	52	15730	897	336	699	577
交通运输、仓储和邮政业	**G**	**17058**	**372**	**447**	**750**	**582**
铁路运输业	53	412	17	12	14	34
道路运输业	54	6829	155	119	356	270
水上运输业	55	981	5	46	39	1
航空运输业	56	437	22	10	13	17
管道运输业	57	79	4	7	1	3
多式联运和运输代理业	58	1437	77	82	58	20
装卸搬运和仓储业	59	5908	81	144	248	223
邮政业	60	975	11	27	21	14
住宿和餐饮业	**H**	**6803**	**693**	**119**	**329**	**201**
住宿业	61	4889	510	91	233	134
餐饮业	62	1914	183	28	96	67
信息传输、软件和信息技术服务业	**I**	**7184**	**792**	**159**	**299**	**183**
电信、广播电视和卫星传输服务	63	2822	69	36	108	100
互联网和相关服务	64	821	108	19	29	21
软件和信息技术服务业	65	3541	615	104	162	62
金融业	**J**	**17950**	**778**	**889**	**617**	**509**
货币金融服务	66	7420	200	706	194	162

单位：个

内蒙古	辽宁	吉林	黑龙江	上海	江苏	浙江	安徽	福建	江西	山东	河南	代码
14	78	16	31	50	111	29	56	26	32	127	74	35
12	64	38	16	68	84	20	57	21	39	58	31	36
5	48	7	21	36	72	17	18	15	10	48	15	37
11	55	2	19	48	125	42	29	24	28	88	39	38
7	21	10	5	62	117	33	46	50	25	58	18	39
	19	9	12	27	43	11	7	5	8	27	13	40
1	2	3	1	6	13	3	8	26	7	6	3	41
7	8	1	3	5	11	6	9	12	14	9	5	42
18	20	3	6	46	14	11	9	12	8	17	11	43
704	**488**	**364**	**490**	**104**	**600**	**732**	**539**	**530**	**399**	**852**	**586**	**D**
500	310	239	347	52	294	363	276	307	227	449	298	44
16	25	16	6	14	49	65	31	14	30	70	36	45
188	153	109	137	38	257	304	232	209	142	333	252	45
222	**666**	**245**	**330**	**361**	**904**	**535**	**385**	**449**	**493**	**1038**	**580**	**E**
44	151	52	97	80	184	58	77	139	134	170	121	47
133	316	147	155	156	486	358	219	232	240	685	342	48
23	109	24	52	53	85	51	29	21	46	94	54	49
22	90	22	26	72	149	68	60	57	73	89	63	50
509	**1297**	**510**	**978**	**2014**	**2612**	**1611**	**1000**	**2251**	**1270**	**1828**	**2250**	**F**
316	810	299	580	1268	1825	909	617	1103	843	1176	1214	51
193	487	211	398	746	787	702	383	1148	427	652	1036	52
404	**684**	**453**	**712**	**611**	**1002**	**908**	**669**	**690**	**603**	**851**	**890**	**G**
42	14	5	16	4	15	11	12	15	7	32	16	53
111	254	109	192	195	355	453	227	289	204	318	299	54
	33	1	9	74	105	114	32	94	14	72	5	55
30	15	6	11	14	21	25	8	14	10	21	10	56
1	1	1		4	7	1	1		1	15	3	57
20	77	7	14	155	138	111	30	73	12	101	32	58
160	265	298	440	155	322	171	324	182	315	258	465	59
40	25	26	30	10	39	22	35	23	40	34	60	60
102	**219**	**125**	**194**	**339**	**451**	**299**	**122**	**216**	**221**	**381**	**273**	**H**
71	164	97	134	224	283	233	84	172	167	237	192	61
31	55	28	60	115	168	66	38	44	54	144	81	62
139	**225**	**103**	**167**	**334**	**584**	**279**	**173**	**153**	**171**	**380**	**253**	**I**
96	108	66	112	46	128	128	107	50	85	116	143	63
17	23	12	7	63	60	30	11	23	11	42	26	64
26	94	25	48	225	396	121	55	80	75	222	84	65
394	**655**	**328**	**398**	**718**	**980**	**665**	**722**	**481**	**433**	**1219**	**776**	**J**
161	243	160	177	193	394	241	257	206	195	463	290	66

2-10 续表 3 (2019年)

行业大类	代码	湖北	湖南	广东	广西	海南
专用设备制造业	35	54	47	135	29	2
汽车制造业	36	99	42	41	23	
铁路、船舶、航空航天和其他运输设备制造业	37	39	22	49	9	1
电气机械和器材制造业	38	49	26	143	13	
计算机、通信和其他电子设备制造业	39	38	36	217	15	2
仪器仪表制造业	40	19	7	42	3	
其他制造业	41	14	6	45	2	1
废弃资源综合利用业	42	10	7	21	3	
金属制品、机械和设备修理业	43	14	5	49	7	1
电力、热力、燃气及水生产和供应业	**D**	**626**	**669**	**973**	**539**	**111**
电力、热力生产和供应业	44	328	399	561	330	61
燃气生产和供应业	45	18	17	63	9	8
水的生产和供应业	46	280	253	349	200	42
建筑业	**E**	**584**	**538**	**1015**	**230**	**104**
房屋建筑业	47	128	128	267	73	31
土木工程建筑业	48	359	321	382	108	37
建筑安装业	49	55	41	119	19	10
建筑装饰、装修和其他建筑业	50	42	48	247	30	26
批发和零售业	**F**	**1521**	**892**	**4399**	**1115**	**249**
批发业	51	859	507	2866	661	136
零售业	52	662	385	1533	454	113
交通运输、仓储和邮政业	**G**	**666**	**441**	**1382**	**510**	**135**
铁路运输业	53	8	8	27	11	1
道路运输业	54	290	202	576	149	46
水上运输业	55	61	19	152	23	20
航空运输业	56	13	10	29	12	4
管道运输业	57	5	2	4	1	
多式联运和运输代理业	58	29	13	185	22	18
装卸搬运和仓储业	59	204	133	343	267	42
邮政业	60	56	54	66	25	4
住宿和餐饮业	**H**	**222**	**168**	**466**	**166**	**87**
住宿业	61	128	131	336	128	78
餐饮业	62	94	37	130	38	9
信息传输、软件和信息技术服务业	**I**	**258**	**255**	**611**	**134**	**45**
电信、广播电视和卫星传输服务	63	121	196	155	75	21
互联网和相关服务	64	26	14	76	18	6
软件和信息技术服务业	65	111	45	380	41	18
金融业	**J**	**527**	**639**	**1497**	**388**	**145**
货币金融服务	66	236	278	487	164	75

单位：个

重庆	四川	贵州	云南	西藏	陕西	甘肃	青海	宁夏	新疆	代码
26	64	20	18	1	88	31	4	5	13	35
74	50	11	15		46	5			11	36
19	32	8	6		38	1			7	37
20	64	13	15		64	28	5	3	9	38
26	81	14	12		61	4	1	1	8	39
21	17	4	7		25	3			2	40
	6	2	5		2				1	41
3	6	4	1		11	5		2	2	42
	9	4	3	1	15	5	6	4	4	43
338	**967**	**541**	**580**	**140**	**564**	**412**	**235**	**184**	**635**	D
158	482	288	298	114	315	304	188	140	467	44
35	118	23	43	1	37	10	5	5	23	45
145	367	230	239	25	212	98	42	39	145	46
312	**807**	**462**	**411**	**114**	**638**	**249**	**78**	**98**	**450**	E
82	323	155	99	46	183	51	14	30	139	47
176	344	219	243	52	331	141	50	61	219	48
21	73	29	24	3	69	27	5	4	42	49
33	67	59	45	13	55	30	9	3	50	50
674	**1388**	**934**	**835**	**196**	**1271**	**435**	**190**	**161**	**1169**	F
419	854	550	439	61	660	250	108	85	923	51
255	534	384	396	135	611	185	82	76	246	52
358	**762**	**426**	**358**	**108**	**445**	**247**	**111**	**77**	**404**	G
6	20	5	9		18	8	6	2	17	53
169	385	254	202	50	201	89	56	33	221	54
30	19	5	3		1			3	1	55
16	30	19	13	7	14	5	2	5	11	56
1	3	2	1		3	2			5	57
26	37	10	16	3	19	9	3	5	35	58
55	232	103	77	22	153	95	32	20	79	59
55	36	28	37	26	36	39	12	9	35	60
99	**265**	**180**	**212**	**56**	**214**	**122**	**43**	**24**	**195**	H
74	190	125	176	50	150	97	33	16	151	61
25	75	55	36	6	64	25	10	8	44	62
194	**339**	**155**	**169**	**86**	**156**	**110**	**60**	**38**	**180**	I
112	134	58	97	69	55	76	42	20	93	63
18	44	33	20	4	23	7	6	4	20	64
64	161	64	52	13	78	27	12	14	67	65
602	**900**	**390**	**542**	**86**	**504**	**397**	**132**	**144**	**495**	J
431	320	149	227	64	199	175	71	72	230	66

2–10 续表 4 (2019年)

行业大类	代码	企业单位数	北京	天津	河北	山西
资本市场服务	67	2508	334	120	87	53
保险业	68	6784	124	36	305	244
其他金融业	69	1238	120	27	31	50
房地产业	K	**27104**	**2017**	**1056**	**859**	**855**
房地产业	70	27104	2017	1056	859	855
租赁和商务服务业	L	**41048**	**2069**	**866**	**2001**	**1099**
租赁业	71	1461	74	106	115	51
商务服务业	72	39587	1995	760	1886	1048
科学研究和技术服务业	M	**18603**	**1580**	**574**	**889**	**582**
研究和试验发展	73	1550	148	44	58	50
专业技术服务业	74	13060	800	356	562	430
科技推广和应用服务业	75	3993	632	174	269	102
水利、环境和公共设施管理业	N	**9492**	**225**	**148**	**619**	**358**
水利管理业	76	1411	18	9	75	75
生态保护和环境治理业	77	920	34	10	47	49
公共设施管理业	78	6302	155	108	460	227
土地管理业	79	859	18	21	37	7
居民服务、修理和其他服务业	O	**2615**	**184**	**76**	**156**	**61**
居民服务业	80	1173	65	25	59	32
机动车、电子产品和日用产品修理业	81	838	76	25	65	15
其他服务业	82	604	43	26	32	14
教育	P	**1587**	**66**	**20**	**60**	**56**
教育	83	1587	66	20	60	56
卫生和社会工作	Q	**1114**	**39**	**14**	**34**	**62**
卫生	84	843	26	8	25	34
社会工作	85	271	13	6	9	28
文化、体育和娱乐业	R	**7523**	**1111**	**117**	**290**	**281**
新闻和出版业	86	2009	647	32	48	60
广播、电视、电影和录音制作业	87	2378	180	29	126	91
文化艺术业	88	1753	119	25	62	103
体育	89	440	48	13	21	9
娱乐业	90	943	117	18	33	18

单位：个

内蒙古	辽宁	吉林	黑龙江	上海	江苏	浙江	安徽	福建	江西	山东	河南	代码
16	34	32	14	372	111	105	52	50	34	138	42	67
191	346	122	187	97	417	264	349	181	178	545	424	68
26	32	14	20	56	58	55	64	44	26	73	20	69
236	**757**	**295**	**378**	**2124**	**1731**	**1441**	**774**	**1096**	**644**	**1464**	**783**	**K**
236	757	295	378	2124	1731	1441	774	1096	644	1464	783	70
752	**1138**	**450**	**535**	**1744**	**3025**	**3333**	**1348**	**1602**	**1111**	**2020**	**1164**	**L**
37	43	10	16	60	71	59	34	55	43	70	36	71
715	1095	440	519	1684	2954	3274	1314	1547	1068	1950	1128	72
340	**742**	**281**	**328**	**714**	**1239**	**926**	**591**	**501**	**563**	**1132**	**682**	**M**
14	87	28	21	91	249	49	30	19	22	87	35	73
268	527	213	228	442	728	708	481	401	440	841	467	74
58	128	40	79	181	262	169	80	81	101	204	180	75
188	**268**	**150**	**123**	**286**	**585**	**772**	**255**	**433**	**278**	**485**	**359**	**N**
19	56	25	18	21	65	137	35	82	29	72	68	76
23	24	11	21	28	59	60	28	32	25	45	26	77
133	179	110	79	222	399	519	169	285	196	327	225	78
13	9	4	5	15	62	56	23	34	28	41	40	79
34	**142**	**49**	**48**	**147**	**165**	**137**	**69**	**79**	**59**	**146**	**101**	**O**
18	84	27	32	55	74	75	32	44	19	59	49	80
8	39	9	10	60	43	33	23	19	26	48	31	81
8	19	13	6	32	48	29	14	16	14	39	21	82
46	**55**	**14**	**43**	**47**	**117**	**97**	**50**	**41**	**42**	**135**	**65**	**P**
46	55	14	43	47	117	97	50	41	42	135	65	83
17	**54**	**10**	**46**	**39**	**49**	**36**	**25**	**25**	**30**	**61**	**57**	**Q**
15	48	8	39	31	35	11	23	9	22	47	45	84
2	6	2	7	8	14	25	2	16	8	14	12	85
101	**229**	**121**	**90**	**308**	**493**	**369**	**202**	**203**	**231**	**360**	**262**	**R**
14	90	38	24	111	89	77	41	37	52	68	51	86
34	60	36	27	88	136	123	67	76	81	147	95	87
23	49	34	20	49	149	84	62	42	73	80	74	88
13	15	7	5	21	47	40	8	22	6	18	10	89
17	15	6	14	39	72	45	24	26	19	47	32	90

2-10 续表 5 (2019年)

行业大类	代码	湖北	湖南	广东	广西	海南
资本市场服务	67	23	66	390	19	13
保险业	68	228	274	529	174	49
其他金融业	69	40	21	91	31	8
房地产业	**K**	**1016**	**717**	**2682**	**798**	**400**
房地产业	70	1016	717	2682	798	400
租赁和商务服务业	**L**	**1216**	**1223**	**3710**	**1217**	**296**
租赁业	71	21	24	134	49	22
商务服务业	72	1195	1199	3576	1168	274
科学研究和技术服务业	**M**	**867**	**596**	**1257**	**389**	**126**
研究和试验发展	73	48	39	160	16	6
专业技术服务业	74	606	451	871	304	99
科技推广和应用服务业	75	213	106	226	69	21
水利、环境和公共设施管理业	**N**	**382**	**386**	**442**	**219**	**69**
水利管理业	76	88	57	53	28	11
生态保护和环境治理业	77	34	41	56	19	9
公共设施管理业	78	225	192	309	146	42
土地管理业	79	35	96	24	26	7
居民服务、修理和其他服务业	**O**	**98**	**49**	**212**	**59**	**19**
居民服务业	80	41	28	65	19	9
机动车、电子产品和日用产品修理业	81	26	11	83	24	5
其他服务业	82	31	10	64	16	5
教育	**P**	**69**	**41**	**110**	**17**	**12**
教育	83	69	41	110	17	12
卫生和社会工作	**Q**	**69**	**37**	**36**	**18**	**62**
卫生	84	63	29	25	11	60
社会工作	85	6	8	11	7	2
文化、体育和娱乐业	**R**	**305**	**329**	**453**	**149**	**75**
新闻和出版业	86	79	47	122	20	20
广播、电视、电影和录音制作业	87	90	151	147	78	26
文化艺术业	88	76	76	95	32	12
体育	89	12	11	22	4	8
娱乐业	90	48	44	67	15	9

单位：个

重庆	四川	贵州	云南	西藏	陕西	甘肃	青海	宁夏	新疆	代码
50	103	61	59	2	47	24	7	19	31	67
85	394	131	235	18	223	176	36	41	181	68
36	83	49	21	2	35	22	18	12	53	69
506	**964**	**789**	**622**	**55**	**957**	**365**	**109**	**86**	**528**	**K**
506	964	789	622	55	957	365	109	86	528	70
584	**2163**	**1565**	**1471**	**200**	**986**	**488**	**217**	**177**	**1278**	**L**
23	80	54	34	6	53	26	6	4	45	71
561	2083	1511	1437	194	933	462	211	173	1233	72
343	**788**	**416**	**498**	**54**	**680**	**289**	**132**	**89**	**415**	**M**
24	77	16	26	3	60	16	10	6	11	73
261	567	333	394	38	522	217	108	70	327	74
58	144	67	78	13	98	56	14	13	77	75
315	**520**	**419**	**325**	**20**	**385**	**131**	**51**	**49**	**247**	**N**
43	65	71	60	1	47	26	7	7	43	76
38	63	28	36	2	32	11	4	8	17	77
160	318	291	203	17	288	89	35	31	163	78
74	74	29	26		18	5	5	3	24	79
37	**102**	**101**	**88**	**14**	**75**	**31**	**8**	**7**	**62**	**O**
19	46	54	49	4	41	12	2	2	33	80
9	34	26	26	7	22	12	3	1	19	81
9	22	21	13	3	12	7	3	4	10	82
34	**77**	**52**	**95**	**9**	**38**	**16**	**11**	**10**	**42**	**P**
34	77	52	95	9	38	16	11	10	42	83
32	**59**	**36**	**55**	**3**	**60**	**22**	**2**	**2**	**23**	**Q**
25	40	29	46	2	52	18	2	1	14	84
7	19	7	9	1	8	4		1	9	85
122	**324**	**177**	**171**	**28**	**343**	**116**	**30**	**49**	**84**	**R**
22	80	19	20	2	55	20	3	9	12	86
46	102	42	53	12	130	31	11	19	44	87
34	82	56	57	6	101	48	10	8	12	88
6	16	16	10	1	11	10	2	3	5	89
14	44	44	31	7	46	7	4	10	11	90